DYNAMISCHE BIOLOGIE
Herausgegeben von Eberhard Weismann
und Andreas Bertsch
Band 5

Karl-Heinz Scharf

Pflanzen und Tiere schützen sich vor Feinden

Otto Maier Verlag Ravensburg

Zeichnungen: Jürgen Wirth
Typographie und Layout:
Klaus Detjen, Jürgen Wirth

Repro: Seiler & Jehle, Augsburg
Druck und Einband:
Ernst Kaufmann, Lahr
ISBN 3-473-35575-5

Zeichenerklärung:
▷ Dieses Zeichen im laufenden Text verweist den Leser auf die Randspalte, die Erläuterungen, Worterklärungen, Bildhinweise und Literaturangaben enhält.
□ Hiermit werden auf der Randspalte Bilderläuterungen gekennzeichnet.

CIP-Kurztitelaufnahme der Deutschen Bibliothek

Dynamische Biologie / hrsg. von
Eberhard Weismann u. Andreas Bertsch.
– Ravensburg: Maier.

NE: Weismann, Eberhard [Hrsg.]
Bd. 5. → Scharf, Karl-Heinz
Pflanzen und Tiere schützen sich vor Feinden

Scharf, Karl-Heinz
Pflanzen und Tiere schützen sich vor Feinden.
– Ravensburg: Maier, 1977.
(Dynamische Biologie; Bd. 5)
ISBN 3-473-35575-5

Inhalt

Zwei unkonventionelle Waffensysteme machen Schlagzeilen

Auf dem alten Gemarkungsstein am Feldrand ist eben ein Mäusebussard gelandet. Seit zwei Minuten sitzt er dort, ohne sich zu bewegen, und kontrolliert mit seinen großen, wachen Augen das Feld und den Grasstreifen am Weg. Plötzlich ist ein mittelgroßer Singvogel laut schnarrend über ihm, stürzt in wildem Anflug auf ihn herab, fängt den Sturzflug etwa zwei Meter über dem Bussard ab, zieht in einer flachen Schleife über ihn hinweg, dreht bei, kehrt zurück, zieht wieder hoch, kommt noch einmal im Sturzflug aus zehn bis fünfzehn Meter Höhe niedergeschossen und sprüht einen kräftigen Strahl Kot auf den sitzenden Greifvogel. Der Bussard wird unruhig, doch ehe er sich zurückziehen kann, hat er schon die nächste Ladung Kot auf dem Gefieder. Und schon ist eine zweite Wacholderdrossel da, greift im Tiefflug an und sprüht ebenfalls eine Ladung Kot auf den sich duckenden Bussard. Rasch kommen vom Waldrand her noch weitere Wacholderdrosseln mit schnellem Flügelschlag herbei und stürzen sich mit wildem Haßgeschrei ▷ auf den schon völlig verkoteten Bussard.

Eine unappetitliche, aber wirksame Waffe

Im Jahre 1974 wurden im Institut für Vogelkunde der Bayerischen Landesanstalt für Bodenkultur und Pflanzenbau in Garmisch-Partenkirchen 24 tote Mäusebussarde, 5 Turmfalken, 3 Habichte und 2 Wespenbussarde registriert, die offensichtlich alle das gleiche Schicksal ereilt hatte. Sie waren in bemerkenswert schlechtem körperlichen Zustand, völlig abgemagert, wahrscheinlich verhungert und hatten alle ein mit Kot verschmutztes und verklebtes Gefieder, das sie sicher flugunfähig gemacht hatte. Alle diese gemeldeten oder eingelieferten Greifvögel kamen aus dem Gebiet zwischen Marktoberdorf und Lindau, also aus dem äußersten Südwesten von Bayern.

Zu den Funden des Jahres 1974 gesellten sich allein in den ersten sechs Monaten des Jahres 1975 weitere 16 Mäusebussarde, 1 Wespenbussard und 1 Habicht. Sie zeigten die gleichen Merkmale wie die eben beschriebenen Greifvögel des Vorjahres. Mit Ausnahme des Habichts, der aus Tirol stammte, kamen die Bussarde wieder aus dem Gebiet zwischen Marktoberdorf und Lindau. Bei allen war die Todesursache eindeutig: Sie hatten ein von Vogelkot überzogenes Gefieder, waren dadurch flugunfähig geworden und somit nicht mehr in der Lage gewesen, Beute zu schlagen; damit waren sie dem Hungertod ausgeliefert.

Als man nach dieser alarmierend großen Anzahl von Todesfällen bei diesen Greifvögeln Nachforschungen im Oberallgäu anzustellen begann, kam sehr schnell neues Material hinzu. Landwirte aus Marktoberdorf berichteten, daß seit etwa fünf Jahren immer häufiger flugunfähige Bussarde von Mähmaschinen erfaßt würden. Man suchte nun systematisch die Wiesen ab und fand auf Anhieb nicht weniger als 8 gebleichte, also schon ältere Mäusebussardschädel.

Was steckte hinter diesem Massensterben, vor allem der Bussarde? Wie kam

Entdecken Singvögel einen Greifvogel, eine Eule, eine Katze oder einen Kuckuck, so stoßen sie laut rufend auf den Eindringling herab und bearbeiten ihn gelegentlich sogar mit Schnabel und Flügeln, – sie »hassen« auf ihn.

der Kot in die Gefieder dieser doch durchaus wehrhaften Greifvögel? Und wieso fand man die durch Kot umgekommenen Tiere fast nur im Oberallgäu?

Nachdem uns heute Augenzeugenberichte von den Kotattacken der Vögel auf sitzende Greife vorliegen, lassen sich diese Fragen beantworten. Nur die letzte Frage bedarf noch der Erörterung: Wieso ließen sich die Kotangriffe nur im Raum Lindau und Marktoberdorf feststellen und nicht auch in anderen Gebieten der Bundesrepublik?

Ein amselgroßer Singvogel, der gesellig in Feldgehölzen, kleinen Wäldern und Parks nistet und der zu den bevorzugten Beutetieren einiger Greifvögel wie Sperber und Habicht zählt, ist aus seiner Rolle als Verfolgter geschlüpft und zum Gegenangriff angetreten: die Wacholderdrossel. Sobald in der Gegend von Lindau und Marktoberdorf eine Wacholderdrossel einen Greifvogel auf der Warte ▷ sitzen sieht, schießt sie im Sturzflug auf ihn herab und bombardiert ihn mit Kot. Diese erste Kotattacke beeinträchtigt anscheinend das Flugvermögen des Greifvogels, denn er bleibt zuerst einmal hilflos sitzen, anstatt sein Heil sofort in der Flucht zu suchen – vielleicht ist ihm der Abflug schon nach dem ersten Angriff nicht mehr möglich. Dieses Sitzenbleiben kommt in den meisten Fällen einem Todesurteil gleich, denn in den nächsten 10 bis 15 Minuten erfolgt Angriff auf Angriff. Vom lauten, erregten Schnarren der ersten Drossel angelockt, stürzen sich bald zwei, drei und mehr Wacholderdrosseln im Tiefflug auf den großen Greif und übersprühen ihn ebenfalls mit ihren nassen, klebrigen Exkrementen. Bald ist er vollkommen flugunfähig, nach Stunden oder Tagen verhungert der Vogel und geht ein.

Viele Vögel, besonders Möwen und Seeschwalben, werfen als Angstreaktion gegenüber dem Feind Kot ab, allerdings ungezielt und sicher ohne Absicht. Im Fall der Wacholderdrosseln aus dem Oberallgäu zeigt sich nun aber, daß diese Vögel anscheinend »begriffen« haben, daß der im Flug auf den Feind abgegebene Kot eine wirksame Waffe gegen den Greifvogel ist. Man nimmt an, daß eine Wacholderdrossel vor einigen Jahren einen Greifvogel zufällig mit Kot flugunfähig »geschossen« hat, daß sie sozusagen die Wirkung begriff und daraus eine neue Angriffsstrategie gegen am Boden sitzende Greifvögel entwikkelt hat. Der Nachahmungstrieb der Artgenossen tat offenbar ein übriges. Die Methode verbreitete sich vorerst nur im südwestbayerischen Raum. Es bleibt abzuwarten, ob und wie schnell sich diese »Tradition durch Nachahmung« fortpflanzt.

Die »Pille« gegen den Schafnachwuchs

In Australien steht wie kaum in einem anderen Land die Schafzucht in hoher Blüte. Hammelfleisch und Schafwolle sind wichtige Wirtschaftsfaktoren, und wie bei den Schafzüchtern in der ganzen Welt ist man auch in Australien bestrebt, die Herden zu vergrößern. Je mehr junge Schafe geboren werden, desto mehr Wolle erhält man, desto mehr Hammelfleisch kann man exportieren. Um dieses Ziel zu erreichen, muß es natürlich ausreichend Futter geben; dies ist auf den Weiden Australiens vorhanden. Die Schafe halten sich besonders gern an Klee der Gattung Trifolium ▷, der auf den Wiesen Westaustraliens in großen Mengen wächst, und sie gedeihen dabei prächtig.

Trotz dieser günstigen Bedingungen stellten die Züchter in den Jahren 1940 bis 1945 einen ständigen Rückgang der Lammgeburten bei ihren Herden fest. Offenbar hatte sich die Fruchtbarkeit der weiblichen Schafe verringert. In wenigen Jahren war die Zahl der geworfenen Lämmer um 70 Prozent zurückgegangen. Jetzt war guter Rat teuer. Die Tiere erfreuten sich bester Gesundheit, fraßen gut, waren vital, paarten sich häu-

Bevorzugte Plätze, von denen aus sie Jagd auf Beute machen.

Trifolium subterraneum var. Dwalganup.

□ **Eine Wacholderdrossel bespritzt eine ausgestopfte Eule mit Kot (Versuch der Vogelwarte Radolfzell).**

fig und regelmäßig – nur bekamen sie einfach keine Lämmer mehr.

Der erste Verdacht, warum die weiblichen Tiere keine oder nur mehr wenige Lämmer zur Welt brachten, ergab sich, als man eine scheinbar belanglose Beobachtung machte: Die Farmer fanden unter den weiblichen Tieren immer wieder welche, deren Milchdrüsen arbeiteten, obwohl sie gar nicht schwanger waren. Normalerweise ist diese Lactation ▷ streng an die Trächtigkeit der Tiere gebunden. Man kennt die hormonelle Regelung dieses Zusammenspiels sehr genau. Im Falle einer Schwangerschaft werden, wie auch beim Menschen, Östrogene ▷ in vergleichsweise hoher Konzentration gebildet und sind dann für den normalen Ablauf der Schwangerschaft notwendig. Auf die Wirkung der Östrogene geht es zum Beispiel zurück, daß sich die Gebärmutter vergrößert und die Brustdrüsen wachsen.

Das war aber noch nicht alles: Auch Hammel – das sind die kastrierten, männlichen Schafe – fingen an, Milch zu produzieren. Eine wahrhaft merkwürdige Sache! Sie konnte nur auf den Einfluß äußerer Bedingungen, vielleicht auf Bestandteile des Futters zurückzuführen sein. Da die Tiere aber durchweg natürliches Futter auf den Weiden fraßen, mußte die Ursache dort zu suchen sein. Ein Vergleich mit Schafen anderer Gegenden, die unvermindert fruchtbar waren, zeigte, daß es an der Kleesorte liegen mußte, die in Westaustralien so verbreitet ist. Mehr wußte man allerdings zunächst nicht und nannte die Unfruchtbarkeit der Schafe deshalb »Kleekrankheit«.

Obwohl sich die Wissenschaftler sofort auf die Suche nach den Pflanzeninhaltsstoffen mit dieser Wirkung machten, dauerte es zehn Jahre, bis 1954 zwei Substanzen mit Östrogenwirkung aus dem Klee isoliert wurden, nämlich Genistein und Formononetin. Bald kamen weitere hinzu, als man begonnen hatte, auch andere Schmetterlingsblütler, die als wichtige Weide- und Futterpflanzen Bedeutung haben, daraufhin zu untersuchen. Chemisch waren die gefundenen Verbindungen einer Stoffklasse ver-

Absonderung von Milch aus den Milchdrüsen, wird durch das Hormon Prolaktin des Hypophysenvorderlappens gesteuert.

Östrogene: Follikelhormone; Gruppe von weiblichen Keimdrüsenhormonen, die in den reifenden Eizellen (Follikeln) und während der Schwangerschaft vom Mutterkuchen (Placenta) gebildet werden.

wandt, die man schon lange kannte, den Flavonen ▷. Sie sind für die gelben Blütenfarben verantwortlich und kommen entsprechend häufig vor.

Jetzt begann man, alle verfügbaren Kleearten genau zu testen, und stellte dabei fest, daß vor allem die Kulturformen der Subterraneum-Arten bis zu 5 Prozent des Trockengewichts der Blätter an Pflanzenöstrogenen enthalten können. Vor allem Genistein erwies sich bei Testmäusen schon in geringster Konzentration als äußerst wirksame Antibabypille, wogegen Formononetin unwirksam war. Man dachte deshalb, man habe die Substanz gefunden, die für die Kleekrankheit verantwortlich ist. Bald zeigte sich aber, daß das, was für Mäuse gilt, nicht ohne weiteres auf Schafe übertragen werden kann. Ihnen macht nämlich Genistein wenig aus, dafür wirkt bei ihnen Formononetin. Was konnte der Grund für eine so unterschiedliche Wirksamkeit der Pflanzenöstrogene auf zwei verschiedene Tierarten sein?

Im Gegensatz zu Mäusen, deren Verdauungstrakt mehr dem menschlichen ähnelt, haben Schafe als Wiederkäuer ein spezielles Verdauungssystem ▷. Als Pflanzenfresser haben sie es ständig mit schwerverdaulicher, zellulosereicher Kost zu tun. Sie beherbergen deshalb in

□ Schafherde in Australien.

Über Blütenfarben und wie sie zustande kommen, siehe Band 2 dieser Reihe, Seite 15 ff.

Der Wiederkäuermagen besteht aus vier Teilen: dem Pansen, dem Netzmagen (beide sind Vorratskammern), dem Blättermagen (er entwässert den Nahrungsbrei) und dem Labmagen (der unserem Magen entspricht).

ihrem Pansen eine große Zahl von zellulosevergärenden Mikroorganismen, die ihnen bei der Verdauung helfen. Nur so können Wiederkäuer die erheblichen Mengen an Zellulose, die sie mit ihrer Nahrung verschlingen, auch verwerten. Diese Mikroorganismen sind es auch, die die Schafe vor der Genistein-Wirkung bewahren. Sie bauen dieses Pflanzenöstrogen nämlich zu unwirksamen Verbindungen ab ▷. Beim Formononetin gelingt ihnen das jedoch nicht ganz. Obwohl sie auch diese Verbindung chemisch verändern, schaffen sie keinen Abbau, der die Pillenwirkung aufhebt. Es bleibt eine Substanz übrig, die man schon 1932 zum erstenmal im Harn trächtiger Stuten gefunden und isoliert hatte, das Equol. Freilich wußte man damals noch nichts über die pflanzliche Herkunft dieser chemischen Verbindung, auch nicht, daß sie ebenso im Harn von Rindern, Ziegen und Hühnern vorkommt, wenn man sie mit Klee gefüttert hat. Das Equol wird nun vom Schafpansen aus ins Blut aufgenommen, wo es im Körper zirkuliert. Schafe, die auf Weiden mit reichlichem Anteil an Subterraneum-Klee oder anderen formononetinhaltigen Schmetterlingsblütlern grasen, haben ständig einen beachtlichen Equolspiegel im Blut. Obwohl dieses Pflanzenprodukt in seiner Wirkung wesentlich schwächer als die körpereigenen Östrogene der Schafe ist ▷, kommt es wegen seiner ständig hohen Konzentration doch zu einer ernsten hormonellen Gleichgewichtsstörung. Diese macht sich vor allem durch einen gestörten Eitransport im Körper der Mutterschafe bemerkbar. Man glaubt auch, daß Equol die Einnistung der befruchteten Eizelle in die Gebärmutterschleimhaut verhindert. Selbst kurzfristiges Grasen auf einer Weide mit östrogenwirksamem Klee kann während der Paarungszeit zu einer kurzen, aber für den Farmer folgenschweren Unfruchtbarkeit der Tiere führen. Die australischen Wissenschaftler haben nämlich ausgerechnet, daß infolge der Kleekrankheit jährlich über eine Million Mutterschafe keine Lämmer bekommen.

Was für ein biologischer Sinn steht hinter diesen aufregenden Befunden? Es gibt eine zwingende und einleuchtende Erklärung: Eine Pflanze schützt sich, indem sie östrogenwirksame Substanzen produziert und so den Nachwuchs der Freßfeinde in Grenzen hält. Biologen glauben, daß dieses System ursprünglich gegen die gefräßigen und vermehrungsfreudigen Nager konzipiert war, jetzt aber auch gegen die vom Menschen so zahlreich aufgezogenen Schafe seine Wirkung tut. Daß bei diesem Wettrüsten zwischen Pflanze und Pflanzenfresser keiner der beiden so schnell nachgibt – nachgeben heißt hier aussterben –, zeigt die Entdeckung, daß die Schafe zur Entschärfung des bei Mäusen noch sehr wirksamen Genisteins ihre pansenbewohnenden Mikroorganismen einsetzen. Deren Abbauleistung nimmt in den ersten Tagen der Genisteinaufnahme ständig zu, sie richten sich also darauf ein, die Pflanzenöstrogene zu zerlegen. Die australischen Farmer wollten sich allerdings in ihrem Kampf gegen die empfängnisverhütende Wirkung der »Kleeöstrogene« nicht allein auf die Pansenmikroorganismen verlassen. Als erste Maßnahme versuchten sie deshalb, die östrogenwirksamen Kleesorten durch andere Futterpflanzen zu ersetzen. Das ist deswegen aber nicht so einfach, weil die Subterraneum-Kleesorten große Mengen von Samen ausstreuen, die lange im Boden liegenbleiben und immer wieder auskeimen. In manchen Gebieten haben die Farmer inzwischen resigniert und den Schafbestand sogar reduziert.

Seit kurzer Zeit ist nun Hilfe in Sicht: Wissenschaftler haben einen Impfstoff entwickelt, der die Wirkung des Klee-Formononetins aufhebt und der etwa ein Jahr wirksam ist. Man erhofft sich von diesem Verfahren, daß die Nachkom-

Daß die Mikroorganismen tatsächlich das Genistein abbauen und dadurch unschädlich machen, zeigt der Versuch. Wenn man es Schafen direkt in die Blutbahn spritzt, besitzt es eindeutig Östrogenaktivität.

Equol wirkt nur etwa 10^{-3} bis 10^{-5} mal so stark.

men der australischen Mutterschafe wieder zahlreicher werden.

Wettrüsten zwischen Jäger und Gejagtem

Am Anfang unserer Untersuchung über Pflanzen und Tiere, die sich vor Feinden schützen, stehen zwei Beispiele, die zunächst recht spektakulär erscheinen und die tatsächlich in der Presse für Schlagzeilen gesorgt haben. Warum stellen wir gerade diese so verschiedenartigen Fälle an den Anfang? Beschäftigen wir uns noch einmal mit der Wacholderdrossel, einem lauten, aber sonst ziemlich unscheinbaren Vogel. Seit Menschengedenken hat sie versucht, sich mit unterschiedlichen Methoden ihren Feinden zu entziehen. Ihr Tarngefieder war ihr dabei behilflich, ebenso ihr vorzügliches Warnsystem, nicht zuletzt die schnelle Flucht.

Fast von heute auf morgen »entdeckt« dieser Vogel ein neues Mittel, eine Angriffswaffe, mit der er seinen Verfolgern aktiv und sehr wirksam zu Leibe rückt. Wir sind – ein höchst seltener Fall – unmittelbare Zeugen davon geworden, daß Schutzeinrichtungen keineswegs starre, eingefahrene, nur mechanisch ablaufende Systeme sein müssen, sondern stetem Wandel unterworfen sein können.

Im Oberallgäu haben die Wacholderdrosseln in den letzten Jahren explosionsartig zugenommen. Daß diese Zunahme allein auf die neue Abwehrstrategie der Drosseln zurückzuführen ist, kann nicht schlüssig bewiesen werden. Ob und wann die Greifvögel ihrerseits ein »Konzept« entwickeln, um sich den Attacken der Drosseln zu entziehen, bleibt abzuwarten. Zur Zeit scheint sich jedenfalls das Verhältnis von Jäger und Gejagtem umgekehrt zu haben.

Aus unserem zweiten Beispiel, von den kleefressenden Schafen Westaustraliens, erfahren wir, daß sich auch Pflanzen mit raffinierten Methoden ihrer Feinde zu erwehren verstehen. Mit Hormonen schleichen sie sich in das Fortpflanzungsgeschehen ihrer Freßfeinde ein und blockieren damit deren üppige Fruchtbarkeit. Zugleich wird gerade an diesem Beispiel deutlich, daß der eigentliche Feind der australischen Kleesorten nur vordergründig das Schaf ist. Eigentlich steht hinter den riesigen Schafherden ja der Mensch, der diese Tiere dort in so großer Zahl erst angesiedelt hat, damit in ein natürliches System eingreift und es aus dem Gleichgewicht bringt.

Jede Pflanze, jedes Tier hat sich in vielfacher Hinsicht auf seinen Lebensraum eingestellt. In unendlich lang erscheinenden Zeiträumen haben sich die verschiedenartigen Lebewesen an ihre jeweilige Umgebung angepaßt und sich auf die dortigen Lebensverhältnisse spezialisiert.

Der Lebensraum einer Pflanze oder eines Tiers besteht aus einer großen, kaum erfaßbaren Zahl von unbelebten und belebten Bestandteilen, die den Raum bestimmen und die für das Lebewesen von entscheidender Bedeutung sein können. In den Bänden 3 und 6 dieser Reihe haben sich die Autoren ausführlich mit den Anpassungen an das Unbelebte verschiedener Lebensräume befaßt und gezeigt, welche Folgen zum Beispiel der enorme Wasserdruck in der Tiefsee, die Lichtlosigkeit einer Höhle für die dort lebenden Bewohner haben, welche Probleme ein Leben in nahezu vollkommener Trockenheit oder in der grimmigen Kälte der Polargebiete mit sich bringt. In diesen beiden Bänden geht es also vornehmlich um die Auseinandersetzung von Pflanze und Tier mit der Bodenbeschaffenheit, den Oberflächenformen, mit dem Klima, dem Sauerstoff- und Salzgehalt, mit Licht und Dunkelheit und mit anderen unbelebten Faktoren ihres Lebensraumes.

Jeder Lebensraum weist jedoch neben den unbelebten noch eine große Anzahl von belebten Faktoren auf, mit denen sich eine Pflanze oder ein Tier auseinandersetzen muß. Da leben einmal im gleichen Lebensraum die Nahrungskonkurrenten: Pflanzen- und Tierarten, die sich auf die gleiche oder auf ganz ähnliche Nahrung spezialisiert haben. In erster Linie sind es die eigenen Artgenossen, die als Konkurrenten im gleichen Raum auftreten. Viele Tiere erwehren sich ihrer Artgenossen, indem sie Raumausschnitte, Territorien oder Reviere, besetzen, diese an den Grenzen markieren und gegen eindringende Artgenossen heftig verteidigen ▷.

In jedem Lebensraum bedroht aber auch eine große Anzahl von Feinden das Leben der Bewohner. Sie lauern auf ihre Beute, schleichen sich an sie heran und jagen sie, um sich von den geschlagenen Beutetieren zu ernähren. Aber wer ist das eigentlich, die Beute?

Die Maus ernährt sich von pflanzlicher Kost und wird ihrerseits von der Kreuzotter verzehrt. Die Kreuzotter wird vom Igel gestellt und als Beute vertilgt, der Igel vom Waldkauz geschlagen. Hunderte solcher »Freßketten« gibt es, und sie zeigen uns, daß die meisten Tiere beides sind: Beute und Beutegreifer, Verfolgter und Verfolger. Sie zeigen uns, daß in einem Lebensraum fast alle Lebewesen voneinander abhängig sind. Nur Pflanzen sind autark ▷. Sie begnügen sich mit Nährsalzen, mit Wasser und Kohlendioxid, sie nutzen die Sonnenenergie zum Aufbau ihres Körpers aus ▷. Alle Tiere sind jedoch auf andere Organismen angewiesen, Pflanzenfresser auf Pflanzen, Fleischfresser auf Tiere, die wiederum ohne Pflanzen nicht existieren könnten. Die Pflanzen sind also letztlich für alle die Nahrungsgrundlage, für Pflanzen- sowohl wie für Tierfresser. Ohne Pflanzen gäbe es keine Tiere.

Pflanzenfresser haben es leicht, ihre »Beute« läuft ihnen nicht davon. Tierfresser jedoch müssen lauern und jagen und alle Gelegenheiten nutzen, um an ihre Beute heranzukommen. Im Laufe der Evolution ▷ haben sie immer neue Möglichkeiten und immer raffiniertere Methoden entwickelt, um ihrer flüchtenden, sich tarnenden oder wehrenden Beute habhaft zu werden. In gleichem Maße haben die Verfolgten und Gejagten nach Mitteln und Wegen gesucht, um zu überleben, um sich fortzupflanzen, neue Lebensräume zu erschließen, – kurz um sich ihren Feinden zu entziehen.

Es ist unmöglich, die Vielfalt der Strategien, die sich zwischen Jäger und Gejagtem entwickelt haben, auch nur annähernd erschöpfend zu behandeln. Auf Schritt und Tritt begegnen wir in der Natur Schutzeinrichtungen und schützenden Verhaltensweisen, mit denen Pflanzen und Tiere sich ihrer Feinde erwehren: Am Waldrand steht eine Rehgeiß. Eben hat sie ein Rehkitz im hohen Gras abgesetzt, hat es abgenabelt und leckt es nun trocken. Fast gierig frißt sie dann die Hüllen und Häute, die Nachgeburt, weidet das von Gebärmutterschleim und Blut benetzte Gras ab, um jede Spur der Geburt zu verwischen, um für keinen der vielen Feinde des Jungen auch nur die geringste Spur zu hinterlassen, die auf das noch hilflose Neugeborene aufmerksam machen könnte. – Schutz vor Feinden.

Wenige Meter waldeinwärts füttert ein Buntspecht seine Jungen in einer Baumhöhle. Er zieht seinen Nachwuchs in der schützenden Höhlung des Baumes auf, wo er sicher vor vielen, wenn auch nicht vor allen Raubfeinden ist. – Schutz vor Feinden.

Wir sind beinahe auf einen Igel im Laub getreten. Sofort kugelt er sich zusammen und richtet seine spitzen Stacheln nach außen. – Schutz vor Feinden.

Wir haben sie nicht gesehen, die grüne Raupe im Blattwerk des Haselstrauches. Glänzend getarnt entzieht sie sich den Blicken ihrer Verfolger. – Schutz vor Feinden.

Die dunklen, glänzenden Früchte der Tollkirsche haben wir wohlweislich am Strauch gelassen. Die giftigen Beeren wären uns schlecht bekommen. – Schutz vor Feinden.

Wie sollen wir nun vorgehen, um die Vielfalt der Schutzeinrichtungen und

Band 8 dieser Reihe beschäftigt sich ausführlich mit dem Territorialverhalten der Tiere.

Autark: unabhängig.

Dieser Prozeß wird als Photosynthese bezeichnet. Band 9 dieser Reihe beschäftigt sich mit diesem Thema.

Evolution: Stammesgeschichtliche Entwicklung der Lebewesen von niedrigen Organisationsstufen bis zu hochorganisierten Formen.

schützenden Verhaltensweisen zu erfassen und zu ordnen? Systematisch von Tiergruppe zu Tiergruppe, von Pflanzenfamilie zu Pflanzenfamilie? Wir müßten bald erkennen, daß sich die Technik der Verteidigung nur selten danach richtet, welche Stellung ein Organismus im System der Natur hat. Unendlich viele Lebewesen benutzen Gifte, Stacheln kommen bei Pflanzen, bei Tier- und Pflanzenfressern vor.

Sowohl Jäger wie Gejagter betreiben Tarnung oder versuchen es mit Täuschung. In fast allen Tiergruppen gibt es Vertreter, die sich ihren Verfolgern durch Flucht zu entziehen versuchen. Und nicht wenige haben mehrere Strategien entwickelt, die sie von Fall zu Fall, je nach Feind einsetzen.

Wir wollen deshalb versuchen, uns nach den einzelnen Strategien zu richten, diese als Leitlinie für unsere Untersuchung zu benutzen. Dabei soll es uns in keinem Fall auf Vollständigkeit ankommen. Die unterschiedlichen Systeme der Verteidigung sollen jeweils an einigen ausgesuchten Beispielen aufgezeigt werden.

Mit Rüstung und Schwert

Wenn man den Erzählungen aus dem mittelalterlichen Leben glauben darf, gehörten zu einem echten Ritter vor allem eine starke Rüstung und eine möglichst uneinnehmbare Burg. In Turnieren übten die gepanzerten Recken ihr ritterliches Waffenhandwerk, das sie als Berufskrieger beherrschen mußten.
Ein solcher Harnisch, der oft den ganzen Körper umhüllte, war eine aufwendige Konstruktion. Bei möglichst lückenloser Panzerung mußte er nämlich ausreichend freie Bewegung zulassen. Dazu waren an Schultern, Ellenbogen, Bauch, Knien und Fußgelenken Reifen und Ringe angebracht.
Sie schoben sich bei jeder Bewegung unter- und übereinander, und abgesehen von dem Lärm, den das verursachte, war die Fortbewegung der Ritter zu Fuß ein großes Problem. Sie waren ganz auf ihre Pferde angewiesen, die zu besteigen auch nicht einfach war.
Man kann sich gut vorstellen, daß ein Ritter im Kampf mit dem Gegner keinesfalls vom Pferd fallen durfte, denn am Boden war er hilflos wie eine Schildkröte, die auf dem Rücken liegt. Trotz laufender Verbesserungen an den stählernen Kampfanzügen, kam es, wie es kommen mußte: Mit der Erfindung der Feuerwaffen und einer veränderten Taktik, vor allem seit Einführung der Landsknechtheere Ende des 15. Jahrhunderts, hatte das letzte Stündlein der edlen Ritter geschlagen. Zu Fuß kämpfend war das bewegliche Landsknechtheer den schwerfälligen Rittern überlegen, die schließlich nur noch auf ihren Burgen sicher waren.

Ähnlich liegen die Verhältnisse auch im Tierreich. Ein dichter Panzer ist im Prinzip eine feine Sache. Seit über 200 Millionen Jahren tragen die Schildkröten ihr horniges und knöchernes Gebilde mit sich herum. Sie haben es inzwischen vollendet ausgebaut. Ihr Überleben bis heute ist der Beweis dafür, daß sie ausreichend geschützt sind. Die innere Schicht aus Knochenplatten bezieht Rippen, Schultergürtel und den Großteil der Wirbelsäule mit ein. Bedeckt wird das Ganze von einer Schicht aus Hornschildern, die die typische Struktur des Schildkrötenpanzers bilden. Auch der Bauch ist von Knochenplatten überzogen, auf denen die Tiere gemütlich dahinrutschen. Lediglich Kopf, Schwanz und Beine treten aus Öffnungen heraus. Von den etwa 40 verschiedenen Landschildkrötenarten haben einige als Haustiere in den letzten Jahren eine steile »Karriere« gemacht. Einige Millionen, vor allem griechische Landschildkröten kriechen schon über Wohnzimmer- und Kinderzimmerteppiche. Dabei sind Schildkröten gar nicht so leicht zu halten. Nur ihre Zähigkeit läßt sie häufig einige Zeit überleben ▷. Da es bei uns auch fast drei Millionen Hunde gibt, ist die Chance, daß beide Haustiere einmal zusammentreffen, gar nicht so gering. Man kann dann sehr gut beobachten, wie das Verhalten des gepanzerten Gesellen ganz auf diese hornige und knöcherne Rüstung abgestimmt ist. Flucht ist für eine Schildkröte sinnlos, deshalb zieht sie Beine, Kopf und Schwanz ein und wartet ab, bis es dem Angreifer zu dumm wird und er sich ver-

In Gefangenschaft sollten Schildkröten eine abwechslungsreiche Kost aus Salatblättern, Tomaten, Mohrrüben, Obst aller Art, magerem Hackfleisch sowie Leber und Herz bekommen. Vor allem muß man dem Futter einmal in der Woche ein Kalziumpräparat zum Aufbau des Panzers zumischen. Zum Trinken ist eine flache, schwere Schüssel mit Wasser am besten geeignet.

zieht. Dann kommt das Tier langsam wieder aus seinem schützenden Gehäuse hervor. Übrigens ist die Schildkröte auf ihrem Panzer nicht überall ohne Gefühl, wie man vielfach glaubt. Wenn der Angreifer mit seinen Zähnen zufällig in eine Nahtstelle zwischen zwei Hornplatten beißt, tut das der Schildkröte weh, denn dort liegen die Zuwachszonen des Panzers. Ein schmaler Streifen ist hier mit Blutgefäßen und Nerven versorgt.

Vor allem die pflanzenfressenden Arten haben im Laufe von Jahrmillionen einen massiven Schutzpanzer entwickelt. Ihnen läuft die Nahrung ja nicht weg. Sie können schwer und langsam sein. Lebensweise und Schutzmechanismus passen eben gut zusammen.

In der Obhut des Menschen kommt es bei Schildkröten durch falsche Fütterung häufig zu Mißbildungen des Panzers. Vor allem der Mangel an Kalk und Vitaminen, aber auch die sonnenlose Zimmeratmosphäre, das heißt der Mangel an ultraviolettem Licht, das Gegenteil des natürlichen Lebensraumes, sind daran schuld.

In freier Wildbahn haben die Schildkröten eine große Zahl natürlicher Feinde, die ihnen nachstellen. Wildschweine, Fischotter, auch Vögel, sogar Schlangen und Fische sind hinter den jungen Tieren her, die zwar gleich mit einem Panzer aus dem Ei schlüpfen, dieser Panzer ist aber noch sehr weich.

Zwei Beispiele aus der Vielfalt der Schildkrötenarten zeigen, daß der Panzer tatsächlich als Feindschutz »entwickelt« wurde. Auf einigen Inseln der Seychellen, einer Inselgruppe im Indischen Ozean, die erst im 16. Jahrhundert von den Portugiesen entdeckt wurde, gibt es eine Riesenschildkröte ▷. Bevor sie der Mensch wegen ihres schmackhaften Fleisches in weiten Gebieten ausrottete, lebten die Tiere praktisch ohne natürliche Feinde in paradiesischer Umgebung. Sie haben deshalb den knöchernen Teil ihres Panzers stark zurückgebildet. Sie wurden dadurch zwar wesentlich beweglicher, aber auch leichter verletzbar. Der Transport solcher, immer noch zentnerschweren Tiere, etwa in einen Zoo, ist deshalb keine leichte Sache.

Man wird es zunächst kaum glauben, aber auch unter den offensichtlich so trägen Schildkröten gibt es räuberische Arten. Die Schnappschildkröte ▷ ist ein solcher »bissiger« Vertreter ihrer Familie. Angeblich haben Schnappschildkröten mit ihren kräftigen Kiefern und scharfen Hornschneiden schon manchem arglosen Badegast eine Zehe abgebissen. Sicher ist allerdings nur, daß auf ihrem Speisezettel Fische und Wasservögel stehen. Sogar so wehrhafte Tiere wie Schlangen gehören zu ihrer Beute.

Wie die Raubritter des Mittelalters bei ihren Beutezügen bald auf die Rüstung verzichteten, um beweglicher zu sein, obwohl sie dadurch weniger gut geschützt waren, haben auch diese Tiere ihren Panzer weitgehend zurückgebildet. Er ist so klein, daß sich das Tier gar nicht mehr ganz darunter verstecken kann. Er sieht eher aus wie ein umgeschnallter Rückenschild. Der Bauchpanzer ist nicht breiter als ein Gürtel, dafür ist der Schwanz lang und kräftig, die Beine sind muskulös, und das ganze Tier verrät so schon äußerlich mehr von seiner Reptilienverwandtschaft als die anderen Schildkröten.

□ **Linke Seite: Galapagos-Riesenschildkröte.**

Chelydra serpentina.

Testudo gigantea: Sie kann einen Panzer bis zu 120 Zentimeter Länge haben.

□ **Seychellen-Riesenschildkröte.**

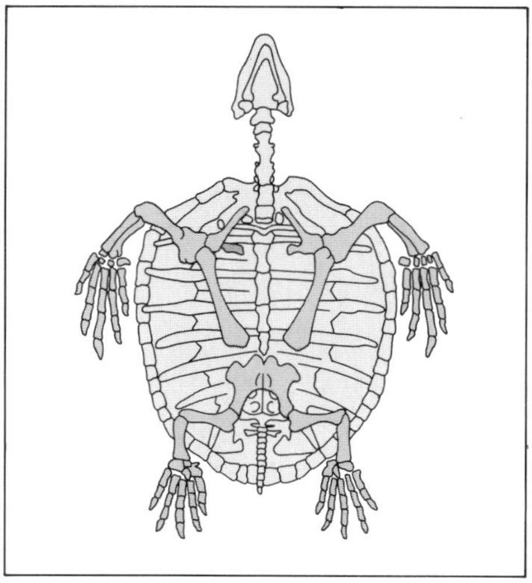

□ **Skelett einer Schildkröte.**

Noch weiter zurückgebildet haben ihren Panzer die Weichschildkröten ▷. In eine dichte, ledrige Haut sind nur noch spärlich ein paar Knochenplatten eingelagert, die aber als Schutz keine Rolle mehr spielen. Dafür sind die Tiere außerordentlich beweglich. Sie benützen das dazu, ihren Speisezettel kräftig mit tierischer Kost aufzubessern, Pflanzen fressen sie nur selten.
Lebensweise und Panzerausbildung zeigen also bei den Schildkröten eine deutliche Parallelentwicklung. Rückbildung des Panzers bedeutet zwar geringeren Schutz vor Feinden, dafür aber größere Beweglichkeit, die nicht nur zum Davonlaufen, sondern sogar zur Jagd eingesetzt werden kann.

Gut geschützt im »Kettenhemd«

Irgendein findiger Ritter, dem es zu dumm geworden war, immer mit der unpraktischen Rüstung auszureiten, kam sicher eines Tages auf die Idee, seinen Harnisch so umzukonstruieren, daß er nur aus beweglichen Ringen bestand. Was für Knie und Ellenbogen so praktisch war, mußte doch auch für die gesamte Rüstung taugen. Das Kettenhemd, immer noch schwer genug, aber sehr viel bewegungsfreundlicher, war geboren.
In ähnliche Richtung scheinen auch einige Tiergruppen »gedacht« zu haben. Sie haben sich gleich von vornherein gegen einen starren Panzer entschieden und dafür einem Mosaik kleiner Knochenplatten in einer ledrigen Haut den Vorzug gegeben. Stirn und Schnauze werden von einem Schild, ebenfalls aus kleinen Platten, gepanzert. Über Schultern und Hinterleib liegen, getrennt durch mehrere Plattengürtel, knöcherne Schilder. Sogar der Schwanz wird in der Regel nicht schutzlos gelassen.
Es ist ganz klar, worum es sich hier handelt: Um die von Argentinien bis in den Süden der USA verbreiteten Gürteltiere. Man kennt 21 Arten, von Rattengröße bis zu Tieren mit 50 Kilogramm Gewicht, die die Größe eines kleinen Schweins erreichen. Auf ihren kurzen, muskulösen Beinen sind sie ständig auf Nahrungssuche, meist nach Insekten, die sie in der Bodenstreu finden. Dabei durchpflügen sie die weiche Auflage mit ihrer Schnauze, um nur kurz innezuhalten, wenn sie eine Käferlarve oder ein anderes Bodeninsekt gefunden haben. Den Arten, die Erdbaue anlegen, helfen die kräftigen Krallen zu wahrhaft meisterlichen Grableistungen. Wenn sie erst einmal begonnen haben, sind sie nicht mehr zu halten. Innerhalb von zwei Minuten verschwand auf diese Weise ein gefangenes Gürteltier im harten Boden, und die Wissenschaftler brauchten eine Spitzhacke, um es wieder auszugraben. Der Geruchssinn der Gürteltiere muß außerordentlich gut sein, denn immer wieder berichten Forscher, daß die Tiere plötzlich zu graben beginnen und dann 30 Zentimeter unter der Erde aus irgendeiner faulen Wurzel eine größere Portion Insekten zutagefördern. Beim Ausheben ihrer Erdhöhlen sind sie mit großer Ausdauer bei der Sache. Meterweit fliegt die Erde aus dem Bau, wenn sie graben. Zuerst lockern sie mit Schnauze und Vorderfüßen die Erde und schieben sie unter den Bauch. Dann stützen sie sich auf Schwanz und Vorderpfoten und bringen die Hinterfüße

Die Familie Trionychidae umfaßt 25 Arten, die fast alle im Süßwasser leben und von Amerika über Afrika bis nach Asien vorkommen.

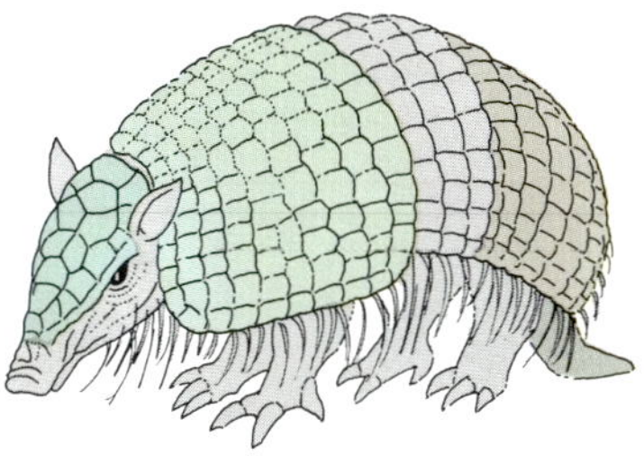
1

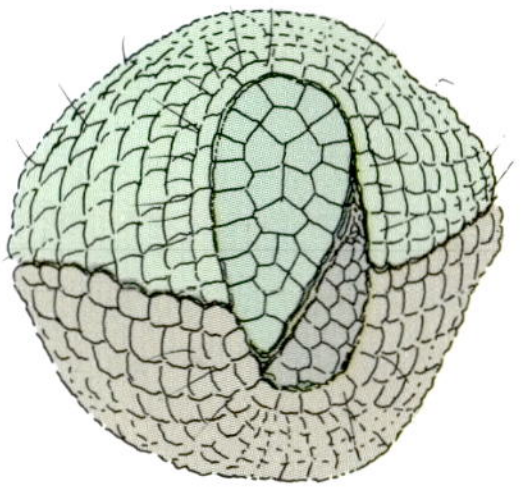
2

□ **Das Kugelgürteltier kann sich zu einer Kugel zusammenrollen.**

über den Erdhaufen. Wenn sie sich jetzt plötzlich strecken, schleudern die Hinterfüße das Erdreich weit aus dem Eingang.
In Texas, wo die Gürteltiere häufig vorkommen, legen sie Gänge bis zu 5 Meter Länge an. Manche liegen nur wenige Zentimeter unter der Erde. Das ärgert vor allem die Farmer sehr, denn das Weidevieh bricht in solche Gangsysteme ein und kann sich dabei verletzen. Außerdem werden bei Regen solche eingebrochenen Höhlen bevorzugt ausgespült und damit zu Ausgangspunkten von größeren Bodenerosionen.
Ein Gürteltier legt häufig nicht nur *einen* Bau an, sondern es kann sich bis zu fünf Wohnungen einrichten, die es abwechselnd bewohnt. In einer dieser Erdhöhlen kommen auch die Jungen zur Welt, die bei den meisten Gürteltieren eineiige Zwillinge, oft Drillinge, manchmal sogar Zwölflinge sind. Warum wird eine solche Ausnahmeerscheinung, die bei allen anderen Säugetieren nur ganz selten auftritt, hier zur Regel?
In jeder fruchtbaren Periode wird im Körper des Gürteltierweibchens nur eine Eizelle in den Eileiter entlassen, wo sie auch befruchtet wird. Daraufhin teilt sich die Zelle vielfach, nistet sich aber nicht gleich in der Gebärmutterschleimhaut ein, sondern bleibt zuerst einmal bis zu 4 Monaten liegen. Bevor das weitere Wachstum einsetzt, teilt sich dieser Zellhaufen, die sogenannte Blastocyste, in mehrere Portionen, aus denen jeweils nach Geschlecht und Aussehen genau identische Junge heranwachsen ▷.

Man nennt diesen Vorgang Polyembryonie.

Es gibt eine zwar nicht bewiesene, aber immerhin einleuchtende Hypothese, wie es zu einer solch merkwürdigen Fortpflanzungsmethode der Gürteltiere gekommen sein könnte: Die Gürteltiere gehören zusammen mit den Ameisenbären und den Faultieren zu einer verwandtschaftlichen Gruppe ▷. Ameisenbären und Faultiere leben ohne feste Wohnsitze und bringen nur ein Junges zur Welt, das sie lange mit sich herumtragen, bis es selbständig wird. Viele Kinder wären für sie sehr hinderlich und dementsprechend gefährdet. Auch bei den Gürteltieren war das vermutlich so. Sie »erfanden« aber den Wohnungsbau, der zusätzlichen Schutz gewährleistet und jetzt, wo das Junge nicht mehr ständig an der Mutter hing, konnte die Nachkommenschaft pro Wurf gefahrlos vergrößert werden. Anstatt aber einfach wieder mehr Eizellen zu bilden, »entschlossen« sich die Gürteltiere zur ungewöhnlichen Lösung der Teilung der Blastocyste.

Zu den Zahnarmen.

Eine geradezu perfekte Methode, sich vor Feinden zu schützen, haben zwei

Kugelgürteltierarten entwickelt. Ihr Panzer besteht aus einem Schulter- und einem Hinterrückenschild, die beide nur von zwei oder drei Gürteln getrennt sind.

Die beiden Schilder passen, wenn sich das Tier zusammenkrümmt, fast wie zwei Halbkugeln aneinander. Das verbleibende Loch wird einfach durch die schwer gepanzerte Stirn und den Schwanzpanzer geschlossen. Das Ergebnis ist eine Kugel, die auch von geduldigen Räubern nur sehr selten geknackt werden kann.

Wie wenig man sich beim Schutz vor Feinden auf seinen Lorbeeren ausruhen kann, zeigen Beispiele aus Brasilien, wo es Hunde gibt, die mit Geduld und scharfen Zähnen Gürteltiere überwältigen. Nur den Kugelgürteltieren gehen sie aus dem Weg. Das hat einen guten Grund. Ein Kugelgürteltier rollt sich nämlich keineswegs gleich ganz ein, wenn es angegriffen wird. Im sicheren Gefühl des Sieges geht es vielmehr in Wartestellung, indem es sich mit halboffenem Panzer auf die Seite legt. Berührt nun ein unerfahrener Hund die Bauchseite einer solchen vermeintlichen Beute mit Pfote oder Schnauze, schnappt der Panzer zu wie ein Fangeisen. Dieser Eindruck, meist mit Schmerzen verbunden, wirkt so nachhaltig, daß er sich dem Jäger für immer einprägt.

Schutz durch bewegliche oder starre Panzerung ist also sicher nützlich; perfekt wird er allerdings erst durch die hinzukommende Verhaltensweise des Fallenmechanismus. Schutzmechanismen und Verhaltensweisen gehören auch hier eng zusammen und sind aufeinander abgestimmt.

Verteidigung mit Schwert und Schlageisen

Von sensiblen Menschen sagt man gern, daß sie sich, wenn man ihnen zu nahe tritt, »in ihr Schneckenhaus zurückziehen«. Kaum ein Tier ist in so viele Vergleiche eingegangen wie die Schnecke. Für Gebäck, Kosenamen und für das sprichwörtliche Schneckentempo mußten die armen Salatvertilger herhalten. Lange Zeit hielt man sie dazu noch für langweilige Tiere, die nur auffallen, wenn sie sich nach einem warmen Sommerregen über unsere Gartenpflanzen hermachen und so in Massen auch schädlich werden können. Dabei sind sie keineswegs alle langsam und schon gar nicht harmlos. Sie wissen sich zu wehren, wenn sie angegriffen werden, und dazu haben sie sich einiges einfallen lassen.

Zu ihrem Schutz haben diese Sohlenkriecher in zweierlei Weise vorgesorgt: einmal durch ihr kalkiges Gehäuse und zweitens durch eine Schleimabsonderung, zu der eine große Zahl von einzelligen Drüsen an der Körperoberfläche beiträgt.

Dieses Schleimsekret ist oft stark sauer, manchmal saurer als unser Magensaft ▷, und führt dazu, daß Räuber diese Beute sofort wieder ausspucken, sobald sie sie gepackt haben.

Schneckenschleim erreicht manchmal pH-Werte um 1.

Einer der größten »Feinde« der Schnecke ist aber sicher die Trockenheit.

□ Ein Borstengürteltier gräbt sich ein.

Wie schwer es sein muß, die ganze Körperoberfläche feucht zu halten, können wir uns vorstellen, wenn uns im Sommer Mund- und Nasenschleimhäute austrocknen. Die nackten, gehäuselosen Wegschnecken zum Beispiel verlieren schon in einer Stunde bei 24 Grad und Windstille fast 20 Prozent ihres Körpergewichts durch Wasserverlust. Ausflüge müssen deshalb bei Tage möglichst auf Regenperioden oder in die Nacht verlegt werden. Die Gehäusebesitzer haben es etwas besser, vor allem diejenigen mit dicken Schalen kleben sich an heißen Tagen mit der Öffnung irgendwo im Schatten fest und vermeiden dadurch zu starken Wasserverlust. Durch Versuche mit radioaktiv markiertem Wasser haben Wissenschaftler bewiesen, daß Schnecken den Wasserverlust nicht nur durch Trinken, sondern auch durch die Haut schnell wieder ausgleichen. Auch vertragen manche Arten Wassereinbußen bis zu 60 Prozent des Gesamtgewichts, eine nicht nur für Säugetiere längst tödliche Austrocknung.

Gegen Freßfeinde ist das Schneckengehäuse von unterschiedlichem Wert. Vögel mit ihren harten Schnäbeln haben kaum Schwierigkeiten, ein Schneckengehäuse zu zertrümmern. Gegen kleinere Räuber schützt jedoch das oft kunstvoll gefärbte Kalkhaus hervorragend.

Manche Arten verlassen sich allerdings nicht nur auf passive Abwehr, sondern sie bringen sich bei Angreifern nachdrücklich in Erinnerung. Die Fechterschnecke ▷, die in der Karibischen See vorkommt und ein Gehäuse von 30 Zentimeter Länge und mehr haben kann, besitzt dazu einen Verschlußdeckel, den sie zu einer gefährlichen Waffe umfunktioniert hat. Er besitzt etwa messerförmige Gestalt und sitzt auf dem Hinterfuß, ungefähr dort, wo auch bei unserer einheimischen Sumpfdeckelschnecke der Gehäuseverschluß sitzt.

Da er nur zu etwa einem Drittel mit dem Fußrücken verwachsen ist, ragt der Rest wie ein Schwert über das Tier hinaus. Nun würde das schärfste Messer zur Verteidigung nichts nützen, wenn es im echten Schneckentempo gegen den Angreifer bewegt würde. Ganz entgegen den bekannten Schneckengewohnheiten kann dieser Fechter des Meeres damit aber wild um sich schlagen und sogar Menschen tiefe Fleischwunden beibringen.

Eine nicht minder eindrucksvolle Verteidigungsmethode hat das fast 40 Zentimeter lange Tritonshorn ▷ erfunden. Diese riesige, vor der Küste von Nordwestafrika vorkommende Schnecke braucht kaum einen Gegner zu fürchten. Berührt nämlich ein hungriger Raubfisch den Fuß des Tieres, klappt die mächtige Schale wie ein Schlageisen nach vorne. Kleinere Angreifer werden dadurch glatt zermalmt, größere oft eingeklemmt und nicht mehr freigegeben.

Der geduldige Einbrecher

Es wäre wirklich verwunderlich, wenn so fantastische Verteidigungswaffen nicht irgendwann in der Jahrmillionen währenden Entwicklungszeit dieser Tiere auch einmal zum Angriff, das heißt zum Nahrungserwerb benutzt worden wären. Dem Erfinder neuer Methoden erschließen sich dadurch immer ganz neue, häufig konkurrenzlose Nahrungsquel-

□ **Die Wellhornschnecke Buccinium undatum.**

Charonia nodifera.

Strombus gigas.

□ **Eine Wellhornschnecke überlistet eine Herzmuschel, indem sie »den Fuß in die Tür klemmt«, um sie anschließend aufzufressen.**

len, und das bedeutet in der Natur einen gewaltigen Vorteil.

Die Wellhornschnecke ▷ ist ein wahrer Meister im variablen Angriff auf ihre Beute, nämlich Muscheln.

Diese Weichtiere mit ihrer zweiklappigen Schale sind nun keineswegs eine leichte Beute. Die beiden Schalenhälften werden nämlich durch einen oder zwei kräftige Muskeln zusammengehalten, die sich bei Gefahr sofort zusammenziehen. Damit bringt auch das Wellhorn seinen Rüssel, mit dem es normalerweise die Nahrung aufsaugt, nicht mehr in die Muschel. Diese Methode wäre außerdem zu gefährlich, leicht könnten die zuklappenden Schalen der Muschel den fleischigen Schneckenrüssel einquetschen.

Hat ein Wellhorn eine Muschel gefunden, was ihm wegen seines ausgezeichneten Geruchssinns selten größere Schwierigkeiten bereitet, so schätzt es sein Opfer genau ein und richtet danach seine Angriffsstrategie. Bei kleineren, weichschaligen Arten wird nicht lange gefackelt. Obwohl die Muschel ihre Schalenklappen sofort schließt, sobald ein Wellhorn in der Nähe ist, nützt ihr das gar nichts. Durch einige kräftige Schläge mit dem harten Rand des Gehäuses bricht das Wellhorn Stücke aus

Buccinium undatum.

der Muschelschale, so daß der Rüssel bald in die Öffnung paßt.
Besitzt die Beute kräftigere Schalenklappen, so gibt sich das Wellhorn keinesfalls geschlagen. Hier hilft nur Geduld. Kriecht nämlich die Schnecke auf eine der beiden Schalenhälften, so ist damit die Muschel erst einmal geschlossen. Jetzt heißt es warten. Manche Muscheln können ihre Schalenklappen außerordentlich lange geschlossen halten, obwohl dadurch der Wasseraustausch und damit die Sauerstoffversorgung an den Kiemen behindert wird. Arten, die auch solche sauerstoffarmen Zeiten gut überstehen, sind hier natürlich im Vorteil. Manchmal, oft nach einer Stunde und länger, wird es dem Wellhorn tatsächlich zu dumm, und es sucht sich lieber eine neue Beute. Glaubt allerdings die Muschel zu früh, die Luft wäre rein, oder muß sie aus Sauerstoffmangel die Schalenklappen etwas öffnen, geschieht etwas Erstaunliches. Das Wellhorn hat längst den schmalen Spalt der sich öffnenden Schalen ertastet und steht in Wartestellung. Kaum klaffen die Schalen etwas auseinander, schiebt der Räuber mit einem plötzlichen Ruck den Gehäuserand dazwischen, so daß die Muschel die »Tür« nicht mehr schließen kann.
Dieses Verfahren, so perfekt es anmutet, kann allerdings ins Auge gehen. Hat sich nämlich das Wellhorn zuviel zugemutet und war die Muschel zu kräftig, kommt es vor, daß beim Zuklappen der Schalen der Gehäuserand bricht, und damit ist es aus mit der Muscheljagd. Allerdings kann das abgebrochene Stück im Laufe weniger Wochen ergänzt werden. Bis dahin steht jedoch nur Aas auf dem Speisezettel. Man findet immer wieder Wellhornschnecken, denen ein Stück des Gehäuserandes fehlt oder bei denen deutlich zu sehen ist, daß Teile ergänzt wurden.
Solche rüden Jagdmethoden haben die Betroffenen natürlich nicht ruhen lassen. Teilweise haben sie Fluchtreaktionen entwickelt, die ebenso ausgefallen sind wie die »Fuß-in-die-Tür-Methode« des Wellhorns. Manche Muschelarten, zum Beispiel die Kammuschel Pecten flüchten, indem sie die beiden Schalenklappen bis auf zwei kleine Öffnungen so rasch schließen, daß das austretende Wasser einen Rückstoß ergibt. Durch mehrfaches Wiederholen kann sich eine solche Muschel mehrere Meter fortbewegen. Andere Muscheln kippen das Gehäuse ruckartig nach vorn, strecken den Fuß wieder aus und kippen erneut, so daß sie sich durch Überschläge aus der Gefahrenzone katapultieren.
Wie wichtig solche Maßnahmen gegen

□ **Links: Das Tritonshorn, eine riesige Meeresschnecke. Rechts: Eine Gartenschnecke wird von einem Glühwürmchen (Lampyris noctiluca) überfallen. Leuchtkäferlarven leben von Schnecken aller Art, die sie durch einen Biß und Einspritzen von Gift töten.**

einen so raffinierten Räuber wie das Wellhorn sein können, zeigen die Herzmuscheln. Einigen Arten ▷ ist bisher offenbar nichts »eingefallen«, sie wurden deshalb radikal aus dem Revier der Wellhornschnecke verdrängt; andere ▷, die durch plötzliches Strecken ihres Fußes kleine Sprünge schaffen und so dem Räuber wenigstens manchmal entkommen, teilen sich den Lebensraum mit ihren Feinden und überleben.

Die Selbstverständlichkeit, mit der die Wellhornschnecke ihre wirklich gut geschützte Beute aus ihrem Schalenpanzer holt, läßt uns beinahe die Frage vergessen, wieso sich die Schnecke gerade auf so widerspenstige Opfer wie Muscheln spezialisiert hat. Im harten Kampf ums Überleben sind eben diejenigen im Vorteil, »denen etwas einfällt«, die also möglichst konkurrenzlos ökologische Nischen besetzen. Gerade im Meer ist der Wettbewerb um Nahrung besonders hart, und in vielen Bereichen haben die Bewohner, etwa tropischer Riffe, das Problem dichtester Bevölkerung schon besser gelöst als Landtiere, nicht zuletzt besser als der Mensch.

Z. B. Cardium edule und Cardium glaucum.

Z. B. Cardium echinatum und Cardium ovale.

Stacheln - Dornen - Haare

Im Alltag hat man normalerweise wenig mit Seeigeln zu tun. Erst wenn man im Urlaub am Meer auf ein Exemplar der etwa 900 Arten getreten ist, fällt einem auf, daß sie erstens sehr häufig und zweitens recht wehrhaft sind. Sie können einen Menschen so empfindlich verletzen, daß er wegen eines abgebrochenen Seeigelstachels im Fuß den Arzt aufsuchen muß. Die spitzen und oft langen Stacheln sind auch für die Ähnlichkeit mit Igeln verantwortlich. Den Souvenirs, die man aus dem Urlaub heimbringt, fehlen die Stacheln allerdings immer; nur die Knochenplatten mit den Höckerchen, auf denen diese Spieße saßen, bleiben übrig. Die Farben der Seeigel sind außerordentlich vielfältig, sie reichen von schwarz über purpur und grün bis weiß. Vor allem die Stacheln können einfarbig oder gestreift sein und den Tieren ein reizvolles Aussehen geben.

Ihre Stacheln machen die Seeigel zu schwer einnehmbaren Bollwerken. Sie sitzen auf kleinen Gelenkköpfen und sind durch entsprechende Muskeln beweglich. Präpariert man diese Muskulatur, so findet man zwei Schichten: Eine äußere dient der gezielten Bewegung, die innere der Arretierung ▷ der Stacheln senkrecht zur Körperoberfläche. Das Ganze ist bedeckt von einer Hautschicht, sogar die Stacheln sind meist bis auf die Spitzen davon überzogen. »Rupft« man einen toten Seeigel, so stellt man fest, daß die Stacheln verschieden lang und unterschiedlich geformt sein können. Je nachdem, welche Art wir vor uns haben, sind die langen und kräftigen, sogenannten Primärstacheln um ein Vielfaches länger als der Körperdurchmesser ▷. Besonders die Diademaseeigel besitzen solche langen, nadelförmigen Stacheln.

Daß die Stacheln eine wichtige Schutzfunktion übernehmen, zeigen Arten, die im Boden eingegraben leben und die keine kräftigen, sondern mehr borstenförmige Stacheln besitzen. Hier wären die langen, nadelspitzen Stacheln, wie sie der Diademaseeigel besitzt, nur hinderlich.

Reizt man einen nicht allzu langstacheligen Seeigel, indem man ihn mit einem Gegenstand kurz berührt, so neigen sich alle den Reizort umgebenden Stacheln zu dieser Stelle hin, kehren aber bald wieder in die Ursprungslage zurück. Ärgert man ihn aber an der gleichen Stelle noch einmal, so bleiben die Stacheln in der geneigten Lage, um dem aufdringlichen Feind den Zugriff zu verwehren. Man kann sie dann einige Zeit lang selbst mit Gewalt nicht in die Ruhestellung zurückbiegen. Starke Sperrmuskeln verhindern das. Auch die Diademaseeigel neigen auf diese Weise ihre langen Stacheln jedem Feind entgegen und halten ihn so auf Abstand. Die innen hohlen Stacheln sind hier zu so feinen, durchsichtigen Spitzen ausgezogen, daß sie kürzer erscheinen, als sie in Wirklichkeit sind. Ein Angreifer hat sich längst gestochen, bevor er die Stachelspitzen erkennt. Sie brechen außerdem sehr leicht ab und bleiben in der Haut stecken.

Besonders schmerzhaft sind Verletzungen durch die kurzen Stacheln der Lederseeigel. Bei ihnen ist auch die Stachelspitze noch von Haut überzogen,

Die größten Seeigelarten erreichen etwa 30 Zentimeter Körperdurchmesser, die Stacheln kleinerer Arten können weit über 30 Zentimeter lang sein.

Vergleiche die Abbildung auf Seite 28.

erweitert sich aber zu einer knöpfchenförmigen Drüse, die prall mit Gift gefüllt ist.
Der Sekretbeutel selbst ist zusätzlich noch von Muskulatur umgeben, so daß das Gift förmlich in die verletzte Haut eingespritzt wird. Der Stich durch einen solchen Giftstachel erinnert sehr an einen Bienenstich und schmerzt entsprechend.
Nicht alle Seeigelarten besitzen aber lange oder giftblasenbewehrte Stacheln. Manche Formen haben nur stummelige Stacheln, die häufig dadurch noch harmloser werden, daß sie nicht einmal eine richtige Spitze besitzen. Trotzdem sollten sich Feinde vor einem Angriff hüten. Mit den Stacheln ist das Abwehrarsenal der Seeigel nämlich noch lange nicht erschöpft.
Betrachtet man einen Seeigel genauer, so entdeckt man, daß er, auf Stielchen sitzend, vier verschiedene Arten von Zangen besitzt, die unterschiedliche Funktionen haben. Die Klappzangen und die Beißzangen sind beide mit kräftigen Muskeln bestückt. Sie richten sich bei Annäherung eines Feindes sofort auf und spreizen ihre drei Zangenblätter auseinander. Werden deren Innenseiten berührt, schnappen sie zu, nicht dagegen, wenn eine andere Zange zufällig anstößt. Diese Unterscheidungsfähigkeit zwischen eigenem und fremdem Gewebe geht wohl auf einen Stoff in der Haut des Seeigels zurück, der zerstört oder ausgewaschen wird, wenn man das Organ kurz in kochendes Wasser hält. Auch ein eigener Stachel wird sofort gepackt, wenn man ihn so behandelt hat.
Während die Putzzangen, wie der Name sagt, im wesentlichen der Säuberung dienen, hat die vierte Zangenart wieder Verteidigungsfunktion: Es sind die äußerst wirksamen Giftzangen. Sie unterscheiden sich im Bau deutlich von den anderen Zangen, sind komplizierter gebaut und besitzen Giftdrüsen. Auf Feindgeruch, also auf chemische Reize hin, etwa wenn sich ein Seestern in Angriffsabsicht nähert ▷, öffnen sie die Zangen. Die Stacheln übernehmen die erste Abwehr, ist diese aber nicht erfolgreich und dringt der Feind bis auf Hautkontakt vor, so neigen sich die Stacheln zur Seite, um den Zangen den Zugriff zu ermöglichen. Ist der Seestern so unvorsichtig, mit einem seiner zahlreichen Saugfüßchen in eine Giftzange zu geraten, schnappen sie zu und spritzen das Gift in die Wunde. Es gelingt so nicht selten durch mehrere Bisse, den Angreifer zu vertreiben. Ist dieser aber hartnäckig, stehen die Chancen für den Seeigel schlecht. Seine Giftzangen verbeißen sich nämlich so fest in den Seestern, daß sie bei jedem Rückzug abreißen und so verlorengehen. Hat nun ein Seeigel schon viele seiner »Einmalgiftzangen« eingebüßt, wird er bald verteidigungsunfähig und kann überwältigt werden.
Dem Menschen schaden Bisse der Giftzangen in der Regel nicht, da die Muskulatur der Zangen nicht ausreicht, die dicke Haut zu durchdringen. Nur von zwei Arten ▷ weiß man bisher, daß sie Menschen ernstlich verletzen können. Die Folgen des Bisses sind Atemnot, Lähmungen der Gesichts- und Beinmuskulatur, außerdem schwillt die Bißstelle stark an.

Mit List und Tücke gegen das stachelige Bollwerk

Eigentlich dürfte diesen stacheligen Gesellen nicht viel passieren, aber trotz ihrer Wehrhaftigkeit droht den Seeigeln von vielen Seiten Gefahr. Silbermöwen zum Beispiel haben eine spezielle Technik zur Überwältigung der Stacheltiere entwickelt. Sie packen Seeigel, die an der Gezeitenzone leben, und lassen sie aus großer Höhe wieder auf den Strand fallen, bis die harten Schalen zerbrechen und die Vögel an den offenbar schmackhaften Inhalt herankommen. Selbst der Polarfuchs, den man kaum mit Seeigeln in Beziehung bringen würde, ist schon dabei beobachtet worden, wie er bei Ebbe ins Watt wandert und dort Seeigel

Z. B. Marthasterias glacialis, der Eisseestern, der an der europäischen und afrikanischen Westküste sowie im Mittelmeer bis in 180 Meter Tiefe vorkommt.

Toxopneustes pileolus, ein Seeigel mit bis zu 15 Zentimeter Durchmesser aus dem Indischen und Pazifischen Ozean, und Tripneustes gratilla, ein Seeigel aus Westindien, dessen Eierstöcke dort auch gegessen werden.

□ Der »Eßbare Seeigel« (Echinus esculentus) besitzt ziemlich kurze Stacheln.

□ Der Steinseeigel (Paracentrotus lividus) kann sich eingraben.

knackt. All dies hat wohl die Menschen an den Küsten dazu bewogen, Seeigel auch auf ihren Speisezettel zu setzen.

In den südamerikanischen Küstenländern, wie zum Beispiel in Chile, werden Seeigeleierstöcke gleich in einer halbierten Schale geröstet und daraus gegessen. Der Seeigel liefert hier also neben dem Fleisch auch noch die Pfanne.

Gefahr droht den stachelbewehrten Tieren aber noch von einer Seite, die man nicht ohne weiteres zu den Feinden der Seeigel rechnen würde: von den Fischen. Fischer aus dem Karibischen Meer hatten unter ihren Fängen immer wieder Fischarten, deren Mageninhalt ganz offensichtlich aus Resten von Seeigeln bestand. Wissenschaftler fanden inzwischen sogar sechs Arten, bei denen Seeigel zur Hauptnahrung gehören.

Der Biologe Hans Fricke ▷ hat im Roten Meer viele Fischarten beobachtet, um dahinterzukommen, wie die Fische trotz ihrer empfindlichen und relativ ungeschützten Körperoberfläche die Seeigel überlisten, ohne erhebliche Verletzungen davonzutragen. Er hat dabei einige wirklich erstaunliche Spezialisierungen im Verhalten dieser seeigelfressenden Fische beobachtet. Vor allem ein Drükkerfisch ▷ ist ein wahrer Könner seines Faches. Er bringt von seinen Ernäh-

Hans W. Fricke ist Mitarbeiter des Max-Planck-Instituts für Verhaltensphysiologie in Percha. Auf vielen Forschungsaufenthalten hat er sich eingehend mit dem Leben im Riff beschäftigt und seine Beobachtungen auch in mehreren Büchern anschaulich beschrieben.

Von engl. trigger fish. Die Rückenflosse der Drückerfische besteht aus drei Stachelstrahlen, die durch eine Flossenhaut verbunden sind. Mit diesen Stacheln kann sich das Tier bei Gefahr im Versteck verkeilen.

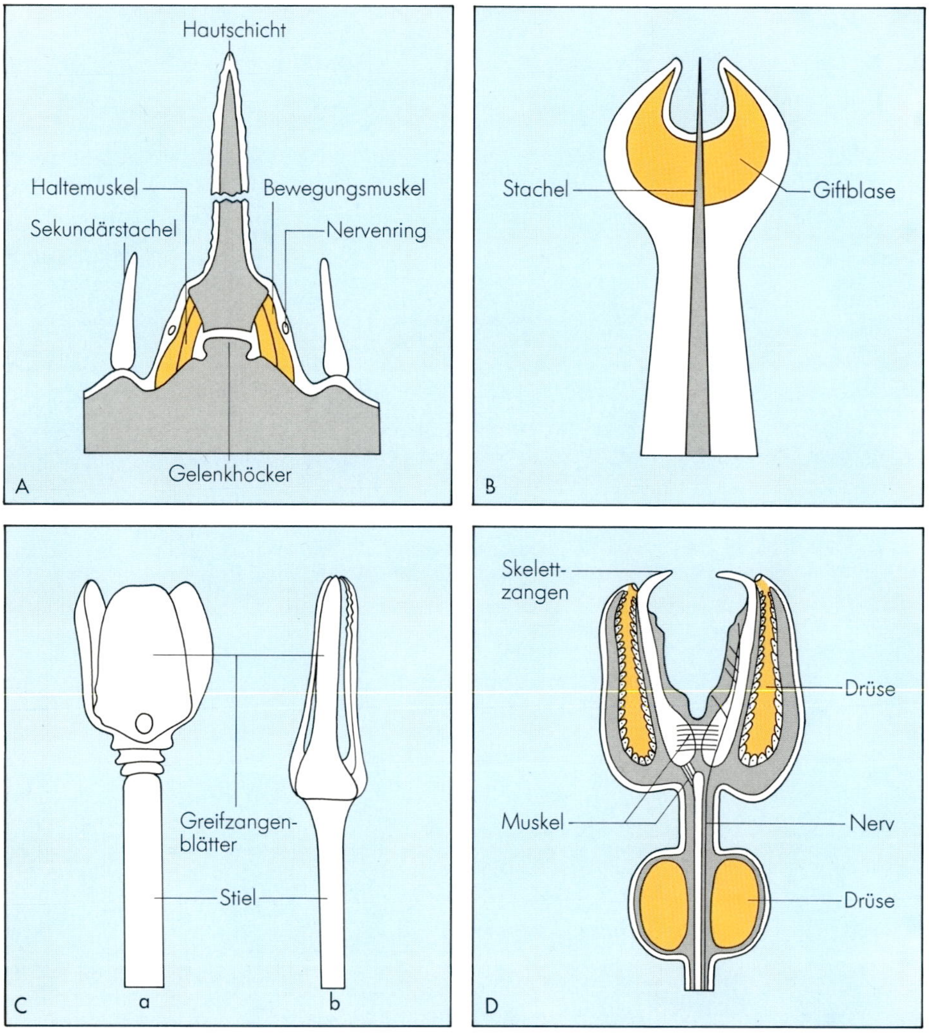

**□ Seeigelstacheln und Zangentypen:
1: Primärstachel. 2: Giftstachel. 3: Beiß- (A) und Klappzange (B). 4: Giftzange.**

□ **Links: Seeigel werden von Fischen angegriffen und gefressen.**
Rechts: Durch die langen Stacheln des Diademaseeigels ist die Stirnpartie des Fisches arg zerstochen.

rungsgewohnheiten einiges mit, das ihm dabei hilft, den Seeigeln besonders gefährlich zu werden. Normalerweise frißt dieser Fisch nämlich allerlei Tiere, die im Sand vergraben sind. Zum Freilegen der Beute hat er eine spezielle Technik entwickelt: Er bläst mit einem Wasserstrahl so lange den Sand zur Seite, bis er an das Opfer, meist eine eingegrabene Schnekke, herankommt. Trifft der Drückerfisch auf einen Seeigel, zum Beispiel auf einen langstacheligen der Gattung Diadema, so bläst er ihn ebenfalls an. Trotz der weitausladenden Stacheln fällt der Seeigel irgendwann einmal um, so daß seine empfindliche Körperseite sichtbar wird. Dies nützt der Drückerfisch sofort aus, um das Opfer mit einem gezielten Biß in die Gegend der Mundscheibe zu töten. Gelingt ihm das Umblasen einmal nicht, so beißt er kurzerhand die Stacheln ab, so daß er schließlich auch von oben an die Beute kommt. Alle seeigelfressenden Fische haben deshalb auch ein kräftiges Gebiß, wulstige Lippen und eine harte Stirnpartie ▷. Trotzdem findet man im Riff immer wieder Fische mit arg zerstochener Stirn. In der Haut dieser Seeigeljäger hängen immer wieder abgerissene Giftzangen. Auch das scheint ihren Jagdeifer nicht zu dämpfen. Das Gift wirkt möglicherweise nicht sehr stark auf ihren Organismus. Zu besonders gefährlichen Feinden der Seeigel werden die Drückerfische aber durch eine andere Fähigkeit: Sie können als einzige auch versteckt sitzende oder festgeklemmte Tiere erbeuten.

Fricke hat in den Korallenriffen des Roten Meeres einen Drückerfisch beobachtet, der in 20 Minuten insgesamt 106mal einen verkeilten Seeigel angeblasen hat, bis er ihn schließlich töten konnte. Um die Leistungen der Fische zu testen, deckte der Wissenschaftler Seeigel absichtlich so weit zu, daß nur noch einige Stacheln zu sehen waren. Dann legte er sich auf die Lauer, um zu beobachten, wie der hungrige Drückerfisch mit dieser Aufgabe fertig wurde. Zuerst begann er mit dem Maul einige Hindernisse beiseite zu schleppen. Manche davon legte er bis zu einem Meter entfernt ab. Dabei kann er anscheindend nach Form und Größe der Hindernisse unterscheiden, ob sie sich leicht oder schwer transportieren lassen. Hat er den eingeklemmten Seeigel erst einmal befreit, bläst er so lange, bis das Opfer umkippt. Diese ausgeklügelte Beutefanghandlung macht den Drückerfisch vermutlich zu einem ernstzunehmenden Gegner für die Seeigel. Es verwundert deshalb nicht, daß sich auch die Gejagten diesem starken Feinddruck wieder anpassen. Soweit man bisher weiß, werden die Seeigel nur

Diese Eigenschaften sind aber vermutlich keine Anpassungen der Fische an die Seeigeljagd, sondern die Tiere nutzen Baueigentümlichkeiten aus, die sie bereits besitzen, um erfolgreich zu jagen. Dies trifft vielleicht auch für das spezielle Jagdverhalten zu.

von tagaktiven Feinden so massiv angegriffen. Die Beobachtung, daß Seeigel eher nachtaktiv sind, obwohl sie als Substratweider ▷ ebensogut tagsüber fressen könnten, könnte man als eine Anpassung zur Feindvermeidung deuten. Ähnliche Gründe können dafür maßgebend sein, daß Seeigel freies Gelände und Strömungen meiden. Die Gefahr, gesehen oder umgeworfen zu werden, ist zu groß. Seeigel, die mangels Verstecken ins freie Wasser ausweichen müssen, tun sich oft zusammen und verkeilen sich mit ihren Stacheln. Sie wirken dadurch nicht nur wie ein großes Tier, das die meisten Angreifer meiden, sondern sind auch schwer aus dem Verband zu isolieren.

Vor einigen Jahren hat man noch eine andere Schutzreaktion der Seeigel entdeckt: Diadema antillasus flüchtet, wenn er Fleischsaftextrakt eines Tieres der gleichen Art wahrnimmt. Diese Alarmreaktion könnte ebenfalls eine Anpassung sein, denn beim Angriff eines Drückerfisches auf einen Seeigel wird immer eine größere Menge »Alarmstoff« frei.

Sich Angreifer vom Leib halten zu könne, ist aber kein Vorrecht von Tieren. Auch Pflanzen, die durch ihre ortsgebundene Lebensweise Feinden in weit größerem Umfang ausgeliefert sind, haben solche Fähigkeiten entwickelt und zur Abwehrstrategie ausgebaut.

Wehrhaft durch Stacheln und Haare

Betrachtet man die Oberfläche verschiedener Blätter durch ein Mikroskop oder eine starke Lupe, so erkennt man, daß diese Blätter keineswegs so glatt und strukturlos sind, wie das beim Anblick mit bloßem Auge den Anschein hat. Haarförmige Auswüchse verschiedenster Art kann man da entdecken, abenteuerlich geformte Einzelzellen und vielzellige Gebilde. Einige wirken wie Drüsen und sondern Flüssigkeit ab.

Botaniker haben die Form dieser Haare als Merkmal zur systematischen Charakterisierung von Pflanzenarten verwendet. Außerdem weiß man schon lange, daß die manchmal wie ein dichter Pelz stehenden Haarpolster für den Wasserhaushalt von Bedeutung sind. Sie schaffen einen windstillen Raum um das Blatt und vermindern so die Verdunstung von Wasser ▷.

Was haben Haare aber mit der Abwehr von Feinden zu tun? Wenn wir eine Brennessel berühren, wird es uns klar: Die ganze Pflanze ist dicht mit Brennhaaren besetzt. Unter dem Mikroskop zeigt sich: An der Spitze der Härchen befindet sich ein winziger Drüsenkopf, der wie die Nadel einer Injektionsspritze aussieht und bei Berührung abbricht. Der Inhalt des Brennhaars besteht aus Stoffen, wie sie auch im Insektengift vorkommen. Gelangen sie in die Haut, dann verursachen sie Entzündungen und brennenden Schmerz.

Durch den dichten Pelz einer weidenden Kuh dringen diese feinen Brennhaare nicht hindurch, am Maul sind sie jedoch zu spüren. Deshalb meidet das Weidevieh die Brennesseln. Ähnlich ungeschoren bleiben auch alle stacheligen und dornigen Pflanzen wie Disteln, wilde Rosen, Schlehen- und Hagebuttensträucher. Die schlechten Erfahrungen mit diesen Pflanzen prägen sich den Tieren ein, und wir können annehmen, daß Dornen und Stacheln spezielle Abwehrsysteme gegen die pflanzenfressenden Huftiere sind. In Australien, wo es diese Art von Pflanzenfressern ursprünglich nicht gab, besitzen nur wenige Pflanzenarten Dornen oder Stacheln. Sie hatten es mangels Feinden nicht nötig, solche Abwehreinrichtungen auszubilden.

Trotzdem sind auch Brennesseln im Sommer oft dicht mit Raupen besetzt, die sich offensichtlich nicht an den Brennhaaren stören. Die Larven einiger bekannter Tagfalter wie die des Kleinen Fuchses und des Admirals gehören dazu. Gegen Insekten wirken Brennhaare also kaum.

Solange sich die freßlustigen Insekten auf Brennesseln beschränken, bleibt der

Tiere, die Bodenorganismen aller Art fressen.

Siehe auch Band 6 dieser Reihe.

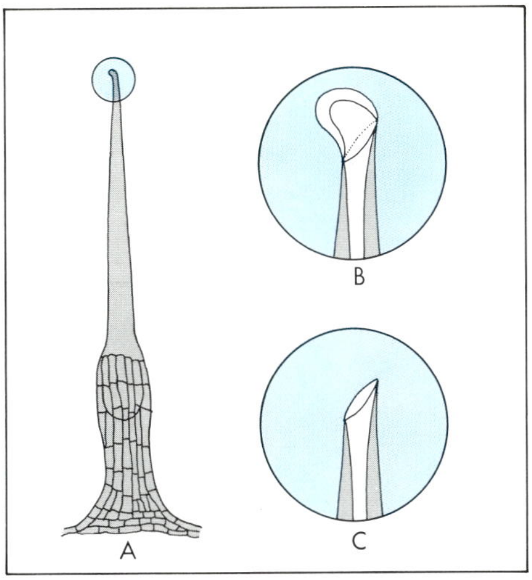

□ **Brennhaar einer Brennessel.**
A: ganzes Brennhaar. B: Drüse vergrößert. C: abgebrochenes Haar; die Spitze wirkt wie eine Injektionsspritze.

unmittelbare Schaden gering. Viele Arten haben sich aber auf Kulturpflanzen spezialisiert. Zu ihnen gehört zum Beispiel der Kartoffel-Blatthüpfer ▷, der in den USA große Schäden in Kartoffel- und Sojabohnenpflanzungen anrichtet. Der Schädling stammt aus der Familie der Zikaden, zu der noch einige weitere Arten gehören, die an Zuckerrohr, Getreide, Erdbeeren, Weinreben und zahlreichen anderen Kulturpflanzen saugen und damit großen Schaden anrichten.

In Amerika, wo er als Schädling auftritt, heißt er potatoe leafhopper.

Schon vor 50 Jahren haben aufmerksame Beobachter einen Zusammenhang zwischen Behaarung und Schädlingsresistenz bei den gleichen Pflanzenarten festgestellt.

Sie fanden bereits damals, daß haarlose Pflanzensorten wesentlich stärker von Schädlingen befallen werden als behaarte. Genaue Zählungen ergaben, daß dicht mit Haaren bewehrte Pflanzen ▷ nur mit durchschnittlich zwei Schädlingen besetzt waren, während die unbehaarten Pflanzen 30 Fresser beherbergen mußten.

Etwa 30 Haare pro Quadratmillimeter.

Dies wirkte sich sogar auf die Größe der Pflanzen aus: Die behaarten waren über einen Meter hoch, die unbehaarten brachten es nur auf etwa 35 Zentimeter. Schädlingsfreie Kontrollversuche im Gewächshaus erbrachten den Beweis, daß der unterschiedliche Wuchs nur auf die Insekten zurückzuführen war: Alle Pflanzen der gleichen Art waren dort gleich gut gewachsen. Auch auf die Ernte hat der Schädlingsbefall einen deutlichen Einfluß: Sie betrug bei den glattblättrigen Pflanzen nur ein Viertel des Ertrages der behaarten Pflanzen.

Wissenschaftler haben die Entwicklung der Larven des Getreideblattkäfers ▷ auf unterschiedlich stark behaarten Getreidesorten beobachtet, indem sie die Tiere immer wieder nachwogen. Die Entwicklung der Larven auf den behaarten Blättern war auch hier deutlich langsamer. Die Eiablage wird durch die Behaarung erschwert, die Eier haften nicht so gut auf den Blättern und fallen bei Erschütterung leichter ab. Zudem entwickelten sich auf den behaarten Blättern nur 10 Prozent der Larven gegenüber 90 Prozent auf den unbehaarten Blättern. Man nimmt an, daß durch den direkten Kontakt zwischen Blatt und Gelege die Austrocknungsgefahr verringert wird.

Oulema melanopus.

Besonders schwer haben es junge Larven auf behaarten Blättern: Der Haarpelz hindert sie am Fressen. Jeder Biß ins Blatt muß erst durch Haarefressen »verdient« werden. Da diese Blattbildungen bei weitem nicht so nahrhaft sind wie Blattgewebe, sind die Larven bald unterernährt.

Pflanzen haben sich aber noch einiges mehr gegen Schädlinge einfallen lassen. Wenn man den Erzählungen von Balkan-Reisenden früherer Zeiten glauben darf, so hat man dort Bettwanzen mit Bohnenblättern gefangen. Bohnenblätter besitzen hakenförmige Haare, in denen sich die Insekten mit Beinen und Körperanhängen verfangen. Im Jahre 1927 berichtete ein Wissenschaftler, daß man mit dieser Methode aus stark mit Wanzen verseuchten Räumen über ein Kilogramm dieser Quälgeister gefangen habe.

Vor allem Blattläuse und ihre Larven haben es auf behaarten Blättern schwer. Sie werden nicht selten gefangen und sogar aufgespießt. Zumindest wird ihre

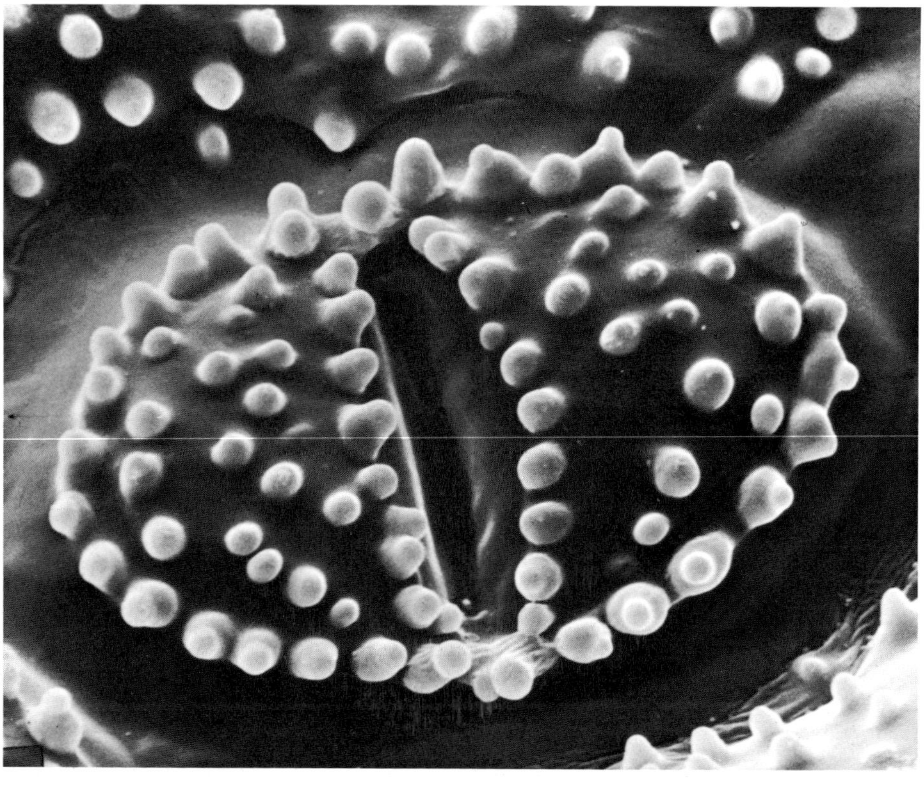

□ **Rasterelektronenmikroskopische Aufnahmen von Pflanzenhaaren.**
Oben: Ein einzelliges, hochkompliziert gebautes Widerhaken-Haar einer tropischen Pflanze. Das ganze Haar ist nur etwa 0,2 mm lang.
Unten: Eine Spaltöffnung des Ackerschachtelhalms. Unter der Blattoberfläche liegen winzige, messerscharfe Kieselkörper.

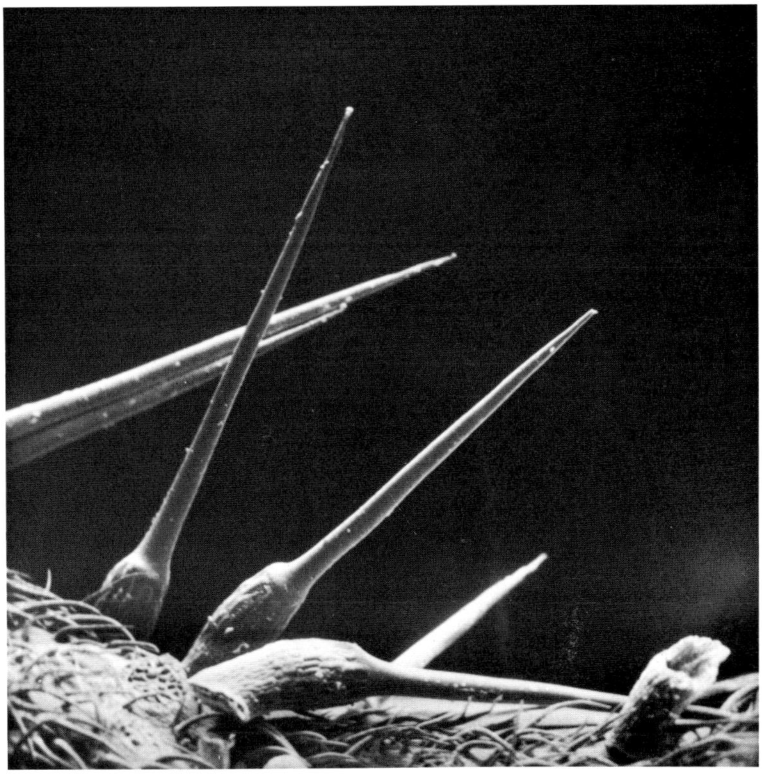

□ **Oben links: Haargewirr des Wollkrautes (Verbascum thapsus).**
Oben rechts: Brennhaare der Brennessel. Die winzigen Drüsenköpfchen der drei linken Haare sind noch intakt, das vierte Haar von links ist an seiner äußersten Spitze abgebrochen.

□ **Unten links: Ein kompliziert gebauter Kakteenstachel, der wie eine mikroskopisch kleine Harpune aussieht.**
Unten rechts: Spitze eines Kakteenstachels mit Widerhaken.

□ **Getreideblattkäfer. Die Larven und das erwachsene Tier fressen an Getreideblättern.**

Entwicklung durch den ständigen Kampf mit den hakigen Blattauswüchsen deutlich verlangsamt. Die Larvensterblichkeit schwankt mit zunehmender Haardichte zwischen 14 und 73 Prozent.

Mit Drüsenhaaren auf Läusefang

Manche Pflanzen haben ihr Abwehrsystem jedoch noch weiter verfeinert. Sie scheiden über Drüsenhaare Abwehrstoffe aus, denen man wegen ihrer geringen Menge erst mit dem Gas-Chromatographen ▷ auf die Spur kam. Aus den Drüsenhaaren der Pfefferminze konnten auf diese Weise 21 Komponenten isoliert werden, von denen sich viele in anderen Pflanzen wiederfinden und dort den gleichen Zweck erfüllen. Vor allem die Drüsenhaare der Nicotiana-Arten, zu denen zum Beispiel die Tabakpflanze zählt, enthalten sehr wirksame Abwehrstoffe.

An blattlausresistenten, wilden Kartoffelsorten fand man immer wieder tote, an den Blättern der Pflanze festgeklebte Läuse. Als man die Blattoberfläche genauer untersuchte, entdeckte man dort Drüsenhaare, die schon bei leichtester Berührung eine klare, wasserlösliche Flüssigkeit abgeben. An der Luft wird diese Flüssigkeit schwarz und wasserunlöslich. Blattläuse, die eine solche Drüse berühren, werden sofort gefangen.

In Versuchen waren nach 24 Stunden bereits 30 Prozent der absichtlich angesetzten Blattläuse von den Blättern der Kartoffelpflanze gefangen. Nur wenn man die Blätter immer wieder mit 70prozentigem Alkohol säuberte, war die Besiedelung durch die Blattläuse möglich: ein Beweis für die Wirksamkeit der Drüsenhaare.

Viele Substanzen, die in den Drüsen von Pflanzen zur Abwehr von Feinden gebildet werden, schätzt der Mensch als heilkräftige Bestandteile. Der Wermut ▷ verdankt seinen für uns angenehm bitteren Geschmack einem solchen Sekret von Drüsenhaaren, das in erster Linie sicher zur Abwehr pflanzenfressender Insekten dienen soll.

Wir werden im Verlauf der weiteren Betrachtung von Abwehrstrategien und Schutzeinrichtungen sehen, ob das die einzige Möglichkeit für Pflanzen ist, sich vor Feinden zu schützen.

Im Gas-Chromatographen können geringste Substanzmengen auf Grund ihrer verschiedenen Wandergeschwindigkeit in einem Gasstrom getrennt werden.

Artemisia absinthum.

Pflanzen und Tiere wehren sich mit Chemie

Auf den ersten Blick kann man den Eindruck gewinnen, als könnten Pflanzen sich so gut wie gar nicht wehren. Bäume werden von Raupen fast völlig entlaubt, Schädlinge wie die Reblaus gefährden den Anbau von Wein in riesigen Gebieten, der Kartoffelkäfer und seine Larven vernichten ganze Ernten. Gegen all das scheinen die Pflanzen völlig hilflos. Ihre Ortsgebundenheit, also die Unmöglichkeit, vor dem Feind zu fliehen, außerdem der Zwang, alle Blätter immer dem Licht entgegenzustrecken, sie dem Feind also direkt zu präsentieren, bringen sie in eine äußerst ungünstige Lage.

Von Kohlweißlingfaltern weiß man, daß sie auf Nahrungssuche bevorzugt die Farben Blau und Gelb anfliegen, das sind die Blütenfarben der von ihnen hauptsächlich besuchten Pflanzen. Weibchen, die Eier ablegen wollen, halten sich aber mehr an grüne Farben, so finden sie sicher auf ihre Wirtspflanze ▷. Die letzte Entscheidung zu Fraß oder Eiablage wird allerdings wohl immer mit dem chemischen Sinn getroffen. Für die Kohlweißlingsraupen sind es die Senföle ▷, die sie zum Fressen veranlassen. Man kann sie damit sogar dazu bringen, Papier zu fressen, wenn man es nur vorher mit Senfölen bestreicht.

Bei der Seidenraupe weiß man schon ganz genau, welche Substanzen ▷ für den Ablauf der Freßhandlung verantwortlich sind. Durch Terpene werden die Tiere angelockt, Sterine dienen als »Beißfaktoren« und veranlassen die Raupen, in das Objekt zu beißen. Durch Zellulose und Rohrzucker wird schließlich das Schlucken des Bissens angeregt. Jede Substanz für sich stellt einen ganz gezielten Auslöser in einer Reflexkette dar. Sie darf keinesfalls fehlen, wenn der ganze Freßvorgang ablaufen soll. Ein so festgelegtes Signalmuster hat natürlich den Vorteil, daß darüber in der Natur alle wichtigen Verhaltensweisen wie Aufsuchen der richtigen Wirtspflanze und Nahrungsaufnahme fehlerfrei gesteuert werden können. Auch die Seidenraupe kann man, und das ist für das Tier der Nachteil eines so festgelegten Signalmusters, mit getränktem Filterpapier überlisten. Es muß nur alle genannten Komponenten enthalten.

Auch Pflanzen wissen sich zu helfen

Nach diesen Beispielen sieht es so aus, als hätte die Pflanze keine Abwehrmöglichkeiten, und doch liegen die Chancen der Pflanze gerade in dieser engen Bindung des Freßfeindes an das Opfer. Viele Larven sind oft extrem auf einen Wirt spezialisiert. Geringfügige Änderungen in der Zusammensetzung der Pflanzeninhaltsstoffe können dem Freßfeind das Leben bereits vergällen. Kartoffelkäferlarven, die unsere Kulturkartoffelpflanzen ▷ mit großem Appetit entlauben, fressen nicht von der Wildkartoffelart Solanum demissum. Ein Alkaloid ▷ vergällt ihnen die Mahlzeit. Zwingt man sie, von den Blättern zu fressen, indem man ihnen einfach nichts anderes anbietet, so zeigen sie bald Vergiftungserscheinungen und nehmen dann keine Nahrung mehr auf.

Nicotiana-Arten, zu denen auch die Tabakpflanze gehört, produzieren Alkaloide wie das Nikotin ▷, die pflanzenfressende Insekten abwehren. Manchmal ist das Nikotin in speziellen Zellen,

Siehe dazu auch Band 4 dieser Reihe, Seite 11 ff.

Chemisch handelt es sich dabei um Isothiocyanate mit der allgemeinen Formel R-N=C=S. In der Zelle sind sie meist an Zucker gebunden und dann geruchlos, während sie allein einen stechenden Geruch besitzen.

Solanum tuberosum.

Alkaloide sind basische Naturstoffe, die immer Stickstoffatome im Molekül enthalten.

Vergleiche die Abbildung auf Seite 36.

Nikotin ist das Hauptalkaloid des Tabaks, kommt aber auch in anderen Nachtschattengewächsen vor.

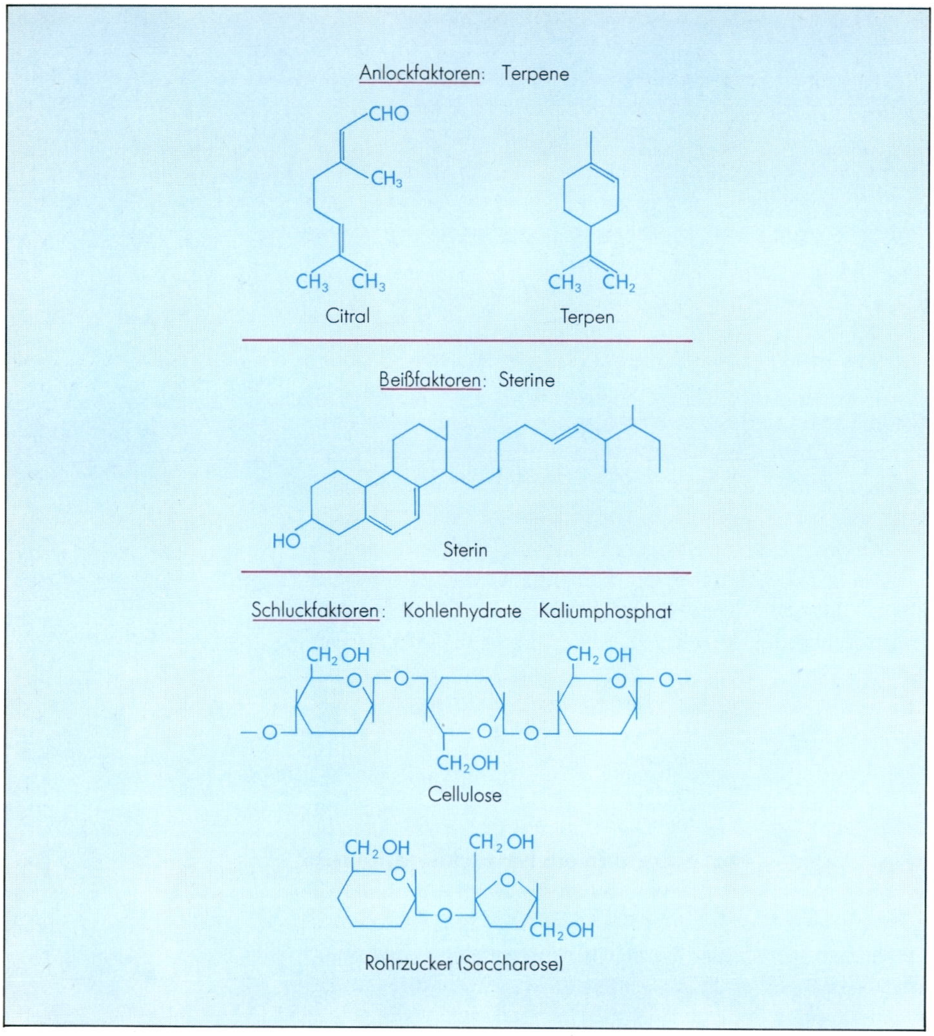

□ **Substanzen, die die Seidenraupe braucht, damit der Freßvorgang abläuft. Erklärung im Text.**

zum Beispiel in Köpfchen von Drüsenhaaren, enthalten. Die Insekten brauchen gar nicht erst in das Blatt zu beißen, um ihre schlechten Erfahrungen zu machen: Bereits bei einem ersten Ausflug über die Blattoberfläche platzen die hauchdünnen Drüsenköpfchen und geben das giftige Sekret ab. Blattläuse werden davon gelähmt und getötet. Der Vorteil einer solchen vorbeugenden Verteidigung ist zweifellos der, daß Schädlinge bereits »vor den Toren« abgewehrt werden. Da viele Insekten, die Pflanzensäfte saugen, dabei auch Infektionen von anderen Wirtspflanzen verschleppen, kann eine Abwehr vor dem ersten Anstich recht bedeutungsvoll sein. Der Beweis für die Wirksamkeit der Drüsenhaare ist leicht zu erbringen: Bürstet man sie ab, lassen viele Freßfeinde sich nicht mehr abhalten.

Lange Zeit hat man diese Pflanzeninhaltsstoffe mehr als zufällige Launen der Evolution betrachtet. Schon der Name »sekundäre Pflanzenstoffe« zeigt, daß man ihnen eine nebensächliche Rolle zugesprochen hat. Allenfalls als Abfallstoffe oder sonstige Endprodukte von Stoffwechselwegen, die die Pflanze nicht anders als durch Ablagerung in irgendwelchen Zellen loswerden kann, hat man diese Stoffgruppe gesehen.

Stutzig wurden die Pflanzenphysiologen erst, als sie die Biosynthesewege einiger solcher »Abfallprodukte« aufklären konnten. Dabei stellte sich heraus, daß viele von ihnen in komplizierten und energetisch aufwendigen Verfahren von der Pflanze produziert werden. Das ließ den Verdacht aufkommen, daß es hier nicht nur um die Abfallbeseitigung geht, sondern um die gezielte Synthese eines Stoffes mit bestimmter Funktion.
Kaum hatte man sich zu dieser Betrachtungsweise durchgerungen, stellte sich heraus, daß einige der Verbindungen, denen man bisher Abwehrfunktion zugewiesen hatte, für andere Individuen Lockstoffe darstellten. Diese Substanz mußte also unbedingt vorhanden sein, wenn ein Insekt seine Wirtspflanze sicher finden sollte. Ein Abwehrstoff war damit zum Lockstoff umfunktioniert. Wie ist so etwas zu erklären?
In dem komplizierten Wechselspiel zwischen Jäger und Beute fiel immer wieder auf, daß es gewissermaßen zu einem Wettrüsten kommt. Zuerst ist eine bestimmte Substanz, die in einer Pflanze zufällig entsteht und dem Räuber schadet, eine echte Verteidigungswaffe. Aber auch bei den Pflanzenfressern entwickeln sich Tiere, die eine gewisse Toleranz gegen das Gift besitzen. Bezogen auf die gesamte Population bedeutet das, daß ein Selektionsdruck in Richtung auf die Tiere besteht, die das Gift vertragen. Es sind also Spezialisten entstanden, gegen die der Abwehrmechanismus der Pflanze wirkungslos geworden ist. Solche Spezialisten besitzen natürlich einen großen Vorteil: Sie haben eine Nahrungsquelle, die ihnen keiner so leicht streitig macht. Um so wichtiger wird es jetzt für sie sein, die richtige Wirtspflanze zu finden, sei es zur Eiablage oder weil die eine Futterquelle erschöpft ist. Irgendwie muß gewährleistet sein, daß das Tier seine Wirtspflanze immer sicher aus allen anderen herauskennt. Dazu bieten sich natürlich gerade diejenigen chemischen Verbindungen an, die nur diese Pflanze besitzt, und das sind ihre Abwehrstoffe. Aus dem Verteidigungsmittel ist so ein Lockmittel geworden.
Im Gegensatz zur abwehrenden Wirkung des sekundären Pflanzenstoffes, der gegen andere Freßfeinde durchaus noch wirksam ist, zieht er als Lockmittel nur die Insekten an, die an diesen Stoff angepaßt sind.
Borkenkäfer werden zum Beispiel von den Terpenoiden ▷ aus dem Harz ihrer Wirtsbäume angelockt und leben auch davon, während die Terpenoide für andere Insekten, die normalerweise nicht auf Kiefern leben, außerordentlich giftig sind.

Terpenoide sind im Tier- und Pflanzenreich weitverbreitete Verbindungen, die alle aus dem gleichen Grundbaustein, dem Isopren, bestehen.

Von den Senfölen der Kohlarten, zum Beispiel dem Sinigrin ▷, weiß man, daß sie auf die kohlbewohnenden Blattläuse äußerst anziehend wirken und diese sogar dazu bringen, mehr Pflanzensäfte zu saugen als bei fehlendem Sinigrin. Auf andere, normalerweise nicht auf Kohl lebende Blattläuse wirkt Sinigrin jedoch abstoßend.

Sinigrin ist das Glucosid des Allylisothiocyanats.

Der Eingriff in die Entwicklung mit dem »Papierfaktor«

Vom Wettrüsten zwischen Jäger und Beute war schon oft die Rede. Nach dem, was wir bisher über die Abwehrmechanismen der Pflanzen gegen Insekten wissen, haben sich diese offenbar immer wieder schnell und erfolgreich an die Abwehrstoffe angepaßt und sie teilweise sogar zu Lockstoffen umfunktioniert.
Irgendwann jedoch in der Entwicklung der Pflanzen und Tiere über Jahrmillionen ist den Pflanzen ein erstaunlicher Schlag gegen die Insekten gelungen.
Auf der ganzen Welt werden in vielen Laboratorien große Mengen von Insekten für Versuchszwecke gezüchtet. Vor allem die vielfältigen Probleme des Pflanzenschutzes, aber auch allgemeine Fragen zur Physiologie oder zur Lebensweise dieser Kerbtiere erfordern ständige Nachzucht. Ein beliebtes Ob-

jekt ist die Feuerwanze ▷. Sie kommt auch bei uns vor, man findet sie vor allem unter Linden, wo sie gesellig lebt und deren Samen frißt. Manchmal verbessert sie ihren Speiseplan durch Insekteneier, die sie findet. Auffällig an den etwa 1 Zentimeter großen, erwachsenen Tieren ist vor allem ihre schwarz-rote Zeichnung, die stark variieren kann. Einige Arten der Feuerwanzenfamilie sind große Schädlinge, die allerdings nicht bei uns vorkommen, sondern in warmen Ländern, in denen Baumwolle angebaut wird. Unsere heimischen Feuerwanzen sind dagegen recht harmlos.

Als der Prager Biologe Karel Sláma ▷ 1964 zu einem Forschungsaufenthalt an die Harvard Universität nach Cambridge (USA) kam, brachte er 1215 Larven dieser Landwanze mit, um Versuche mit ihnen zu machen. Die Tiere sind im Labor leicht zu halten, sie entwickeln und vermehren sich rasch.

Als Sláma seine Feuerwanzen mit Genehmigung des US-Landwirtschaftsministeriums eingeführt hatte, konnte die Weiterzucht beginnen. Die Erlaubnis war vor allem deshalb nötig, weil die Feuerwanzen, die Sláma mitbrachte, bis heute weder in den USA noch in Kanada vorkommen. Mindestens seit der Kaninchenplage in Australien weiß man, daß die Einführung selbst harmloser Tiere in einen bisher unbesetzten Lebensraum unabsehbare Probleme verursachen kann.

Die Tiere wurden in Petrischalen gesetzt, in denen sich als Futter Lindensamen und eine kleine Phiole mit Wasser befanden. Um den Tieren den Auslauf zu vergrößern, machte ein Stück eines gefalteten Papierhandtuches die Wohnschale zweistöckig. Das Papier lieferte die Scott Paper Company, eine Firma, die eine große Zahl von Produkten des täglichen Gebrauchs, wie Servietten, Küchentücher und vieles andere, aus Papier herstellt. Dies wird noch von Bedeutung sein.

Um den Feuerwanzen den Aufenthalt in Cambridge so angenehm wie möglich zu machen, wurden sie in Brutkammern mit einer Temperatur von 25 Grad und mit 17 Stunden Tageslicht gesetzt. Eigentlich durfte einer erfolgreichen Weiterzucht der Tiere nichts mehr im Wege stehen.

Zuerst sollte vielleicht noch einiges über die Entwicklung der Feuerwanzen gesagt werden. Sie gehören zu denjenigen Insekten, die sich unvollkommen verwandeln ▷. Das heißt, nach einigen Häutungen, in denen die Larve dem erwachsenen Tier immer ähnlicher wird, folgt schließlich die letzte Häutung zur geschlechtsreifen Imago ▷. Ein Puppenstadium, wie es zum Beispiel alle Schmetterlinge ▷ einschalten, fehlt in der Feuerwanzenentwicklung.

Dieser außerordentlich komplizierte Verwandlungsprozeß unterliegt bei allen Insekten, egal ob mit oder ohne Puppe, einer raffinierten hormonellen Steuerung ▷. Von einem Gehirnzentrum aus werden Neurosekrete ▷ abgesondert, die zwei Drüsenpaare beeinflussen, die ihrerseits Hormone absondern. Diese Drüsen sind einmal die Corpora allata ▷, die das Jugendhormon ▷ absondern, und zum anderen die Prothorakaldrüsen ▷, die das Hormon Ecdyson abgeben, Beide Hormone spielen in der Insektenentwicklung eine lebens-

□ Männliche und weibliche Feuerwanze mit ihrer typischen schwarz-roten Zeichnung.

Pyrrhocoris apterus.

Karel Sláma, Professor für Insektenphysiologie am Entomologischen Institut der Tschechoslowakischen Akademie der Wissenschaften in Prag.

Hemimetabolie: Bei der Feuerwanzenentwicklung tritt kein Puppenstadium auf.

Siehe auch Band 4 dieser Reihe.

Genauer alle Holometabolen: Insekten mit vollkommener Verwandlung.

Siehe Band 4 dieser Reihe, Seite 33 ff.

Stoffe, die von Nervenzellen abgegeben werden.

Einzahl: Corpus allatum.

Auch: Juvenilhormon oder Neotenin.

Sie liegen im vorderen Brustabschnitt (Prothorax).

wichtige, koordinierende Rolle: Das Jugendhormon bedingt die einzelnen Larvenhäutungen ▷, das Ecdyson bewirkt, nachdem das Jugendhormon langsam aus dem Körper der Larve verschwindet, die Imaginalhäutung ▷. Sláma hatte nun in Prag nicht nur einige zehntausende Feuerwanzen gezüchtet, sondern auch herausgefunden, daß sich dieses Tier nicht zur Imago häutet, wenn man die funktionstüchtigen Corpora allata aus einer Feuerwanzenlarve herauspräparierte und sie einer anderen im fünften, also letzten Larvenstadium einsetzte. Es entsteht dann vielmehr eine weitere, sonst unübliche sechste Larve, die größer als das normalerweise letzte Larvenstadium ist. Manchmal entsteht sogar noch ein siebtes Larvenstadium. Diese Tiere sind wiederum größer, machen aber keine Anstalten, erwachsen und geschlechtsreif zu werden; sie gehen als Larven ein.

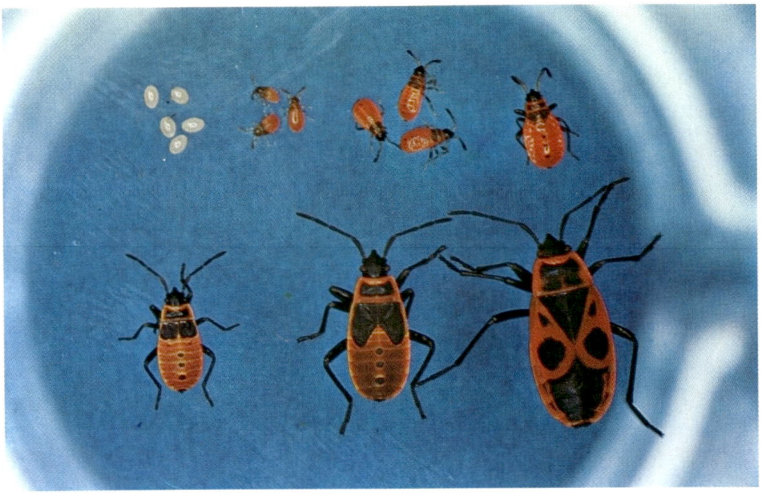

□ Die normale Feuerwanzenentwicklung vom Ei zum erwachsenen Tier umfaßt 5 Larvenstadien.

Erstens kommt es anders...

Als Sláma zusammen mit Caroll M. Williams ▷ seine Feuerwanzenzucht in der beschriebenen Weise beginnen wollte, erlebte er eine böse Überraschung: Von seinen 1215 Feuerwanzenlarven häutete sich nach dem fünften Larvenstadium sage und schreibe nur *ein* Tier zur erwachsenen, geschlechtsreifen Imago. Alle anderen machten eine weitere Häutung durch, als ob ihnen Corpora allata eingepflanzt worden wären. Viele Tiere gingen sogar in ein siebtes Larvenstadium, waren aber meist nicht in der Lage, sich aus ihrer alten Haut zu befreien und gingen ein.

Manche dieser Tiere, die nach der Zahl ihrer Häutungen eigentlich erwachsen sein sollten, hatten sich auch zu Zwischenformen entwickelt, ein Großteil davon ging aber ein, weil es ihnen ebenfalls nicht gelang, die alte Larvenhaut loszuwerden. Ein kleiner Teil, der die Häutung glücklich vollenden konnte, also das völlig ungewöhnliche siebte Larvenstadium erreichte, lebte noch etwa ein Vierteljahr und starb dann ohne weitere Häutung. Was war geschehen? Eine Untersuchung von 435 der anomalen Larven zeigte immer das gleiche Ergebnis: Die Weibchen hatten alle unausgereifte Eierstöcke, dementsprechend waren auch keine vollentwickelten Eier zu finden. Merkwürdigerweise waren die Samenzellen der männlichen Larven jedoch ausgereift.

Bei der Präparation der Zwischenformen stellte sich heraus, daß die ecdysonproduzierenden Prothorakaldrüsen ganz oder teilweise zurückgebildet waren. Eine Häutung zur Imago wäre also keinesfalls mehr möglich gewesen. Die Weibchen hatten zum großen Erstaunen der Biologen in ihrem Körper reife Eier, die sie allerdings mangels funktionsfähiger Eilegeapparate nie hätten ablegen können. Durch die große Zahl der Eier war ihr Hinterleib so stark aufgebläht, daß sie keine Nahrung mehr aufnehmen konnten und wohl deshalb eingegangen waren.

Die Erfolglosigkeit der Aufzuchtaktion und die merkwürdigen Ergebnisse – an die ursprünglich geplanten Versuche war überhaupt nicht mehr zu denken – zwangen die Wissenschaftler zu einem Vergleich der Laboratoriumsbedingungen von Prag und Harvard. Der erste Unterschied bestand darin, daß in Har-

Bei der Feuerwanze sind es 5 Häutungen.

Die Häutung zum erwachsenen Tier, der Imago.

Carrol M. Williams, Professor an der Harvard Universität in Cambridge, Massachusetts (USA).

vard die Feuerwanzen den Aufzuchtraum mit Seidenraupenpuppen verschiedenen Alters teilen mußten. Man erinnerte sich, daß bei Heuschrecken die Aktivität der Corpora allata von anderen Tieren der gleichen Art beeinflußt wird. Warum sollten hier nicht die Seidenspinnerpuppen die Feuerwanzenlarven beeinflussen? Die Vermutung ließ sich jedoch trotz gründlicher Versuche nicht bestätigen. Irgendwoher mußte das Juvenilhormon oder wenigstens etwas, das die gleiche Wirkung hatte, ja kommen. Das Futter, die Petrischalen, das Wasser, alles wurde daraufhin untersucht: ohne Erfolg.

Unter den vielen Möglichkeiten blieb schließlich nur noch das Papierhandtuch übrig, mit dem die Schalen ausgelegt waren. Ersetzte man dieses nämlich durch Whatman-Filterpapier, das Sláma schon in Prag benutzt hatte und das von einer englischen Firma stammte, klappte alles nach Wunsch. Die Tiere häuteten sich, wie es sich gehört, fünfmal bis zu fortpflanzungsfähigen Imagos.

Eine Erklärung für das äußerst merkwürdige Phänomen war damit natürlich noch lange nicht gefunden, zumal die Firma Scott auf Anfrage beteuerte, daß dem Papierbrei, aus dem die Tücher gemacht wurden, weder irgendwelche Chemikalien noch erst recht kein Juvenilhormon zugesetzt worden waren. Jetzt war guter Rat teuer.

In einer groß angesetzten Versuchsreihe wurden alle verfügbaren Papierprodukte (es waren 20), Handtücher, Servietten, Taschentücher und einiges mehr, getestet. Man ließ einfach frisch geschlüpfte Feuerwanzen im fünften Larvenstadium einige Zeit in einer Petrischale über das entsprechende Papier laufen. Die Ergebnisse waren eindeutig: Ganz gleich ob es sich um die »Scott Tissue Service Roll«, um die »Kleenex Bathroom Tissues« oder um die »Hudson Table Napkins«, handelte, auf 12 der 20 untersuchten Papiere entstand mindestens ein sechstes Larvenstadium

□ **Larven der Feuerwanze, die mit dem »Papierfaktor« in Berührung gekommen sind, häuten sich zu unüblichen weiteren Larvenstadien, sind aber dann meist nicht in der Lage, ihre letzte Larvenhaut vollständig abzustreifen, und gehen ein.**

und kein erwachsenes Tier. Der aktive Faktor, was immer es war, mußte also außerordentlich weit verbreitet sein.

Jetzt kamen Zeitungen und Zeitschriften an die Reihe. Wieder wurden die fünften Larvenstadien diesmal zu einem Stück Zeitung in eine Petrischale gesetzt.

Auch diesmal zeigten sich Unterschiede: Die »New York Times«, das »Wall Street Journal«, der »Boston Globe«, »Science« und »Scientific American« waren außerordentlich wirksam, meist sogar aktiver als die Servietten und Taschentücher, dagegen entwickelten sich die Larven auf der »London Times« und der »Nature« normal.

Der aktive Bestandteil, den man jetzt wegen seines Vorkommens in allen möglichen Papieren »Papierfaktor« nannte, kam offensichtlich in allen amerikanischen Papierprodukten vor, nicht jedoch in europäischem und japanischem Papier, das man ebenfalls untersucht hatte. Der Substanz selbst oder gar ihrer chemischen Struktur war man dadurch natürlich noch keinesfalls auf die Spur gekommen. Es konnte aber wenigstens mit einer Extraktion aus aktivem Material begonnen werden: In großen Gläsern wurden zerschnittene Papierhandtücher in verschiedenen Lösungsmitteln – Wasser, Aceton, Äther und Methanol – eine

Stunde eingeweicht. Zuerst galt es zu prüfen, worin sich der Papierfaktor überhaupt löst. Nach einer Stunde imprägnierte man ein garantiert inaktives Papier ▷ mit der jeweiligen Lösung und führte den biologischen Test ▷ durch. Sieben Tage später war das Ergebnis klar. Alle fünften Larvenstadien, die auf dem wäßrigen Extrakt gelebt hatten, waren zu adulten Tieren geschlüpft. Schon vorher hatten diejenigen auf dem methanolischen, dem Äther- und dem Acetonextrakt eine weitere Larvenhäutung durchgemacht. Der Papierfaktor war also mit organischen Lösungsmitteln gut zu isolieren. Er erwies sich außerdem als recht „kochfest", was schon zu vermuten war, da er ja die ganzen Prozeduren der Zeitungsherstellung überstanden hatte. Jetzt begann ein weiterer Teil der Knochenarbeit, die man in der Regel nicht hinter solchen wissenschaftlichen Untersuchungen vermutet.

Papierhandtücher werden »gewaschen«

Sicher hätte sich ein uneingeweihter Beobachter etwas gewundert, wenn er gesehen hätte, wie in den Labors von Harvard Hunderte von Papierhandtüchern in fast 2 Meter hohe und 20 Zentimeter dicke Glassäulen gestopft wurden, um sie anschließend mit mehreren Litern reinstem Methanol zu »waschen«. In der Tat waren die Handtücher nach der Methanolextraktion sauberer als vorher, nur darauf kam es hier gar nicht an. Vielmehr wurden nach Eindampfen des Extraktes aus mehreren hundert Handtüchern 2,3 Gramm Rohextrakt ▷ gewonnen. Weitere Reinigungsschritte, jetzt mit handlicheren Mengen von wenigen Millilitern, schlossen sich an, bis man schließlich nach einer zusätzlichen chromatographischen Reinigung ▷ 0,28 Gramm des jetzt stark angereicherten Papierfaktors vorliegen hatte. Bei jedem Reinigungsschritt mußten natürlich immer Biotests eingeschaltet werden, um die Substanz genau verfolgen zu können und zu vermeiden, daß die falsche Fraktion ▷ weggeschüttet wird. Jetzt, nachdem das Verfahren klar war, konnte man einen Schritt weiter – vielleicht sogar genauer: *zurück*gehen.

Da Papier bekanntlich aus Holz gewonnen wird, war es selbstverständlich, daß auch dieses untersucht wurde. Hierzu mußte das Herbarium von Harvard herhalten. Manche Proben waren schon über 25 Jahre lang dort gelegen.

Das Holz wurde pulverisiert und ebenfalls extrahiert. Auf diese Weise fand man starke Aktivität in Hölzern der Balsamtanne, der Hemlocktanne, der Eibe und der Amerikanischen Lärche, wogegen die Europäische Lärche nur winzige Spuren des Papierfaktors enthielt.

Damit war klar, wie der Papierfaktor in die Zeitungen und Papierhandtücher gekommen war: In Nordamerika ist die Balsamtanne der Hauptholzlieferant für die Papierherstellung.

Die Geschichte vom Papierfaktor und den Feuerwanzen ist eigentlich ein Paradebeispiel dafür, wie auch heute noch aufregende wissenschaftliche Entdekkungen durch Zufall gemacht werden, auch wenn das Ergebnis am Ende so aussieht, als hätte es gar nicht anders ausfallen können.

Als Sláma und Williams nämlich die Wirkung des Papierfaktors auf andere Insekten und deren Entwicklungsstadien prüften, zum Beispiel auf verschiedene Seidenspinnerpuppen, die normalerweise besonders empfindlich auf Juvenilhormon reagieren, tat sich nichts. Die Tiere entwickelten sich trotz hoher Dosen zu Imagos. Selbst Verwandte aus der gleichen Wanzenordnung zeigten sich auch nach längerem Kontakt mit imprägniertem Papier unbeeindruckt. Damit war klar: Der Papierfaktor mit Juvenilhormonwirkung war außerordentlich spezifisch. Hätte Sláma zufällig ein anderes Versuchsinsekt mit nach Harvard gebracht, der Papierfaktor wäre vielleicht unentdeckt geblieben.

Fraktionen: die bei einer Substanzreinigung anfallenden Anteile.

Whatman-Filterpapier, das in vielen Labors verwendet wird.

Biologische Tests werden immer dann durchgeführt, wenn bestimmte Wirkstoffe in geringsten Mengen, die mit physikochemischen Methoden nicht mehr erfaßbar sind, eine Wirkung auf den Organismus zeigen. Meist haben diese Biotests auch den Vorteil einer ganz strengen Spezifität.

Ein noch mit Fremdstoffen verunreinigter, erster Extrakt.

Bei der Chromatographie werden Substanzen aufgrund ihrer verschiedenen Wandergeschwindigkeit in einem Trägermaterial (z. B. Papier), das in einer Flüssigkeit steht, getrennt.

Wie kommt der Papierfaktor in die Feuerwanze?

Auch wenn der Papierfaktor die Wirkung von Juvenilhormonen hat, bleibt die Frage offen, wie er in die Feuerwanze gelangt. Das Juvenilhormon der Corpora allata wird, wie bei Hormonen üblich, über die Blutbahn im Körper verteilt und an die Wirkungsorte gebracht. Wie sollte dagegen der Papierfaktor der Pflanzen wirksam sein? Zuerst dachte man an eine leicht flüchtige Substanz. Man brachte deshalb einige Tiere, natürlich wieder fünfte Larvenstadien, in einen Glasballon zu Papiertüchern, mit denen sie allerdings nicht in Berührung kamen. Das Ergebnis war eindeutig: alle Larven häuteten sich normal zu Imagos. Zur Übertragung des Papierfaktors war also eine direkte Berührung zwischen Papier und Feuerwanzen nötig. Irgendwie mußte das Hormon über die Körperoberfläche in das Tier gelangen. Nun sind die Insekten aber durch eine Chitinkutikula ▷, ähnlich wie durch eine Ritterrüstung, gut gegen Umwelteinflüsse geschützt. Nur an der Spitze der Beine befinden sich dünnere Stellen, dort ist das Chitin elastisch und bildet Haftlappen. Hier konnte der Eintrittsort sein. War es die einzige Möglichkeit? Die Wissenschaftler beobachteten das Verhalten der Tiere genau, um weitere Vermutungen anzustellen. Dabei sahen sie, daß die Feuerwanzen das Papier immer wieder mit ihren Antennen berührten. So konnten auch sie für die Aufnahme des Juvenilhormons verantwortlich sein. Um das herauszubekommen, wurden die Tücher mit einem Kupfernetz so überdeckt, daß die Tiere das Papier zwar mit ihren Antennen, nicht jedoch mit ihren Beinen berühren konnten. Tatsächlich entwickelte sich aus keinem der so geprüften fünften Larvenstadien ein voll erwachsenes Tier. Das Juvenilhormon wurde also auch durch die Antennen aufgenommen.

Das ließ vermuten, daß es mehrere Möglichkeiten gab, wie das Hormon durch die Kutikula gelangte. Mit einer Mikrospritze, mit der Tröpfchen von etwa 0,1 Mikroliter ▷ dosiert werden konnten, brachten die Wissenschaftler auf verschiedenen Körperstellen von fünften Larvenstadien einen Acetonextrakt des Papierfaktors auf. Wo immer auch der Extrakt auf das Tier getropft wurde, er zeigte Wirkung. Das bedeutete, daß das Hormon die Körperoberfläche überall durchdringen kann und dann in Inneren verteilt wird.

Mit 1 Gramm Extrakt gegen 100 Millionen Larven

Die Beobachtung, daß so winzige Mengen des Papierfaktors auch durch die Kutikula hindurch noch wirksam waren, brachte die Wissenschaftler auf eine fantastische Idee: Konnte man nicht, indem man die Methode der Pflanzen übernahm, schädliche Insekten dadurch bekämpfen, daß man sie mit den Waffen der Pflanzen schlug? Durch die Spezifität ▷ der Wirkung des Papierfaktors wäre ein großer Nachteil vieler Schädlingsbekämpfungsmittel, nämlich die vernichtende Wirkung auch auf nützliche Insekten, zu vermeiden. Quantitative Versuche ergaben nämlich, daß noch 0,01 Mikrogramm ▷ des teilweise gereinigten Papierextrakts, gelöst in Aceton, genügten, um die Häutung zu erwachsenen Tieren zu verhindern. Das bedeutet aber auch, daß sie alle vermehrungsunfähig sind. Mit 1 Gramm gereinigtem Papierextrakt könnten also 100 000 000 Larven an der Imaginalhäutung und damit an der Vermehrung gehindert werden. Dabei scheint es schon fast bedeutungslos, daß der Extrakt vermutlich nur einige Prozent der wirklich aktiven Verbindung enthielt. Man könnte die Anzahl der betroffenen Larven also ruhig noch einmal etwa mit dem Faktor 100 multiplizieren.

Es war deshalb von größtem Interesse, diese Substanz rein zu gewinnen. Dazu wurden große Mengen pulverisierten Holzes der Balsamtanne in riesigen

0,1 Mikroliter: der zehnmillionste Teil eines Liters.

Chitin ist ein aus speziellen Zuckermolekülen aufgebautes, kettenförmiges Riesenmolekül. Sowohl chemisch wie auch in seiner Widerstandsfähigkeit ist es der Zellulose ähnlich. Chitin kommt als Gerüstsubstanz bei allen Gliederfüßlern, aber auch bei Pflanzen, z. B. Pilzen, vor.
Kutikula: lat. das Häutchen; die nichtzellige Körperbedekkung der Insekten.

Von der spezifischen Wirkung einer Substanz spricht man, wenn sie im Organismus eine klar bestimmbare Funktion besitzt.

0,01 Mikrogramm: der hundertmillionste Teil eines Gramms.

Chromatographiesäulen mit einer Mischung von Chloroform und Methanol im Verhältnis von 3:2 extrahiert. Nachdem das Lösungsmittel im Vakuum verdampft war, blieb ein Rückstand, der nur noch mit Äther gelöst, filtriert und getrocknet werden mußte. Was blieb, war ein helles Öl mit starker Juvenilhormonaktivität. Weitere Reinigungen schlossen sich an, bis man ein reines Produkt vorliegen hatte. Man nannte es Juvabion.

Jetzt konnte die Strukturaufklärung beginnen. Mit allen Mitteln der modernen Analytik kam man schließlich auf eine, gemessen an der Wirkung, gar nicht so komplizierte Struktur ▷. Der Papierfaktor war gefunden. Als man weitere Pflanzenarten auf Juvenilhormonaktivität hin untersuchte, fand man unter 52 Pflanzenarten immerhin 6, die ebenfalls aktives Material enthielten.

Juvabion:

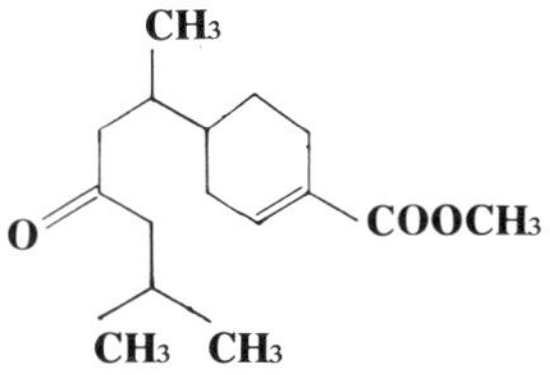

Es dauerte nicht lange, da fand man weitere Verbindungen, die Hormonaktivität besaßen. Die Untersuchungen an diesen Juvenilhormonanaloga ▷ haben in den letzten Jahren eine rasante Entwicklung durchgemacht. Man nennt sie sogar die »Insektizide der 3. Generation«. Nach den auch für den Menschen sehr giftigen Blei- und Arsenverbindungen und dem umstrittenen DDT sollen sie dank ihrer Spezifität eine neue Generation von Insektenvernichtungsmitteln werden. Einige hundert solcher Analoga hat man inzwischen gefunden. Man hat sogar völlig neuartige Verbindungen synthetisiert, zum Beispiel kurzkettige Peptide ▷, die ebenfalls Juvenilhormonaktivität zeigen.

Verbindungen mit vergleichbarer Wirkung.

Eiweißstoffe.

Neben diesen rein wissenschaftlichen Arbeiten steht natürlich immer die Anwendbarkeit im Vordergrund.

Die Feuerwanze selbst, an der diese Untersuchungen im wesentlichen durchgeführt wurden, ist ja ein höchst harmloses Tierchen. Allerdings gibt es, wie schon erwähnt, bereits in der näheren Verwandtschaft gefährliche Schädlinge in Baumwollplantagen, so daß eine Anwendung dieser Verbindungen eine aussichtsreiche Sache sein müßte.

Die Frage dabei ist: Wie bringt man das Juvenilhormonanalogon auf die betreffenden Tiere? Der Antwort auf diese Frage kam eine überraschende Beobachtung zugute. Bei Untersuchungen an einem der zahlreichen Farnesolabkömmlinge ▷ zeigte sich, daß die erwachsenen Tiere, die alle Häutungen bereits hinter sich haben, von dem Hormonanalogon nicht nur völlig unbeeindruckt bleiben, sondern daß es für sie weder giftig ist noch ihren Stoffwechsel stört. Selbst wenn man ihnen die 10000-fache Dosis, die normalerweise Larven schädigt, in den Körper bringt, vertragen sie das.

Farnesol:

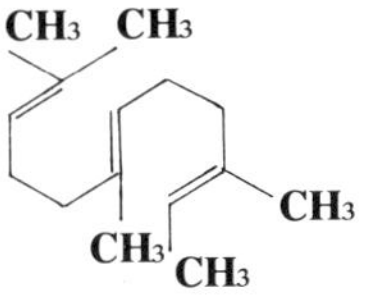

Männchen, die so hormonbeladen auf Weibchen treffen und diese begatten, übertragen dabei aber genug Juvenilhormon, um diese für den Rest ihres Lebens zu sterilisieren.

In Versuchen stellte sich heraus, daß Männchen, die mit nur 100 Mikrogramm der Verbindung behandelt wurden, so viel Hormon auf Weibchen übertrugen, daß diese nur noch sterile Eier ablegten. In komplizierten Biotests wurde nachgewiesen, daß von den 100 Mikrogramm bei jeder Kopulation 1 bis 5 Mikrogramm auf das Weibchen übertragen werden. Waren die Männchen mit 1000 Mikrogramm behandelt, gingen 5 bis 7 Mikrogramm über, was in jedem Falle ausreichte, um die Weibchen vollkommen und dauerhaft zu sterilisieren.

Insektizide der Zukunft?

Nach den Erfahrungen, die in den letzten Jahren mit DDT gemacht wurden, wäre ein Ersatz dieses zwar immer noch billigsten und wirksamsten, aber umstrittenen Insektizids dringend notwendig. Aber wie so oft, sieht die Praxis, das heißt die Anwendung in Feldversuchen, ganz anders aus als das Laborexperiment. In den Forschungslaboratorien der Universitäten und der Industrie la-

gern bereits Hunderte von Juvenilhormonanaloga, ohne daß man einen Schädling hätte, auf den sie angewendet werden können. Eine wirklich kuriose Situation.
Ursprünglich dachten die Forscher bei der Auswahl der Substanzen für Feldversuche, daß vor allem die Verbindungen mit der höchsten biologischen Aktivität die geeignetsten seien. Schnell wurde aber klar, daß die im Labor hochwirksamen Substanzen im Feldversuch völlig versagten, weil sie innerhalb von 24 Stunden ihre Wirkung verloren. Man wählte also lieber weniger wirksame, dafür aber stabilere Verbindungen und hatte damit erste Erfolge.
Ein weiteres Problem zeigte sich erst bei den Freilandversuchen: Insektizide töten alles sofort, unabhängig vom Entwicklungsstadium des Opfers. Larven sind ebenso betroffen wie erwachsene Tiere. Anders bei den Juvenilhormonen: Sie wirken auf Insekten nur während einer bestimmten »sensiblen Periode« – man denke nur daran, welche Mengen Hormon die erwachsenen Feuerwanzen vertragen haben. Will man also eine ganze Generation treffen, muß das Hormon entweder sehr stabil sein oder so oft versprüht werden, bis alle Tiere ihren Entwicklungszyklus einmal durchlaufen haben; das kann Wochen dauern. Vor allem Insekten mit jahreszeitlich synchronisierter Entwicklung, die plötzlich massenhaft auftreten, zeigen hier einen Angriffspunkt.
Man wird künftig sicher in Richtung stabiler oder stabilisierbarer Juvenilhormonanaloga suchen müssen. Die Chancen dafür stehen nicht schlecht, wenn man bedenkt, daß das Juvabion im Holz der Balsamtanne, gebunden an die biologische Struktur, ein paar hundert Jahre aktiv bleibt.
Vermutlich darf man aber auch von den Juvenilhormonen keine Wunder erwarten. Vor allem bei Schädlingen von Lagerprodukten, die auf engem Raum untergebracht sind, zeigen sich Anwendungsgebiete. Im Freiland hat bisher vor allem der Einsatz eines Peptidhormons gegen einen Baumwollschädling ▷ zu Erfolgen geführt. Nur 0,1 Gramm pro Hektar ▷ schaltete die Schädlinge für einige Wochen völlig aus.
Da es so scheint, als ob die auf die Insektenentwicklung wirkenden Juvenilhormonanaloga für die warmblütigen Lebewesen keine gesundheitliche Gefahr bedeuten, ist von ihnen im Kampf gegen Schädlinge noch einiges zu erwarten.

Dysdercus cingulatus. Die Tiere, die selbst nur Pflanzensäfte saugen und kaum Schaden anrichten, übertragen beim Anstich der Samenkapsel einen Pilz, den eigentlichen Schädling.

1 Hektar = 10000 Quadratmeter.

»Schlafmittel« für Kartoffelkäfer

Bisher ging es um Juvenilhormone als Insektizide. Erinnern wir uns: Das Juvenilhormon der Corpora allata führte stets zu Larvenhäutungen. Trat die Wirkung dieses Hormons zurück, sank also die Konzentration des Wirkstoffs im Blut des Insekts unter einen bestimmten Wert, so häutete sich die Larve entweder zur Puppe oder zum erwachsenen Tier, je nachdem ob die vollständige oder die unvollständige Verwandlung beschritten wurde. Daneben hat das Juvenilhormon auch Bedeutung für die Geschlechtsreife der Insekten. Auch der Beginn der Winterruhe wird durch Juvenilhormon kontrolliert.
Könnte man dieses Hormon, etwa durch einen »Gegenspieler«, ausschalten, wäre die Entwicklung jedes beliebigen Insekts damit zu manipulieren. Die Folgen eines solchen Juvenilhormonblokkers wären für Insekten fatal. Larven würden vorzeitig Imaginalhäutungen durchmachen, obwohl sie viel zu klein zum Überleben sind, Weibchen besäßen verkümmerte Geschlechtsorgane, und Tiere, die sich im Herbst normalerweise zur Winterruhe begeben, könnte man zu jeder Jahreszeit und beliebig lange »unter die Erde« schicken.
Schon vor einigen Jahren haben die Forscher über solche Antijuvenilhormone ▷ nachgedacht und die fantastischen Wirkungen gedanklich durchgespielt. Aber woher sollten sie diese Stoffe nehmen?

Auch: Juvenilhormonantagonisten.

Wieder waren es Pflanzen, die diese Variante der Feindabwehr längst praktizierten. Aus einer Zierpflanze ▷, die man bei uns in jeder Gärtnerei kaufen kann, isolierten Professor Bowers ▷ und seine Mitarbeiter schließlich zwei Substanzen, die sie Precocen 1 und 2 nannten. Aus nur 72 Gramm frischen Pflanzenmaterials erhielten sie immerhin 1 Gramm hochaktiven Extrakt.
Käferlarven, die mit winzigen Mengen dieses Pflanzenauszugs in Berührung kamen, entwickelten sich zu Miniaturkäferchen. Häufig ließen diese Tiere einfach ein Larvenstadium ausfallen. Am eindrucksvollsten war die Wirkung von Precocen 2 ▷ auf erwachsene Kartoffelkäfer. Man weiß schon lange, daß die Winterruhe dieser Tiere dann einsetzt, wenn, ausgelöst durch kürzere Tageslängen, der Juvenilhormonspiegel sinkt. Besprühte man die Kartoffelkäfer zu einer beliebigen Jahreszeit mit Precocen 2, so verließen sie sofort die Futterpflanzen und vergruben sich. Kein einziger kam während des Beobachtungszeitraums von vier Monaten wieder zum Vorschein.
Damit ergeben sich natürlich interessante Perspektiven für den Pflanzenschutz. Nicht die Induktion zusätzlicher Häutungen durch Juvenilhormongaben, sondern die Blockierung des Jugendhormons scheint die Methode der Wahl zu sein. Miniaturkäfer leben meist nicht lange und schädigen deshalb die Pflanzen kaum; Käfer, die sich vergraben, fressen gar nichts.
Vielleicht tut sich hier eine neue, vierte Generation von Pflanzenschutzmitteln auf – den Weg dahin haben die Pflanzen selbst gewiesen.

25 Milligramm aus 20 Zentnern

Bei allen bisher beschriebenen Häutungsvorgängen der Insekten war nur vom Juvenilhormon und von seinen durch Pflanzen und neuerdings auch durch den Menschen produzierten analogen Verbindungen beziehungsweise von den pflanzlichen Antijuvenilhormonen die Rede. Das Auftreten dieser Substanzen bewirkte immer neue Larvenhäutungen, die Tiere wurden also nie erwachsen. Bei den Juvenilhormonantagonisten wurde die Wirkung dieses Hormons einfach aufgehoben. Läßt man die Insekten sich aber normal entwickeln, so folgt unter dem Einfluß des Ecdysons die Häutung zur Puppe und zum erwachsenen Tier. Die Wirkung des Juvenilhormons, das das bisherige Leben des Insekts bestimmt hat, geht also zurück.
Vor rund 20 Jahren konnten Adolf Butenandt und Peter Karlson ▷ in einem gigantischen Versuch aus einer Tonne Seidenspinnerpuppen 25 Milligramm kristallisiertes Ecdyson gewinnen. Sie arbeiteten dazu 650 Liter Methanolextrakt auf, bis sie nach zahlreichen Reinigungsverfahren das kristallisierte Hormon α-Ecdyson vorliegen hatten. Fast elf Jahre vergingen, bis man die Struktur dieser Verbindung aufklären konnte. Zur allgemeinen Überraschung war sie im chemischen Bau dem Cholesterin sehr ähnlich. Das war um so erstaunlicher, als die Insekten dieses komplizierte Ringsystem – wie auch der Mensch – durch ihren eigenen Stoffwechsel nicht bilden können. Inzwischen kennt man weitere Verbindungen mit Ecdyson-

□ **Ageratum houstoneanum, die Pflanze, aus deren Blättern ein Antijuvenilhormon isoliert wurde.**

Ageratum houstoneanum.

Prof. Bowers arbeitet an einem Institut mit landwirtschaftlicher Versuchsstation in Geneva, New York (USA).

Es ist etwa zehnmal aktiver als Precocen 1.

A. Butenandt, geb. 1903, erhielt 1939 den Nobelpreis für Chemie für seine Untersuchungen über Geschlechtshormone.
P. Karlson, geb. 1918, Professor für Physiologische Chemie an der Universität Marburg/Lahn.

struktur. Eine davon hat man aus dem Flußkrebs isoliert, dessen Häutungen sie steuert.
Alle Untersuchungen am Ecdyson der Insekten waren deswegen so schwierig, weil die gefundenen Mengen so winzig waren. Da entdeckten japanische Wissenschaftler ecdysonartige Verbindungen auch in Pflanzen. Plötzlich konnte man aus 25 Gramm getrockneter Blätter oder Wurzeln der Eibe Taxus baccata die gleiche Menge Hormon – man nannte es Phytoecdyson – gewinnen, wie aus 500 Kilogramm Puppen der Seidenraupen. Vom Farn Polypodium vulgare genügten für die gleiche Menge Hormon gar nur 2,5 Gramm der getrockneten Wurzeln.
Die japanischen Forscher stürzten sich daraufhin mit wahrem Feuereifer auf die Isolation weiterer Phytoecdysone. Sie untersuchten 186 der 188 in Japan vorkommenden höheren Pflanzenfamilien, im ganzen über tausend Arten. Tatsächlich fanden sie in 54 davon Ecdysonaktivität. Bei den Farnen waren es sogar 22 von 43 Arten und bei den Gymnospermen und Angiospermen ▷ fanden sie bei 27 von 81 Arten Phytoecdysone. Inzwischen sind über 30 chemisch verschiedene Phytoecdysone charakterisiert.
Spritzt man Insektenpuppen solche Pflanzenhormone ein, etwa denen von Seidenraupen, den »Haustieren« der Hormonforscher, oder auch Puppen von Schmeiß- oder Fleischfliegen, so erweisen sich diese Hormone als zwanzigmal so wirksam wie das körpereigene Ecdyson. Als Grund dafür nimmt man an, daß die fremde Substanz im Insektenkörper langsamer verarbeitet wird als eine eigene.
Was kann der Grund dafür sein, daß Pflanzen dieses Hormon bilden? Hier schien der Zweck ausnahmsweise einmal klar zu sein: Abwehr von Feinden. Die Wissenschaftler suchten deshalb auch gleich in dieser Richtung. Ganz im Gegensatz zu den Juvenilhormonen zeigen jedoch sowohl die Insektenecdysone wie auch die Phytoecdysone keine Wirkung, wenn man sie in einem Lösungsmittel gelöst auf die unbeschädigte Kutikula bringt. Nur wenn man die Tiere einige Sekunden ganz eintaucht, dringt das Hormon ein. Mit dieser Methode prüften die japanischen Forscher auch ihre zahlreichen Pflanzenextrakte auf Hormongehalt.
In freier Natur nehmen die Insekten die Phytohormone im wesentlichen mit der Nahrung auf. Hierbei zeigten in Versuchen die pflanzlichen Produkte Wirkung, wogegen die natürlichen Hormone so keine Wirkung haben.
Tatsächlich weiß man bis heute noch nicht, wozu genau die Pflanzen ihre Phytohormone produzieren. Wenn man bedenkt, daß auch die Juvenilhormone aus der Balsamtanne am meisten der harmlosen Feuerwanze schaden, so bleiben viele Fragen offen. Man kann allenfalls spekulieren, daß die Gegner der Pflanzen, gegen die diese ausgeklügelte Waffe konstruiert wurde, bereits ausgestorben sind. Jedenfalls bleibt es schwer vorstellbar, daß stoffwechselphysiologisch so aufwendige Verbindungen ohne Sinn und Zweck ins pflanzliche Produktionsprogramm genommen worden wären.

Gymnospermen: griech. Nacktsamer.
Angiospermen: griech. Bedecktsamer, Gefäßpflanzen.

Resistenz als Feindschutz

Es gibt praktisch keine Pflanzenart, die nicht irgendwie in das Nahrungsnetz einer Tierart eingebaut wäre. Umgekehrt sind auch die pflanzenfressenden Tiere, vor allem die Insekten, auf ganz bestimmte Pflanzen angewiesen. Manche sind stark spezialisiert, fressen nur auf ganz bestimmten Wirtspflanzen und sind deshalb vom Gedeihen ihrer speziellen Nahrungspflanze völlig abhängig. Sie weisen deshalb häufig auch stark schwankende Individuenzahlen auf, je nachdem wie ihre Futterquelle gedeiht. Andere Tiere, wie der Maikäfer und viele Schnecken, sind weniger festgelegt und können Pflanzen aus einem großen Verwandtschaftskreis befallen.
Vor allem Vorratsschädlinge sind selten

wählerisch und fressen »alles«, von Nudeln über Suppenwürfel bis hin zu ledernen Buchrücken.
Man kann deshalb verstehen, daß es in der Natur für die Pflanzen nie einen vollkommenen Schutz vor Feinden geben wird. Trotzdem kann es schon von Vorteil sein, dem Freßfeind wenigstens den Appetit zu verderben. Die Methoden dazu sind vielfältig, und wir kennen bei weitem noch nicht alle Möglichkeiten der pflanzlichen Feindabwehr.
Pflanzen, die im Verlauf ihrer Entwicklung irgendwelche Mechanismen zur Bändigung ihrer freßwütigen Feinde entwickelt haben, nennen wir resistent. Einige Stoffe, die den Schädlingsbefall vermindern, hat man schon isoliert. Dem Maiszünsler ▷ etwa schmeckt es besonders schlecht, wenn die befallene Pflanze einen Stoff enthält, der kurz MBOA ▷ genannt wird. Diese Verbindung besitzen alle jungen Maispflanzen; wenn sie älter werden, geht allerdings die Konzentration an MBOA zurück. Resistente Maissorten behalten nun länger als die empfindlichen eine gewisse Menge dieses Abwehrstoffes. Fällt der erste Befall des Schädlings in eine Zeit hoher MBOA-Konzentration, hält sich der Schaden in Grenzen. Hat die Pflanze aber ihren Gehalt an Abwehrstoffen schon weit reduziert, wird sie stark befallen. Man muß dazu wissen, daß der Zeitpunkt des Schädlingsbefalls nicht nur vom Vorhandensein möglichst vieler Wirtspflanzen abhängt, sondern auch vom Wetter. Da der Maiszünsler sehr wärmeliebend ist, kann er manchmal früher, manchmal später auftreten, den Mais also in recht verschiedenen Entwicklungsstadien antreffen. Dies kann auch ein Grund dafür sein, daß Pflanzen, die bei uns resistent sind, unter anderen Klimabedingungen nicht unbedingt geschützt sind.
Vor allem bei wichtigen Kulturpflanzen, wie Weizen, Mais, Reis und Kartoffeln, laufen deshalb in der ganzen Welt Züchtungsversuche unter den jeweiligen speziellen Klimabedingungen. Die Pflanzen sollen vor allem gegen ihre Hauptfeinde Abwehrstoffe bilden. Die Resistentenzüchtung steht allerdings oft vor schwer lösbaren Problemen. Durch Einkreuzung der südamerikanischen Wildkartoffel in die europäische Kulturform erhielt man zwar einen Stamm, der von Nematoden nicht mehr befallen wurde, dafür schmeckten aber die geernteten Kartoffeln nicht mehr so gut.
Sicher muß deshalb bei jeder züchterischen Veränderung von Pflanzen auch die Unbedenklichkeit für den Menschen geprüft werden, wenn man nicht den Teufel mit dem Beelzebub austreiben will. Bei der Baumwolle hat man zum Beispiel mit viel Mühe eine gegen den Baumwollkäfer resistente Sorte gezüchtet. Dafür war die Anfälligkeit der neuen Sorte gegen Wanzen stark angestiegen.

Was dem einen schadet, nützt dem anderen

Sehen wir einmal von der Züchtungsforschung ab. Auch in der Natur entstehen durch Mutationen immer wieder neue, günstige Eigenschaften für eine Pflanze, die es einem Feind plötzlich erschweren oder unmöglich machen, noch davon zu fressen. Sie ist dann geschützt und vermehrt sich rasch. Die Pflanze übt dadurch auch einen starken Selektionsdruck auf die Freßfeinde aus: Nur wer sich schnell anpassen kann oder sich auf andere Nahrungsquellen umstellt, kann überleben. Sicher sind auf diese Weise immer wieder Nahrungsspezialisten ausgestorben oder doch stark zurückgedrängt worden. Besonders interessant sind für die Biologen natürlich die vielfältigen Anpassungen der Pflanzenfresser, die nicht nur erzwungene Antworten auf die Veränderungen der Wirtspflanze sind, sondern die häufig sogar die neuen Gegebenheiten für sich ausnützen.
Von den Blattläusen auf Tabakspflanzen weiß man, daß sie beim Anstich die nikotinhaltigen Zellen meiden, andere

Der Maiszünsler ist die Raupe des Falters Ostrinea nubilaris, die vor allem in Mais, Hopfen, Hanf und Hirse lebt und dort die Stengel anbohrt, so daß diese bei leichtem Wind abknicken und absterben.

MBOA:

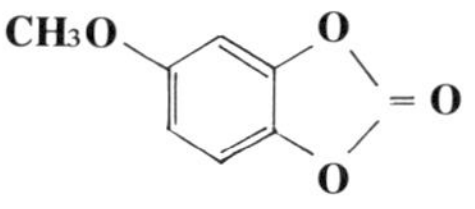

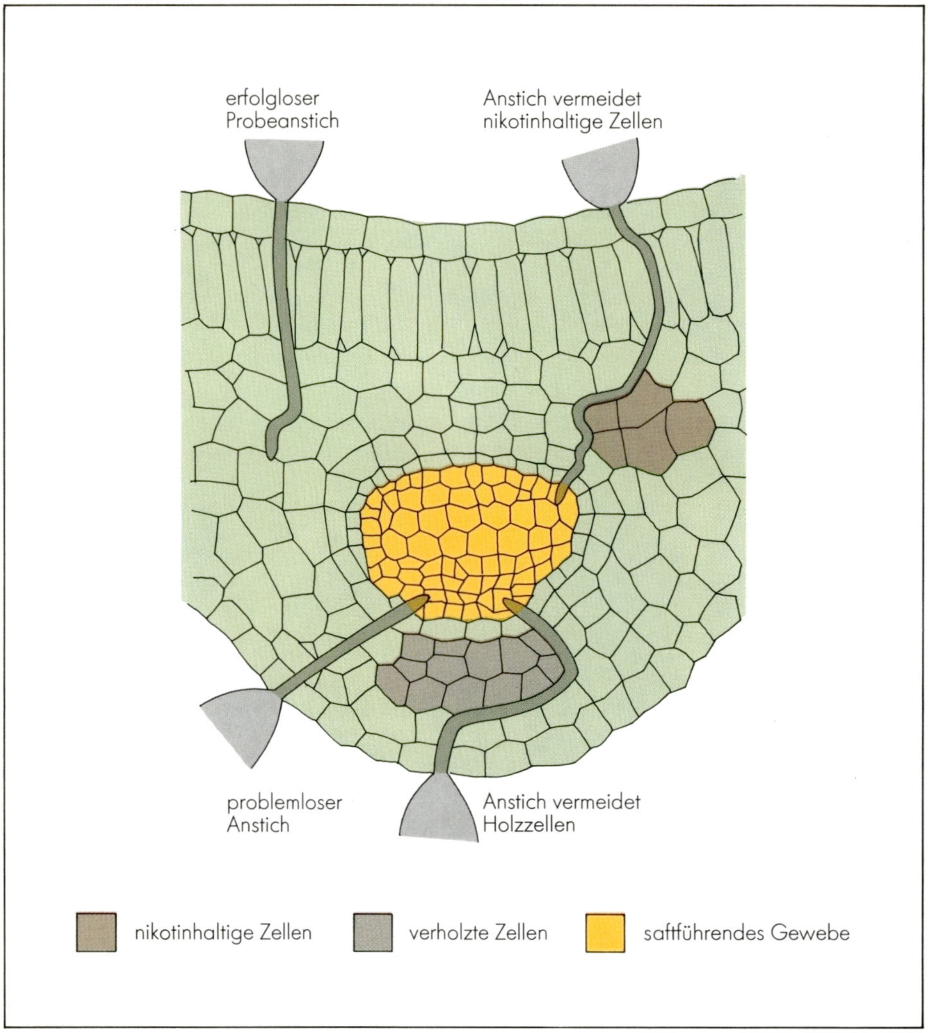

□ **Verschiedene Anstiche eines Blattes durch Blattläuse bei den Versuchen, saftführendes Gewebe zu erreichen.**

Schädlinge scheiden das Gift besonders schnell wieder aus oder bauen es sofort ab, wodurch es unwirksam wird. Die Raupe eines amerikanischen Schwärmers, die Tabakpflanzen stark schädigt, wurde mit radioaktivcm Nikotin gefüttert. Nach 4 Stunden waren bereits 90 Prozent und nach einem Tag war das gesamte Nikotin ausgeschieden. In den Körper injiziertes Nikotin wurde sogar noch schneller abgegeben. Nach 15 Minuten waren bereits über 80 Prozent im Kot zu finden. Daß es sich hier um eine echte Anpassung des Raupenstoffwechsels an die Futterpflanze handelt, zeigen Parallelversuche an Fliegen, die 18 Stunden brauchten, bis sie 10 Prozent des Gifts ausgeschieden hatten. Solche Anpassungen an Abwehrstoffe von Pflanzen, die in relativ kurzer Zeit, das heißt in wenigen Generationen ablaufen, geben ein Modell, wie man sich die Resistenzentwicklung von Schädlingen gegen Insektizide vorstellen kann. Diese Anpassungen von Insekten an die gegen sie gerichteten Abwehrstoffe der Pflanzen führen manchmal zu kuriosen Ergebnissen.

Auf Kiefern lebt die von Förstern wegen ihrer gelegentlichen Massenvermehrung sehr gefürchtete Kiefernbuschhorn-Blattwespe ▷. Die Weibchen schlitzen

Diprion pini.

mit ihrem Legeapparat die Kiefernnadeln der Länge nach auf und legen in diesen Schlitz zehn bis fünfzehn Eier ab. Die gelblich-grünen Raupen, die daraus schlüpfen, sind außerordentlich gefräßig. Nun sind Kiefernnadeln wegen ihres Harzgehaltes kaum verzehrbar, denn man hat darin eine große Zahl von chemischen Verbindungen aus der Gruppe der Terpene ▷ nachgewiesen, die für viele Pflanzenschädlinge zumindest schlecht schmecken. Bei dem großen Nahrungsbedarf der Tiere besteht deshalb die Gefahr, daß sie sich »vergiften«. Man dachte zuerst daran, daß die Raupen das Harz schnell ausscheiden. Untersuchungen zeigten aber, daß im Kot keinerlei Harzprodukte enthalten waren. Wo bleiben sie? Auch im Darm waren sie nicht zu finden.

Reizt man eine Larve dieser Wespenart, so taucht das Harz wieder auf. Das Tier bäumt sich auf und gibt aus dem Mund einen klebrigen, nach Harz duftenden Tropfen ab. Als man eine solche Larve präparierte, fand man im Schlundbereich zwei Säckchen, in denen das Harz gespeichert wird. Beim Fressen wird also die Nahrung in Freßbares und Ungenießbares sortiert. Da bei dem guten Appetit der Larven immer genug Harz anfällt, kann es gleich zur Feindabwehr benutzt werden. Ein räuberisches Insekt, das die Raupe angreift, wird sofort mit einem Harztropfen bekleistert, was meist seine Wirkung tut.

Hier wurde also ein pflanzlicher Abwehrstoff in den Dienst eines ansonsten wehrlosen Insekts gestellt. Die Buschhorn-Blattwespe schlägt damit zwei Fliegen mit einer Klappe: Einmal ist sie das unverdauliche und giftige Harz los und zum anderen kann sie sich damit Feinde vom Leib halten.

Infektionsschutz für Pflanzen?

Wenn uns die jährliche Grippewelle erfaßt hat und wir mit dieser Infektion im Bett liegen, können wir uns in der Regel darauf verlassen, daß die körpereigenen Abwehrkräfte bald den Sieg über die eingedrungenen Krankheitserreger erringen und wir wieder gesund werden. Der Körper stellt sich gewissermaßen gezielt auf die Fremdkörper ein und bildet ganz spezifische Abwehrmittel, die Antikörper. Unterstützen können wir den Heilungsprozeß auch durch chemische Substanzen, von denen man weiß, daß sie das Wachstum der Mikroorganismen hemmen und dadurch deren Vermehrung stoppen.

Was soll aber eine Pflanze gegen eingedrungene Bakterien oder Pilze tun? Hat auch sie die Möglichkeit, Abwehrstoffe zu bilden, wenn sie von Mikroorganismen befallen wird? Tatsächlich hat man immer wieder eine Resistenz von Pflanzen gegen Bakterien- und Pilzinfektionen beobachtet. Irgendwie schien es, als könnte die Pflanze als Antwort auf den Befall den Infektionsherd begrenzen, ihn an der Ausbreitung hindern. Das Plasma der befallenen Zellen wurde körnig und verfärbte sich, aber der Infektionsherd breitete sich nicht aus. Natürlich wurden auch hier zuerst Kulturpflanzen wie die Kartoffel untersucht, die einem Pilz ▷ als Wirt dient. Dabei sterben die infizierten Blattbereiche ab und verfärben sich, wodurch die charakteristischen Flecken entstehen. Man nannte diese Reaktion auf den Pilzbefall eine Überempfindlichkeit ▷, die aber nicht alle Kartoffelarten gegenüber der gleichen Pilzart zeigten.

Um 1940 experimentierten die beiden Biologen Müller und Börger mit Kartoffelknollen, die sie mit verschiedenen Rassen dieses Pilzes infizierten. Auf manche Arten reagierte die Kartoffel besonders stark, auf andere weniger. War es aber einmal zu einer starken Reaktion auf Pilzbefall gekommen, so war die Pflanze damit resistent gegen weiteren Befall. Sie hatte offenbar Abwehrstoffe gebildet, die auch gegen andere Pilzrassen wirksam waren. Ohne genau zu wissen, um welche Substanzen es sich hierbei handelt, nannten sie diese Stoffe

Naturstoffe aus Isopren, ebenso wie die Terpenoide.

Phytophthora infestans, ein Algenpilz, der vorwiegend im Inneren der Pflanze lebt und bei der Kartoffel die Kraut- und Knollenfäule verursacht. Auch andere Pflanzen (z.B. Tomaten) werden davon befallen.

Auch: hyperergische Reaktionen.

Phytoalexine. Soviel war jedenfalls klar: Die Phytoalexine sind Verbindungen, die die Entwicklung von Pilzen hemmen und die immer dann entstehen, wenn die Pflanze infiziert wird. Sie vermuteten auch, daß der Unterschied zwischen empfindlichen, das heißt von Pilzbefall bedrohten Pflanzen und resistenten Arten einfach davon abhängt, wie schnell sie Phytoalexine bilden.

Etwa um 1960 hat man das erste Phytoalexin chemisch isolieren und charakterisieren können, es war das in Orchideenknollen gebildete Orchinol. Auch in gesunden Knollen sind schon unbedeutende Mengen dieser Substanz enthalten, aber erst nach einer Infektion steigt die Orchinolproduktion drastisch an. Als Auslöser wirken erstaunlicherweise nicht nur viele Pilzarten, sondern auch verschiedene giftige Chemikalien, zum Beispiel Quecksilberchlorid. Dieser relativ unspezifische, aber gut wirksame Abwehrmechanismus blieb in Versuchen immer auf das infizierte Gewebe und die umgebenden Bereiche beschränkt, ebenfalls ein Hinweis darauf, daß die Orchinolbildung von außen angeregt wird.

Zu Anfang dieses Abschnitts hatten wir die Phytoalexinbildung in der Pflanze mit der Antikörperproduktion des menschlichen Körpers verglichen. Dieser Vergleich hinkt aber in einigen Punkten, die allerdings erst deutlich werden, wenn Bildung und Natur der Phytoalexine klar sind.

Antikörper werden im Blut von Wirbeltieren nur dann gebildet, wenn Fremdeiweißkörper eindringen, sie sind außerordentlich spezifisch. Die Phytoalexine dagegen haben mit Eiweißstoffen nichts zu tun und werden außerdem auf eine große Anzahl von relativ unspezifischen Außenreizen hin gebildet.

Bohnen und Erbsen wehren sich gegen Infektionskrankheiten

Kaum hatte man das Orchinol isoliert, da fand man auch in infizierten Bohnen- und Erbsenhülsen Phytoalexine. Wenn man Bohnen- oder Erbsenhülsen 24 Stunden nach der Infektion gut säuberte und von Pilzsporen befreite, so zeigte sich, daß diese Gewebe jetzt absolut resistent gegen Pilzbefall waren. Außerdem ließen sich sowohl aus den Erbsen- wie auch aus den Bohnenhülsen hochaktive Substanzen gegen Pilze isolieren. Es waren die Phytoalexine Phaseolin und Pisatin. Beide erwiesen sich als außerordentlich wirksam. Sie verhindern sogar das Wachstum von Pilzen, die normalerweise Bohnen und Erbsen gar nicht befallen und schädigen.

Man fand aber auch einige Pilzarten, die sich durch die gebildeten Phytoalexine nicht sonderlich beeindrucken lassen. Sie vertragen noch hohe Konzentrationen, die andere Arten bereits völlig am Wachsen hemmen. Ganz offensichtlich sind diese Pilze resistent gegen die Phytoalexine. Es gibt Hinweise darauf, daß diese widerstandsfähigen Formen die Phytoalexine abbauen und dadurch unwirksam machen. Nicht überall, wo man keine oder wenig Phytoalexine findet,

□ **Krautfäule an Kartoffelblättern, verursacht durch Phytophthora infestans.**

müssen also auch keine oder nur geringe Mengen gebildet worden sein.
Fassen wir zusammen: Bei der Bildung von Phytoalexinen handelt es sich um einen Abwehrmechanismus, der nach einer Pilzinfektion von der Pflanze aktiviert wird. Als Folge einer Zellzerstörung durch den Mikroorganismus, aber auch auf chemische Substanzen und auf mechanische Verletzungen hin, werden Phytoalexine gebildet. In Bohnenblättern zum Beispiel wird das Phytoalexin Wyeronsäure ▷ bereits synthetisiert, wenn man die Blätter quetscht, also die Zellen zerstört. Manche Mikroorganismen reagieren nicht sehr empfindlich auf diese Abwehrstoffe, da sie viel davon vertragen oder sie sogar abbauen. Hierin ist wohl ein Grund dafür zu suchen, daß manche parasitierenden Mikroorganismen so außerordentlich erfolgreich sind. Da die Phytoalexine im wesentlichen auf Grund von Zellverletzungen gebildet werden, vermutet man, daß manche der Parasiten es vermeiden, die Zellen unmittelbar zu beschädigen, wodurch der Abwehrmechanismus ausgelöst würde. Einige Phytophthorastämme ▷ scheinen dieses Kunststück fertigzubringen. Auch hier zeigt sich wieder das Wettrüsten zwischen Feind und Opfer, wobei es durchaus sein kann, daß anfangs außerordentlich wirksame Abwehrmittel durch neue Eigenschaften und Fähigkeiten des Schädlings plötzlich unwirksam werden. Sicher sind die Phytoalexine nur ein Teil der Antwort von Pflanzen auf Infektionen durch Mikroorganismen, und wir können gespannt sein, was die Wissenschaftler noch entdecken werden. Vielleicht können in nächster Zeit auch einige Infektionen von Kulturpflanzen mit synthetischen Phytoalexinen bekämpft werden.
Versuchen wir noch einen Überblick über die Abwehrmöglichkeiten, die den nur scheinbar so hilflosen Pflanzen zu Gebote stehen: Trotz oder vielleicht gerade wegen ihrer Unfähigkeit, einem Feind durch Flucht zu entkommen, haben sie eine ganze Palette von erstaunlichen Abwehrmechanismen entwickelt. Neben den bereits früher angesprochenen Haaren und Stacheln wehren sie sich mit Hormonen in einer Weise, die dem Feind kaum noch eine Chance läßt. Daneben wird das ganze Reservoir von Pflanzeninhaltsstoffen aufgeboten und in den Dienst der Verteidigung gestellt. Viele dieser Möglichkeiten blieben bis in die jüngste Zeit hinein unentdeckt – man hat den «langweiligen», ortsgebundenen Pflanzen sicher zu wenig zugetraut.

Eine Karbonsäure mit Doppel- und Dreifachbindungen.

Eine Gruppe von Pilzen, die als Parasiten auf Kartoffelpflanzen leben.

Die Betäubungsspritze der Wasserkäfer

In Bächen und Weihern, die noch nicht allzu verschmutzt sind, so daß sich dort noch eine natürliche Algenvegetation und ein Fischbestand mit Tieren verschiedenen Alters halten können, findet man im Uferbereich eine Anzahl von wasserbewohnenden Käfern. Da sie alle auf den Luftsauerstoff angewiesen sind, müssen sie von Zeit zu Zeit an die Wasseroberfläche kommen. Dabei kann man ihre Schwimmkünste gut beobachten. Auch die meisten Larven atmen durch Atemöffnungen, die sich am Hinterleibsende befinden. Mit diesen hängen sie kopfunter an der Wasseroberfläche. Wegen ihrer Gefräßigkeit sind vor allem die Larven des Gelbrandkäfers ▷ bekannt geworden.
Vom Ufer aus kann man aber noch weitere wasserbewohnende Käfer beobachten. Mit seiner charakteristischen gelbfleckigen Zeichnung fällt uns der Schnellschwimmer ▷ auf. Er lebt an Wasserpflanzen oder unter Steinen, vor allem an Stellen, an denen das Wasser nicht allzu schnell fließt.
Haben wir etwas Glück, begegnen uns noch weitere Schwimmkäfer, der Gaukler ▷ sowie der Furchenschwimmer ▷. Auch den Taumelkäfer ▷ findet man nicht selten. Käfer dieser Größe müßten für Fische oder Frösche eine willkommene Beute sein. Gibt man aber einem Goldfisch einen dieser Schwimmkäfer zu fressen, so spuckt er ihn sofort wieder

Dytiscus marginalis.

Platambus maculatus.

Cybister lateromarginalis.

Acilus sulcatus.

Gyrinus marinus.

aus. Bald darauf wirkt der Fisch wie narkotisiert. Was ist geschehen?
Schon vor mehr als 50 Jahren hatte der Biologe Blunck ▷ beobachtet, daß Gelbrandkäfer, wenn man sie im Wasser festhält, ein milchig-weißes Sekret abgeben.
Wenn man einen Gelbrandkäfer präpariert und dabei den Chitinpanzer entfernt, findet man hinter dem Kopf zwei Drüsensäckchen, die meist prall mit diesem Sekret gefüllt sind, das sie bei Belästigung ausstoßen. Weil die Drüsen in der Vorderbrust, dem Prothorax, des Käfers liegen, heißen sie Prothorakaldrüsen.
Entwicklungsgeschichtlich betrachtet, sind die Schwimmkäfer erst sekundär zu Wassertieren geworden. Da sie in verwandtschaftlicher Beziehung zu den Laufkäfern stehen, kann man annehmen, daß sie wie diese zwei Pygidialdrüsen ▷ im Körperhinterende besitzen. Bei den Laufkäfern dient der Inhalt dieser Blasen zur Feindabwehr und kann dem Gegner entgegengespritzt werden ▷. Bei den Wasserkäfern haben die Drüsen offenbar die Fähigkeit zur aktiven und plötzlichen Entleerung verloren, man findet sie deshalb bei einem präparierten Gelbrandkäfer meist prall mit leuchtend gelbem Sekret gefüllt.
Der Heidelberger Chemiker H. Schildknecht wollte genauer wissen, was es mit diesen Drüsen auf sich hat. Dazu mußte er erst einmal eine große Anzahl von Käfern »melken«. Bei der Analyse des Inhalts fand er einige durchaus bekannte Substanzen. Benzoesäure ▷ und PHB-Ester ▷ sind nahezu jedem als gesetzlich zugelassene Konservierungsmittel bekannt. Was macht ein Wasserkäfer aber mit Konservierungsmitteln? Beim Konservieren benützt man diese chemischen Verbindungen dazu, das Wachstum von Bakterien und damit Fäulnis zu verhindern. Da nun Wasserkäfer in ihrem feuchten Lebensraum besonders leicht von Mikroorganismen befallen werden, ist die Vermutung sicher richtig, daß diese Tiere den Inhalt der Pygidialblasen tatsächlich zur »Konservierung« ihrer Körperoberfläche verwenden. Benzoesäure und PHB-Ester können deshalb sogar als Antibiotika des Insektenreiches betrachtet werden.
Der Taumelkäfer fällt einem zuerst wegen seiner metallisch glänzenden Flügeldecken auf und weil er auf ruhigen Gewässern oft sehr zahlreich vorkommt. Erschreckt man ihn, so kann er mit der für seine Größe erstaunlichen Geschwindigkeit von einem Meter pro Sekunde über das Wasser jagen. Dabei benutzt er seine Ruderbeine mit unglaublicher Geschwindigkeit. Durch Zeitrafferaufnahmen gelang es, die 50 bis 60 Schläge pro Sekunde zu zählen. Begünstigt durch den bootsförmig konstruierten Körper, können die Käfer auch ausgezeichnet tauchen. Obwohl sich der Käfer sehr schnell bewegt und auf der Wasseroberfläche auch noch Haken schlagen kann, stößt er nirgends an. Er ortet Hindernisse nämlich mit den durch seine Bewegungen erzeugten und von Hindernissen reflektierten Kapillarwel-

□ **Gelbrandkäfer.**

Hans Blunck arbeitete unter anderem am Zoologischen Institut der Universität Marburg/Lahn.

Pygidium, griech. kleiner Steiß.

Der Inhalt der Laufkäfer-Pygidialdrüsen besteht entweder aus 75prozentiger Ameisensäure oder aus fast reiner Methacrylsäure.

Benzoesäure und Parahydroxybenzoesäuremethylester werden für Fisch- und Fleischkonserven verwendet.

len ▷, mit einem Mechanismus also, wie wir ihn ähnlich schon von der Fledermaus her kennen. Vor größeren Feinden ist der Taumelkäfer damit sehr gut geschützt. Gegen den Befall von Kleinlebewesen, wie Bakterien, Algen, Geißeltierchen, ist er allerdings nicht gefeit. Präpariert man einen solchen Käfer, so findet man im Hinterleib auch bei ihm die schon bekannten Pygidialblasen. Sie bilden eine chemische Verbindung, das Gyrinal, das Mikroorganismen außerordentlich schnell abtötet. Setzt man einen Taumelkäfer in ein Aquarium, so klettert er bald aufs Trockene, um sich dort zu putzen. Dabei streicht er sich mit dem hinteren Beinpaar über den Hinterleib, manchmal auch unter die Flügeldecken, und verteilt so das Sekret der Pygidialdrüsen.

Unter den möglichen Freßfeinden dieser Wasserkäfer sind die Fische sicher die wichtigsten. Ein richtiges Abwehrmittel gegen Feinde sollte also zweckmäßigerweise auch gegen diese Tiere wirken. Bringt man eine kleine Karausche ▷ in ein Gefäß, das 10 Milligramm Gyrinal pro Liter enthält, so bekommt der Fisch bald Gleichgewichtsstörungen, und wenn man ihn nicht rettet, stirbt er nach etwa einer Stunde in tiefer Narkose. Damit ein Fisch, der einmal schlechte Erfahrungen mit einem Taumelkäfer gemacht hat, sich das Erlebnis gut einprägt, produzieren die Tiere in den Pygidialblasen auch noch ein stinkendes Sekret.

Man sollte denken, daß die Käfer damit schon ausreichend geschützt sind. Wozu brauchen die Schwimmkäfer noch das Sekret der Prothorakaldrüsen? Fängt man einen Schnellschwimmer, so kann man durch den zum Teil durchsichtigen Prothorax, wie hinter einer Glasscheibe, das milchige Sekret der Prothorakaldrüsen erkennen. Wie der Gelbrandkäfer entleert auch er sein Sekret, wenn man ihn ärgert, mit feinem Strahl ins Wasser. Um es zu untersuchen, kann man es mit einer feinen Glaskapillare auffangen.

Auf diese Weise haben Chemiker 1000 Käfer »gemolken«, um genügend Untersuchungsmaterial zu erhalten. Was dann aber die Analyse des Drüseninhalts ergab, war verblüffend: Sie fanden eine Substanz, die normalerweise als Wirkstoff im Wirbeltierkörper vorkommt und dort zur Regulierung und Koordination physiologischer Prozesse verwendet wird. Wir nennen diese Substanzen Hormone. Ein solches Wirbeltierhormon sollte also von einem Wasserkäfer gebildet werden?

Die genauen chemischen Untersuchungen ließen keine Zweifel zu. Auch die Analysen des Prothorakaldrüseninhalts weiterer Schwimmkäfer brachten das gleiche Ergebnis: Auch sie produzieren Wirbeltierhormone. Vor allem der Gelbrandkäfer speichert sein Hormon in geradezu riesigen Mengen. Die 0,4 Milligramm reinen Hormons, das seine Prothorakaldrüsen enthalten, kann man sonst nur aus den Nebennieren von über 1000 Rindern gewinnen.

Da dieses Hormon, das Cortexon, dort bereits in winzigsten Mengen den Salzhaushalt dieser Tiere regelt, muß eine solche Dosis für einen Fisch eine fatale Wirkung haben. Tatsächlich fallen Fische, denen man das Gelbranddrüsensekret zusammen mit anderem Futter verabreicht hat, bald in eine tiefe Narkose. Da Hormone außerordentlich spezifisch

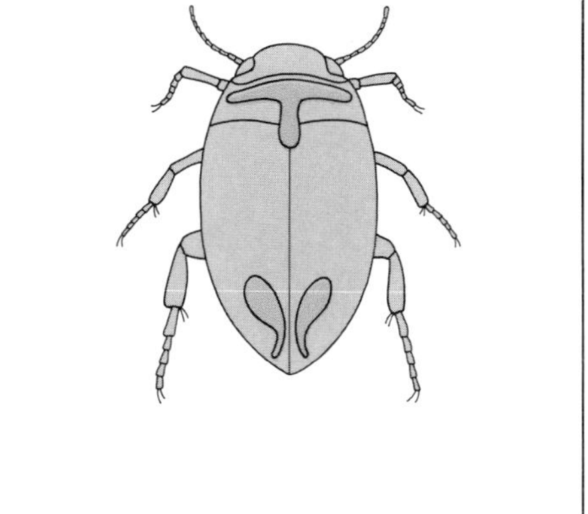

□ **Die Lage der Prothorakal- (a) und Pygidialdrüse (b) beim Schnellschwimmer.**

Kapillarwellen (auch: Kräuselwellen) entstehen unsichtbar auf Flüssigkeitsoberflächen zusätzlich zu den sichtbaren Wellen.

Ein Verwandter des Goldfisches, der in stehenden und langsam fließenden Gewässern vorkommt.

□ **Ein Bombardierkäfer verteidigt sich gegen die Pinzette, mit der er gezwickt wird.**

wirken, Wirbeltierhormone also bei Insekten keinen Effekt zeigen, wundert es nicht, daß der Käfer dieses wirksame Sekret so unbeschadet in derart großer Menge speichern kann. Auf seine Feinde allerdings macht es großen Eindruck, so daß diese Substanz gerade zur Abwehr von Wirbeltieren bestens geeignet ist.

Die Artillerie des Bombardierkäfers

Beim Durchblättern einer alten Ausgabe des »Brehm«, eines Tierlexikons aus dem vorigen Jahrhundert, findet man im Kapitel »Laufkäfer« unter anderem folgende Schilderung:

»Vor allem leben sie gesellig unter Steinen oder zwischen Baumwurzeln und besitzen vorherrschend das Vermögen, zu ihrer Vertheidigung einen übelriechenden Dunst mit Geräusch aus der Hinterleibsspitze zu entlassen, weshalb man ihnen den Namen Bombardirkäfer (Brachinus) beigelegt hat. Recht deutlich kann man dieses Schießen und das damit verbundene eigenthümliche Geräusch vernehmen, wenn man einen solchen Käfer nach Sitte der Sammler in ein Fläschchen mit Weingeist wirft. Ein ziemlich lautes Zischen erfolgt einige Male hintereinander, bis der zum Tode Verurtheilte sein Pulver verschossen hat und ermattet die Waffen streckt.«

Was ist das für ein schießfreudiger Geselle, von dem hier die Rede ist, – oder haben die Käfersammler ein bißchen Jägerlatein verbreitet?

Was an der Sache wahr ist, wollten um 1955 auch H. Schildknecht und seine Mitarbeiter wissen. Sie fanden die gesellig lebenden Tiere in der Fränkischen Alb, in der Nähe von Forchheim, unter Kalksteinen. Die Suche ist dort allerdings nur im Frühjahr erfolgreich, im Sommer wandern die Käfer ins freie Feld, wo sie sich paaren; dort findet man sie sehr viel seltener. In der Camargue kommen sie dagegen zu Tausenden vor,

□ **Der »gezielte Schuß« des Bombardierkäfers gegen die Pinzette beweist die Abwehrfunktion der Käferartillerie.**

dort scheinen die Lebensbedingungen für sie günstiger zu sein. Hebt man einen Stein auf, unter dem »Bombardierer« leben, so flüchten sie nicht nur nach allen Seiten, sondern man hört auch deutlich einen leichten, explosionsartigen Knall, Rauchwölkchen erscheinen am Hinterleibsende der Tiere, es riecht nach Pulverdampf, und wenn die Artillerie bei Dunkelheit feuert, erkennt man manchmal sogar ein Mündungsfeuer.

Bei diesem Feuerwerk müssen also beachtliche Temperaturen entstehen. Vögel, die einen solchen Käfer aufpicken, lassen ihn erschreckt wieder fallen, und kleinere Angreifer werden von der Gewalt des Schusses sogar zurückgeschleudert. Die Käfer widerlegen damit recht augenfällig das Sprichwort vom erfolglosen »Schuß, der nach hinten losgeht«.

Die Wissenschaftler wollten allerdings genauer wissen, was hier vorgeht, und dazu mußten sie zunächst einmal einen Bombardierkäfer präparieren. Die »Munition«, der das Hauptinteresse galt, durfte dabei aber nicht verschossen werden. Das ist gar nicht so einfach, denn die Tiere verschießen ihr Pulver in zehn bis zwölf Schüssen restlos, wenn man sie betäuben will. Sie wurden daher erst einmal eine halbe Stunde in den Kühlschrank gelegt. Die niedrigen Temperaturen führen offensichtlich zu einer »Ladehemmung« der Käferartillerie, so daß man dann Kanonen und Munition genauer untersuchen kann.

Das Schießwerkzeug der Bombardierer besteht aus einem System von Drüsen, die symmetrisch am Hinterleibsende des Tieres liegen und mit zwei Kanonenrohren nach außen münden. Betrachtet man dieses Drüsensystem genau, so stellt man fest, daß es aus mehreren Kammern besteht, in denen vermutlich die Munition bereitet und schließlich gezündet wird. Dem Mündungsrohr am nächsten liegt eine Explosionskammer, die innen mit Chitin ▷ ausgekleidet ist. Die wider-

Vergleiche dazu die Erläuterung auf der Randspalte von Seite 42.

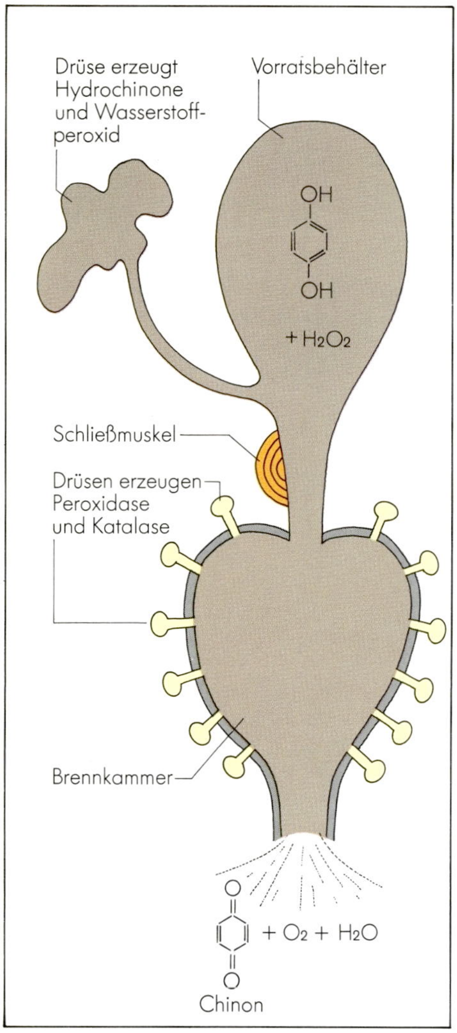

standsfähigen Wände lassen vermuten, daß hier die Munition gezündet wird. Die Frage ist nur, welche explosiven Substanzen die Natur bereitstellen kann, die zu so einer heftigen Reaktion führen. Gleich hinter der Explosionskammer befindet sich eine Blase, ein Sammelbehälter, sozusagen der Pulverbeutel des Schützen. Fein säuberlich durch ein Ventil von der Brennkammer getrennt, lagert dort die Munition. Die Analyse des Inhalts brachte überraschende Ergebnisse: Man fand Wasserstoffperoxid ▷ in einer 25prozentigen Konzentration. Das wollte zunächst kein Fachmann glauben. Die Zweifel werden verständlich, wenn man weiß, daß Wasserstoffperoxid schon in winzigen Mengen ein äußerst starkes Zellgift ist und normalerweise, wenn es im Stoffwechsel auftritt, schleunigst abgebaut und damit entgiftet wird. Der Organismus löst das Problem, indem er zwei harmlose Produkte daraus macht, die den Zellen keinen Schaden mehr zufügen: Wasser und Sauerstoff.

Ganz so einfach ist das aber deshalb nicht, weil Wasserstoffperoxid nur sehr langsam in Wasser und Sauerstoff zerfällt. Wie für alle Reaktionen, die bei Körpertemperatur nur sehr langsam ablaufen, besitzt der Körper Enzyme ▷, das sind Reaktionsbeschleuniger, auch Katalysatoren genannt. Sie ermöglichen den Ablauf von Stoffwechselprozessen in Bruchteilen von Sekunden, von Prozessen, die andernfalls unmeßbar langsam erfolgen würden. Das wasserstoffperoxidspaltende Enzym heißt Katalase ▷ und kann etwa 10 Millionen Wasserstoffperoxid-Moleküle pro Sekunde zu Wasser und Sauerstoff spalten.

In geringen Konzentrationen besitzt der Bombardierkäfer das Enzym in allen Körperzellen, auch im Gewebe der wasserstoffperoxidgefüllten Sammelblase. Es ist sehr wichtig, daß diese beiden Substanzen nicht zusammenkommen, da es sonst sofort zu einer explosionsartigen Freisetzung von Sauerstoff in der Sammelblase kommen würde. In der mit Chitin ausgekleideten Explosionskammer könnte diese Reaktion allerdings gut ablaufen, ohne Schaden anzurichten. Tatsächlich findet man die Wand der Brennkammer immer mit Katalase überzogen, die in winzigen Drüsen der Brennkammerwand gebildet wird. Es braucht also nur eine kleine Portion Wasserstoffperoxid in die Brennkammer gespritzt zu werden, und sofort kommt es zur explosionsartigen Sauerstoffentwicklung. Das Treibgas dieser »Käfersprühdose« ist also Sauerstoff, der durch die Brennkammerkatalase aus Wasserstoffperoxid erzeugt wird.

□ Die Drüsen des Bombardierkäfers stellen die »Munition« für die Käferartillerie bereit.

Enzyme sind Eiweißstoffe, die in der Zelle Reaktionen beschleunigen, die unter normalen Lebensbedingungen, z.B. bei Körpertemperatur, nicht ablaufen würden. Man nennt sie deshalb auch Biokatalysatoren.

Katálysis: griech. Auflösung; davon abgeleitet Katalase und Katalyse.

H_2O_2.

Einen Feind, der nur mit Sauerstoff angeblasen wird, auch wenn das mit einer kleinen Explosion verbunden ist, schreckt dies auf die Dauer sicher wenig. Was macht den Schuß des Bombardierkäfers also für Feinde so unangenehm? Wir hatten schon erwähnt, daß es bei den Schüssen der Käfer nach Pulverdampf riecht. Eine Suche nach weiteren Bestandteilen der Munition sollte sich also lohnen. Tatsächlich fand man in der Sammelblase noch eine chemische Verbindung in etwa 10prozentiger Konzentration, ein Hydrochinon ▷, das zusammen mit dem Wasserstoffperoxid in die Brennkammer gedrückt wird. Hierbei würde sich das Hydrochinon nicht verändern, gäbe es nicht wiederum ein Enzym, die Peroxidase ▷, das die Umsetzung von harmlosem Hydrochinon in aggressives Chinon bewirkt.

Die Peroxidase wird zusammen mit der Katalase in die Brennkammer abgegeben. Dort erwarten die beiden Enzyme die Mischung von Wasserstoffperoxid und Hydrochinon aus dem Vorratsbehälter, um sie sofort umzusetzen.

Wie bei vielen chemischen Reaktionen entsteht auch hierbei Wärme, so daß neben den Chinonen das entstehende Wasser über den Siedepunkt, also über 100 Grad, erhitzt und ausgestoßen wird. Vielleicht verbrennen bei diesen Temperaturen Teile der Munition, so daß damit das Mündungsfeuer zu erklären wäre, das manchmal zu sehen ist.

Wir wollen versuchen, die Reaktion, die in der Brennkammer des Bombardierkäfers abläuft, im Reagenzglas nachzuvollziehen. Eduard Buchner ▷ hat schon im vorigen Jahrhundert nachgewiesen, daß die Arbeit der Enzyme nicht an die lebende Zelle gebunden ist. Hat man die Enzyme aus Zellen gewonnen, lassen sich die Reaktionen auch im Reagenzglas ▷ durchführen. Wir brauchen also nur ein Glasgefäß, das zwei Kammern, den »Vorratsbehälter« und die »Brennkammer«, besitzt. Ein Y-förmiges Glasrohr kann dazu dienen. In einen Schenkel, den Vorratsbehälter, füllt man einen Kubikzentimeter 20prozentiges Wasserstoffperoxid und 10prozentiges Hydrochinon, in den anderen, die Brennkammer, gibt man Katalase und Peroxidase. Um dem Schuß die nötige Wirkung zu verleihen, wird das Mündungsrohr mit einem leicht angefeuchteten Gummistopfen verschlossen. Kippt man das Rohr jetzt so, daß Wasserstoffperoxid und Hydrochinon aus dem Vorratsbehälter in die Brennkammer gelangen, dann findet die gleiche Reaktion wie im Käfer statt: Eine stürmische Sauerstoffentwicklung setzt ein, Hydrochinon wird zu Chinon oxidiert, der Gummistopfen

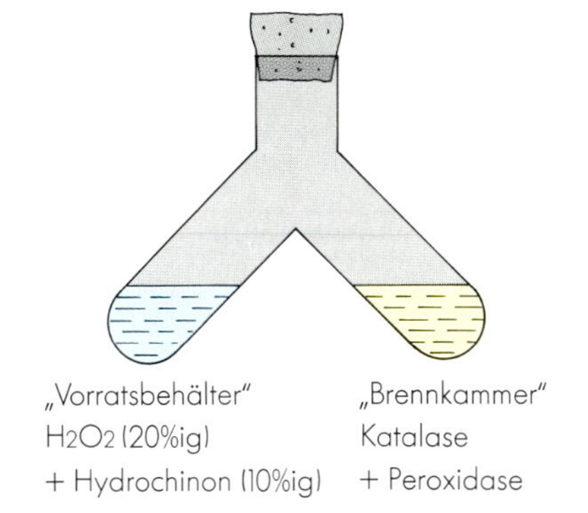

1

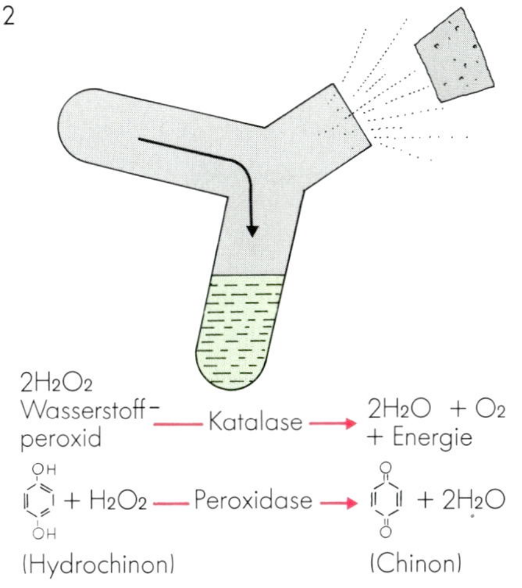

2

□ Versuch, mit dem die Artillerie des Bombardierkäfers demonstriert werden kann.

Hydrochinon kommt auch in vielen Pflanzenteilen, z. B. in den Blättern des Birnbaums, frei vor.

Enzyme, die besonders konzentriert im Meerrettich, in Pilzen oder in der Kartoffel vorkommen.

Eduard Buchner (1860–1917), Professor in Kiel, Tübingen, Breslau und Würzburg, Nobelpreisträger 1907. Er entdeckte die sogenannte zellfreie Gärung.

Im Gegensatz zu Reaktionen der lebenden Zelle (»in vivo«) bezeichnet man Umsetzungen im zellfreien Extrakt als »In vitro-Reaktionen«.

fliegt mit lautem Knall aus dem Glasrohr, es riecht nach Pulverdampf.

Der Bombardierkäfer hat mit seiner Artillerie eine wirklich erstaunliche Verteidigungswaffe entwickelt. Man nimmt an, daß der Käfer diese Waffe ausschließlich zur Verteidigung benutzt, jedenfalls hat man noch keinen beobachtet, der sie zum Angriff auf eine Beute verwendet hätte, obwohl die Laufkäfer Beutegreifer sind. Beute fassen sie aber immer mit ihren starken Kieferzangen, den Mandibeln.

Seit einigen Jahren weiß man, daß der Bombardierkäfer seine Chinonbomben auch dazu benutzt, um als Schmarotzer geduldet zu werden: Paussus favieri ist mit seinen 4 Millimetern Länge der kleinste, bisher auf seinen Explosionsmechanismus untersuchte Bombardierkäfer. Er lebt in Ameisennestern und wird von den Nestbewohnern vermutlich wegen seines Chinongeruchs geduldet. Reicht dieser nicht aus oder läßt der Geruch nach, verschafft sich der Käfer durch einige »Warnschüsse« wieder den nötigen Respekt. Den braucht er allerdings auch in reichlichem Maße, denn dieser Bombardierer ernährt sich von den Eiern und den Puppen seines Wirts.

In den vergangenen Jahren hat man weitere Käferarten auf Wehrsubstanzen untersucht und zwar auch solche Arten, die nach der klassischen systematischen Einteilung nicht mit dem Bombardierkäfer verwandt sind. Tatsächlich fand man auch weitere Käfer, die Hydrochinone zu Chinonen oxidieren können und diese einem Feind entgegenschleudern, wenn sie angegriffen werden.

Man hat sogar versucht, die verwirrende Vielfalt der Käferarten nach den chemischen Merkmalen ihrer Wehrsubstanz zu ordnen. Man glaubt sicher nicht zu unrecht, daß Arten, die ähnliche chemische Sekrete produzieren, auch stammesgeschichtlich eine parallele Entwicklung durchgemacht haben. Man nennt diesen Zweig der Systematik Chemosystematik. Bedenken muß man dabei natürlich immer, daß die Produktion solcher Wehrsubstanzen theoretisch in völlig verschiedenen, verwandtschaftlich nicht näher zusammengehörenden Gruppen unabhängig voneinander »erfunden« worden sein kann, was allerdings bei einem so hochentwickelten und komplizierten Bombardiermechanismus außerordentlich unwahrscheinlich ist.

Fassen wir noch einmal kurz zusammen: Mit wahrhaft erstaunlicher Fantasie haben einige Käfer ihre Drüsen zu Abwehreinrichtungen umfunktioniert. Die über 100 Grad heißen Schüsse des Bombardierkäfers sind gegen seine Feinde sicherlich ebenso wirksam wie die Hormone der Wasserkäfer, die drastisch in den Stoffwechsel des Verfolgers eingreifen. Die kleinen Käfer können sich kein aufwendiges Waffenarsenal zulegen, sie brauchen zu ihrer Verteidigung Stoffe, die bereits in geringen Mengen wirken. Dazu ist keine Substanzgruppe geeigneter als die Hormone.

Im nächsten Kapitel wird sich zeigen, daß Pflanzen und Tiere auch ohne Gift und Gestank ihr Leben verteidigen können. Trotzdem sind die Abwehrmechanismen nicht weniger wirkungsvoll und zeugen von ebensoviel Ideenreichtum.

Tarnung, Warnung und Täuschung

Bei Tageslicht ist die Natur voller Farben. Sobald es jedoch zu dämmern beginnt, verlieren das saftige Grün der Bäume und Wiesen, das dunkle Braun des gepflügten Ackers und das tiefe Blau des wolkenlosen Himmels ganz allmählich ihre Farbigkeit.
Eben noch leuchtende Farben bieten sich uns nur noch als verschieden helle Graustufen. Auch die im Sonnenlicht ins Auge springenden Farbtupfen in der Landschaft, die Blumen, Schmetterlinge und Vögel, können wir kaum noch farblich beschreiben. Und wenn dann die Nacht hereinbricht, sind wirklich, wie das Sprichwort sagt, alle Katzen grau.
Wiederholt sind wir in den vorausgehenden Bänden dieser Buchreihe auf das Phänomen Farbe bei Pflanze und Tier gestoßen und haben uns zum Teil eingehend damit beschäftigt. In Band 2, »Blüten – lockende Signale«, geht der Autor den Fragen nach: Was sind Farben und wie entstehen sie? Wir können es uns deshalb ersparen, nochmals auf diesen Fragenkomplex einzugehen. In den weiteren Bänden wurde zum Teil eingehend die Frage erörtert, welche Bedeutung Farben für Pflanzen und Tiere haben.

- Dabei stellte sich heraus, daß Farben und Farbmuster bei vielen Tieren der Erkennung des Artgenossen beziehungsweise des Geschlechtspartners dienen ▷.
- Die Farben und Farbmuster der Blüten sind vielfach Signale, um Tiere, besonders Insekten, zum Blütenbesuch einzuladen ▷.
- Die arttypischen Farbmuster der Sperrachen bei Jungvögeln sind Auslöser für die Altvögel bei der Fütterung ▷.
- In Band 6 haben wir die Einsicht gewonnen, daß Farben für den Wärmehaushalt der Lebewesen von größter Bedeutung sein können. Dunkle Färbung des Fells oder Gefieders kann zum Beispiel für Tiere wichtig sein,

Siehe Band 1 dieser Reihe, Seite 22 ff.

Siehe Band 2 dieser Reihe, Seite 15 ff.

Siehe Band 4 dieser Reihe, Seite 119 ff.

□ Farbanpassungen an den Untergrund.
Links: Ein Feldhase duckt sich mit angelegten Ohren ins dürre Gras.
Rechts: Ein Rebhuhn vertraut auf seine Tarnfärbung.

die Sonnenlicht absorbieren müssen, um Wärme zu speichern.
In diesem Kapitel wollen wir uns nun mit der Bedeutung der Farben und Farbmuster befassen, soweit sie im Wechselspiel zwischen Jäger und Beute eine Rolle spielen.

Auf den Hintergrund und das Verhalten kommt es an

Wir sind auf einem Spaziergang fast auf einen Hasen getreten. Ganz tief niedergeduckt saß er am Rande eines Ackers in einer Furche. Erst als wir auf wenige Meter herangekommen waren, jagte er mit einem jähen Satz vom Boden hoch, und rannte, Haken schlagend, den Feldrain entlang. Und jetzt ist er plötzlich weg, wie vom Erdboden verschluckt. Ist er in einer Mulde verschwunden? War es vielleicht doch kein Hase, sondern ein Kaninchen, das in seiner Wohnröhre verschwand? Langsam nähern wir uns der Stelle, an der wir das Tier zum letztenmal gesehen haben. Schritt für Schritt kommen wir näher. Da jagt es wieder auf, nur zehn Meter von uns entfernt, macht einen Satz nach rechts und rennt jetzt quer über die Ackerfurchen und – verschwindet nach 40 Metern wieder, wie weggezaubert!
Einige Tage später haben wir ein ähnliches Erlebnis, diesesmal jedoch mit einem Flug Rebhühner. Erst als wir bis auf ganz kurze Entfernung herangekommen sind, fliegen sie auf, burren sie weg, streichen flach über die frischgepflügten Felder, fallen ein und verschwinden aus unseren Augen. Worauf beruht eigentlich die hervorragende Tarnung dieser Tiere?
Das gelblich-bräunliche Fell des Hasen paßt sich vorzüglich an die Umgebung an. Ganz tief in eine Ackermulde geduckt, mit angelegten Ohren, vermeidet der Hase jeden verräterischen Schattenwurf seines Körpers. Außerdem macht er nicht die geringste Bewegung. Bei Rebhühnern – auch bei anderen Tieren, deren Fell, Gefieder oder Schuppenkleid Flecken oder Streifen aufweisen – löst sich die Körpergestalt der Tiere gewissermaßen in natürliche Licht- und Schattenstellen auf. Flecken und Streifen unterbrechen an der Oberfläche die durchgehende Umrißlinie eines Tieres, machen die sonst verräterische Kontur unkenntlich und lassen ein so getarntes Tier im Unter- oder Hintergrund optisch verschwinden. Besonders stark ist dieser Effekt ▷, wenn die Farben des Körpers genau den Farben des Hintergrundes entsprechen. Der Zusammenhang der Gesamtgestalt geht verloren, das Tier verschwindet aus unseren Augen.

Er wird als Somatolyse (Gestaltauflösung) bezeichnet.

Beim Tiger zum Beispiel tarnen die senkrechten Streifen in zweifacher Hinsicht: Wenn das Tier frei dasteht, lösen sie seine Umrißlinie auf und setzen gleichzeitig die ebenfalls senkrechten Linien der Grashalme fort. Der Tiger verschmilzt mit seinem Hintergrund.
Was Streifen für Tiger und Zebra, sind für den Leoparden und die Giraffe runde oder ausgefranste Flecken. Im Blattwerk der Bäume hebt sich das Fell dieser gefleckten Tiere kaum von ihrer Umgebung ab.
Entsprechendes gilt für die meisten Tiere, die in farblich eintönigen, ungemusterten Landschaften leben. Auf arktischen Schneefeldern, in Sandwüsten und Trockensteppen sind die Tiere meist einfarbig und ohne auffallende Zeichnungen. Ändern sich die Grundfarben der Landschaft durch den jahreszeitlichen Wechsel, so vollziehen viele Tiere diesen Farbwechsel in ihren Fell- oder Gefiederfarben mit. Das dunkle Sommer-, aber weiße Wintergefieder des Schneehuhns, der Fellwechsel des Hermelins sind Beispiele dafür.
Tarnfarben schützen Tiere also vorzüglich, machen sie aber stark ortsabhängig. Sie müssen den entsprechenden farbigen Hintergrund oder Untergrund aufsuchen, damit ihre Farben voll zur Wirkung kommen und den Träger des Tarnkleides mit der Umgebung in Einklang

bringen. Tiere mit ausgeprägtem Tarnkleid sind deshalb häufig nachts aktiv, wenn sie sich ohne Gefahr vor ihren optisch orientierten Feinden bewegen können. Tagsüber sitzen sie regungslos auf passendem Untergrund. Da die Bewegung für viele Räuber ein Schlüsselreiz zum Beutefang ist, ist Bewegungslosigkeit neben der Tarnwirkung ein zusätzlicher Schutz vor Feinden. Tarnung ist also nur wirksam, wenn auch das Verhalten des Tieres dazu paßt.

Ein schneller Farbwechsel macht Tiere ortsunabhängig

Längerer Aufenthalt in der Sonne führt beim Menschen zur Bräunung der Haut. Das Sonnenlicht regt die Pigmentbildung ▷ in der Haut an, die dadurch den Körper vor zu starker Sonneneinstrahlung schützt.

Bei Tieren kann der Farbwechsel des Fells, der Schuppen oder des Gefieders, aber auch der Haut sehr schnell, in Sekunden, Minuten oder Stunden ablaufen, häufiger jedoch dauert er Tage oder Wochen und hat eine völlig andere Funktion als beim Menschen.

Für weniger wehrhafte Tierarten geht es vor allem darum, nicht aufzufallen. Während der Brutzeit verändern einige Vögel ihre Gefiederfarben, und viele Jungtiere besitzen eine spezielle Schutzfärbung. Bodenbrüter wie die Lerche, die Bekassine, auch das Rebhuhn zeigen eine dem Boden angepaßte Schutzfärbung. Rehkitze mit ihren hellen Flecken auf dem hellbraunen Fell sind auf dem

Pigmente: Farbstoffe.

□ Der Schneehase ist mit seinem weißen Fell hervorragend der winterlichen Landschaft angepaßt.

von dürrem Laub übersäten Boden sehr gut getarnt, wenn sie sich ducken und ruhig verhalten.
Alle diese zeitweiligen Farbänderungen haben eines gemeinsam: Sie sind verhältnismäßig langwierig und binden das Tier an eine bestimmte, zur Tarnfarbe passende Umgebung. Beim brütenden Vogel ist die Färbung nur während der Brutzeit optimal.
Es gibt aber auch Tiere, die nicht gleich ihre ganze Haut, ihr ganzes Fell oder Federkleid wechseln müssen, um sich der Umgebung anzupassen. Bei Tintenfischen zum Beispiel dauert ein Farbwechsel nur Bruchteile einer Sekunde. Schollen nehmen ebenfalls in kürzester Zeit die Färbung des Untergrundes an. Der schnelle Farbwechsel des Chamäleons ist geradezu sprichwörtlich geworden, obwohl er eigentlich eher ein Stimmungsbarometer darstellt ▷. Wie ist es diesen Tieren möglich, sich so plötzlich zu verfärben?
Um diese Frage beantworten zu können, müssen wir uns zunächst mit den Farben, den Pigmenten, in Haut, Gefieder und Fell der Tiere beschäftigen. Manche dieser Pigmentfarben erfüllen rein physiologische Funktionen ▷. Der leuchtend rote Blutfarbstoff Hämoglobin etwa, der dem Regenwurm die rote Farbe verleiht, dient dem Sauerstofftransport im Körper. Viele Raupen erscheinen durch das Blattgrün Chlorophyll grün gefärbt, das sie mit der Nahrung aufnehmen und das aus dem Darm durchschimmert. Andere Farbstoffe wie das Melanin ▷, das übrigens nicht nur schwarz vorkommt, sondern daneben in gelben bis roten Farbtönen, sind vermutlich Stoffwechselschlacken, Entgiftungsprodukte des Körpers, die in Pigmente verwandelt und dadurch unschädlich gemacht werden.
Im Gegensatz zu den Melaninen, die von den Tieren selbst hergestellt werden, sind die Karotinoide ▷ stets pflanzlichen

Physiologie: Teilgebiet der Biologie, das sich mit den Funktionen und Leistungen des Pflanzen- und Tierkörpers, seiner Zellen, Gewebe und Organe befaßt.

Stickstoffhaltige, meist braune bis schwarze Farbstoffe, die bei Menschen und Wirbeltieren in einer Zellschicht unter der Epidermis gebildet werden und die Färbung von Haut, Haaren und Augen bestimmen.

Die Verfärbung der Haut des Chamäleons ist besonders intensiv, wenn es von Artgenossen gereizt wird (siehe Band 8 dieser Reihe).

Gelbe bis rote Farbstoffe in Blüten, Blättern, Früchten, Vogelfedern u.a.

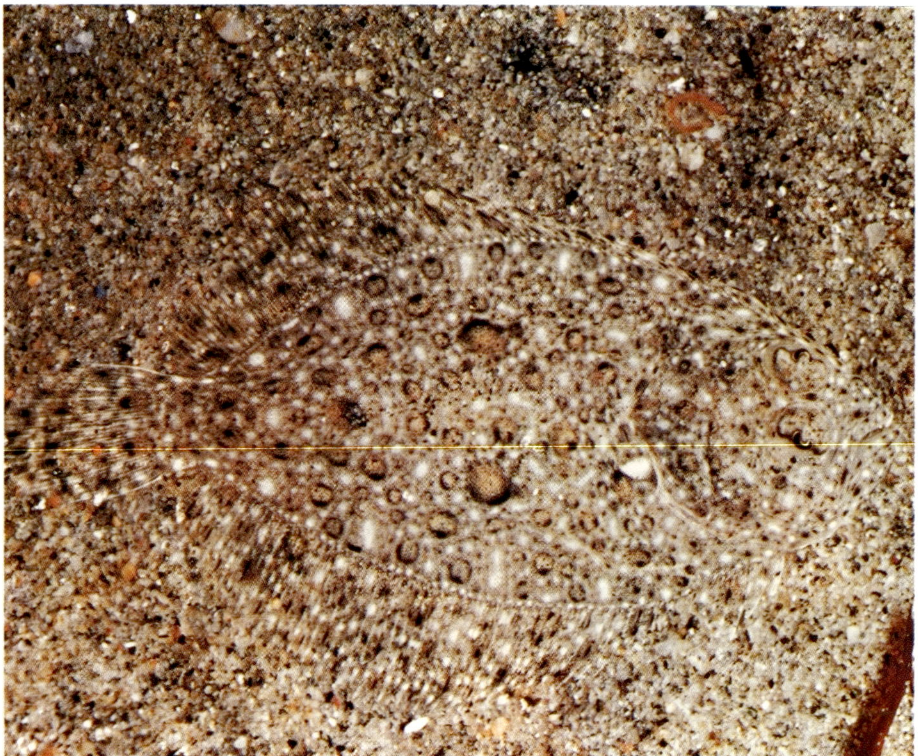

□ Eine Seezunge hat sich vollendet an den Untergrund angepaßt.

□ **Das Farbenspiel des Tintenfisches, das besonders intensiv wird, wenn er erregt ist.**

Ursprungs und müssen mit der Nahrung aufgenommen werden. Tierische Organismen können nur ganz geringfügige Änderungen in der Molekülstruktur der Karotinoide vornehmen, so daß Farbvarianten entstehen. Das Grundgerüst muß dem tierischen Körper aber mit der Nahrung zugeführt werden. Das orangerote Astaxanthin zum Beispiel verbindet sich gern mit Eiweiß. Es kann dann gelb, rot, grün, blau oder violett aussehen. Wird jedoch das Eiweiß am Astaxanthinmolekül, etwa durch Kochen, zerstört, dann kommt die Grundfarbe des Astaxanthins zutage. Dies ist der Grund dafür, daß Hummer und Krebse beim Kochen ihr natürliches Aussehen verlieren und rot werden.

Untersucht man die Entstehung der leuchtend blauen Farben, etwa in den Federn des Wellensittichs oder in der Gesichtshaut des Mandrills, so ist man einigermaßen überrascht. Weder in den Federn noch in Haaren oder Haut findet man auch nur Spuren blauer Farbstoffe. Worauf beruhen also solche Farberscheinungen? An winzigen, im Elektronenmikroskop gerade noch sichtbaren Eiweißpartikeln in Haaren oder Federn wird das auftreffende Sonnenlicht zum geringen Teil reflektiert. Nur die kurzwelligen Strahlen – also der Blauanteil des Spektrums ▷ – werden zurückgeworfen. Spielt sich diese einseitige Reflexion des einfallenden Lichts vor einem schwarzen Hintergrund ab, zeigt sich die Feder oder das Haar blau.

Spektrum: für das menschliche Auge sichtbarer Bereich des Sonnenlichtes.

Auch glänzende grüne Farbtöne können so zustandekommen. Es braucht lediglich eine gelbe Pigmentschicht vorgeschaltet zu sein, die gelbe Farbanteile reflektiert. Kommen diese zu den blauen Farbanteilen hinzu, so ergeben beide Farben zusammen das Grün vieler Schlangen und Frösche, auch das satte Grün von Papageien.

Nach diesem kleinen Ausflug wollen wir nun zum Farbwechsel des Tintenfisches

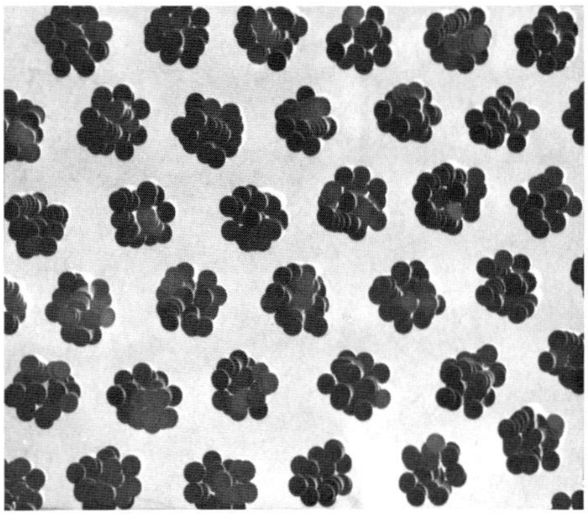

zurückkehren. Betrachtet man die Haut eines Tintenfisches unter dem Mikroskop, so kann man pigmenthaltige Zellen, sogenannte Chromatophoren ▷, finden, die in relativ gleichmäßiger Verteilung in die Haut des Tieres eingestreut sind. Wie kommt es aber zu einer Farbänderung der Körperoberfläche durch diese pigmenthaltigen Zellen?

Das Prinzip kann man sich mit kleinen, schwarzen Plättchen, wie sie beim Lochen von Papier anfallen, leicht anschaulich machen. Legt man die Papierscheibchen in möglichst gleichen Häufchen verteilt auf weißes Papier – sie dürfen dabei auch übereinander liegen – so erkennt man aus einigem Abstand zwar die schwarzen Punkte, der Gesamteindruck der Fläche bleibt jedoch weiß. Verteilt man jetzt die Plättchen – ihre Anzahl muß dabei gleichbleiben – möglichst gleichmäßig über das Papier, so entsteht

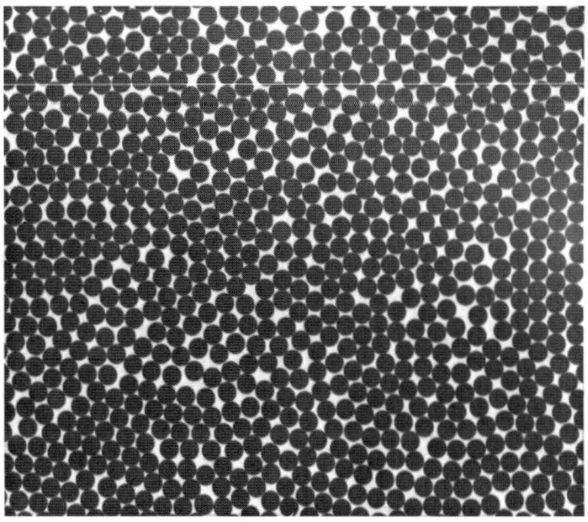

aus der Entfernung der Eindruck einer dunklen Fläche. Das gleiche Prinzip liegt auch dem Farbwechsel der Tintenfische zugrunde. Im Ruhezustand ist das Pigment der Chromatophoren in einem Punkt konzentriert, es wird dabei von einer elastischen Membran wie in einem Ballon zur Kugelform zusammengehalten. Diese Pigmentkugel liegt in einer Zelle, deren äußere Membran stark gefaltet ist. An ihr sitzen Muskeln, die, wenn sie sich verkürzen, die Chromatophore sternförmig auseinanderziehen. Die Zellmembran entfaltet sich dadurch, und auch die Chromatophorenkugel flacht sich zur Scheibe hin ab. Bei maximaler Verkürzung der Muskeln, die an jeder dieser Farbträger ziehen, ist das Pigment vollständig in einschichtiger Lage ausgebreitet. Bei unserem Modell bedeutet das, daß alle Blättchen nebeneinander liegen. Erschlaffen die Muskeln, nimmt die flache Chromatophorenscheibe sofort wieder Kugelform an, der Farbstoff ist wieder in einem Punkt konzentriert.

Tintenfische besitzen nicht nur schwarze Chromatophoren, auch gelbe und rote kommen vor. Nicht genug damit, die Farbgruppen können auch getrennt voneinander sowie gemischt ausgebreitet und zusammengezogen werden. Nur so wird das prächtige, abwechslungsreiche Farbenspiel des Tintenfisches verständlich. Das Tier kann sich damit auch jedem Untergrund anpassen und ist dadurch in seinem Lebensraum sehr beweglich.

Bei Fröschen und Eidechsen, deren Fähigkeit, die Farbe zu wechseln, bekannt ist, findet man keine mit Muskeln versehenen Chromatophoren. Die Farbwechseleinrichtung dieser Tiere besteht vielmehr aus einer dreischichtigen Lage von Zellen verschiedener Funktionen:

Oben eine gelbe, karotinoidhaltige Pigmentschicht; darunter eine Streuschicht mit winzigen Teilchen, die nur den kurzwelligen Blaubereich des Spektrums reflektieren, also Blau erzeugen;

□ Versuch, mit dem die Wirkungsweise der Chromatophoren demonstriert werden kann. Oben: Die Plättchen liegen gehäuft. Unten: Die Plättchen sind maximal ausgebreitet.

Chromatophoren: Farbstoffträger.

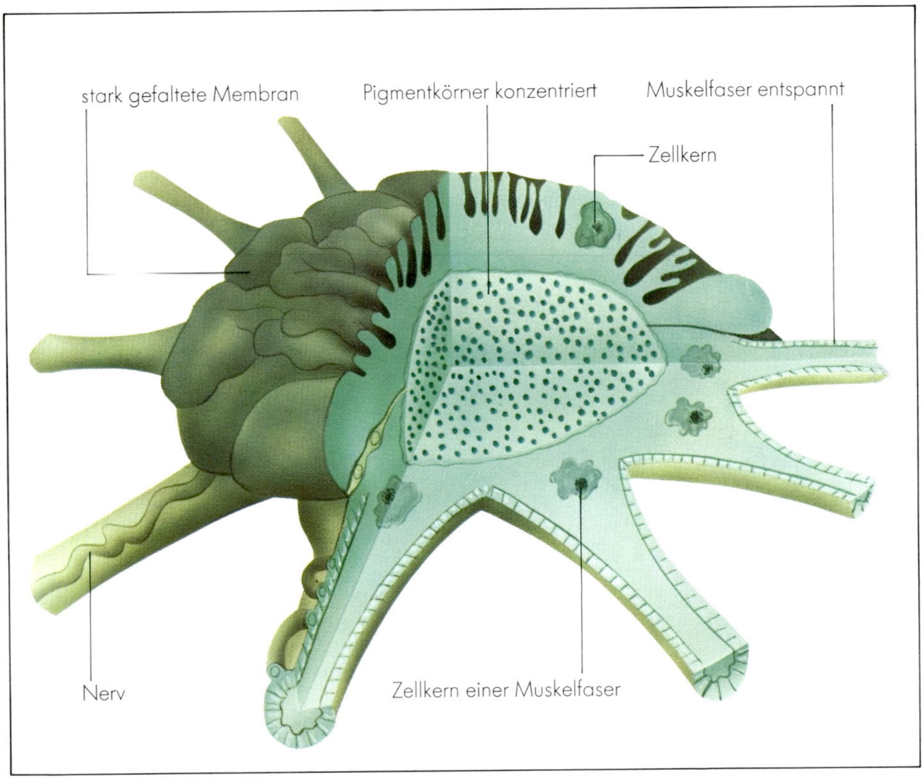

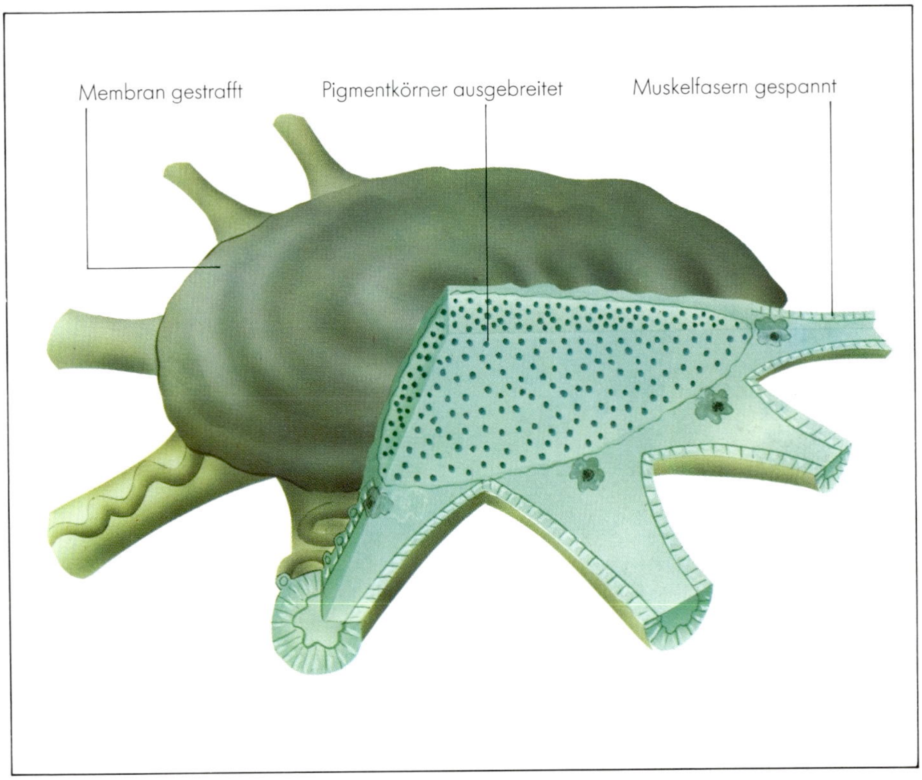

□ Bau einer Chromatophore. Oben: Die Pigmentkörner sind in einem Punkt konzentriert. Unten: Die Pigmentkörner sind fast völlig ausgebreitet.

zuunterst ein schwarzer Hintergrund aus Zellen, die, in einem Punkt konzentriert, Melanin enthalten. Diese Melanophoren ▷ senden jedoch kanalartige Ausläufer in die beiden darüberliegenden Schichten. Durch diese Kanälchen kann nun mehr oder weniger Melanin in die oberen Schichten transportiert werden. Allein durch die Melaninverlagerung entstehen Farben von gelb über grün bis fast schwarz.

Was ist nun aber die Ursache für den Farbwechsel? Mit welchen Mitteln wird er bewerkstelligt? Wer »sagt« den Zellen, in denen sich der Farbwechsel vollzieht, ob sich etwa die Chromatophoren zusammenziehen oder ausbreiten sollen?

Vergleicht man einige Tiere, die über ein gutes Farbanpassungsvermögen verfügen, wie Tintenfische, einige Garnelenarten, Elritzen und Schollen, so fällt einem zuerst auf, daß der Farbwechsel bei Elritze, Scholle und auch beim Tintenfisch sehr schnell vonstatten geht, während sich Garnelen nur relativ langsam farblich an die Umgebung anpassen. Wir wollen diesen merkwürdigen Unterschied untersuchen, zuerst jedoch die Frage klären, welches Organ eines Tieres die sich verändernde Farbe der Umgebung registriert.

Überzieht man die Augen einer Garnele mit schwarzen Tuschekappen und macht sie auf diese Weise vorübergehend blind, so kann sie sich farblich nicht mehr an den Untergrund anpassen. Das legt die Vermutung nahe, daß die farbliche Qualität der Umgebung vom Garnelenauge registriert wird. Ein etwas anderer Versuch bei Schollen bestätigt dieses Ergebnis: Bringt man eine Scholle in ein kleineres Aquarium, dessen Boden je zur Hälfte mit feinem, hellem Sand und mit dunklem Kies bedeckt ist, so nimmt die Haut dieses Plattfisches jeweils das Farbmuster an, das der Boden aufweist, dem der Kopf mit den Augen zugewandt ist. In beiden Fällen ist demnach das Auge der Reizempfänger. Wieso aber

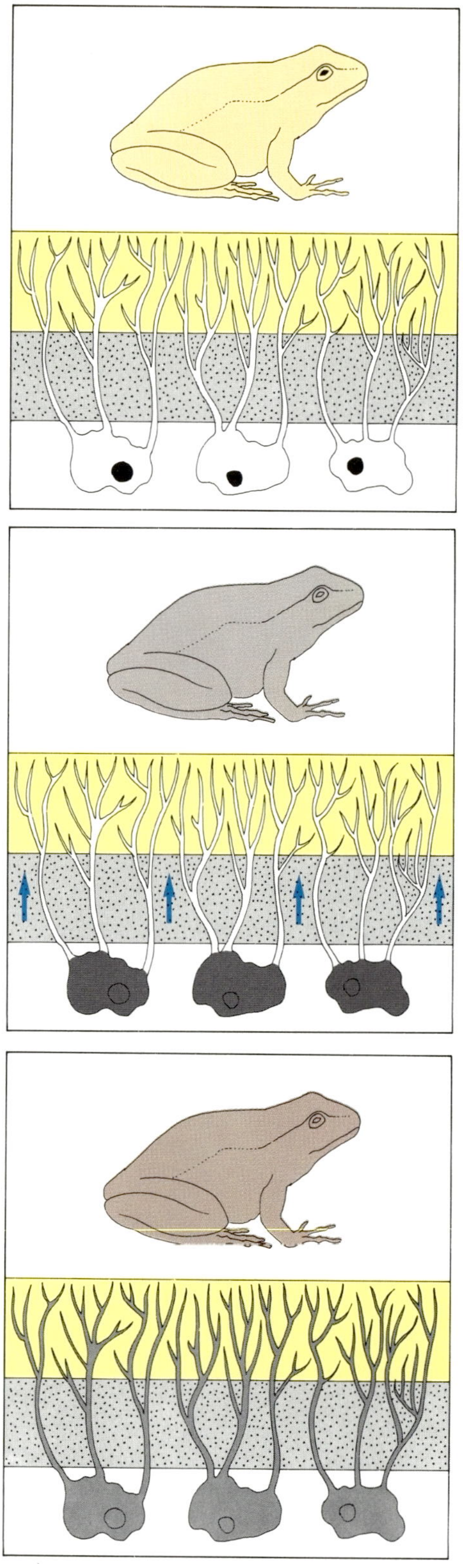

□ Der Farbwechsel beim Frosch.
Oben: Das Melanin ist völlig zurückgezogen und auf einen kleinen Punkt konzentriert. Dadurch ist weder ein schwarzer Hintergrund noch das Blau der Streuschicht zu sehen. Nur das gelbe Pigment bleibt sichtbar.
Mitte: Die Melaninschicht bildet einen schwarzen Hintergrund. Die Streuschicht ist wirksam und reflektiert Blau. Zusammen mit der gelben Pigmentschicht entsteht grüne Farbe.
Unten: Das Melanin wandert in die Streuschicht und in die gelbe Pigmentschicht, daraus ergibt sich die zunehmende Braunfärbung.

Farbstoffträger (Pigmentzellen), die Melanine, also vorwiegend dunkle Farbstoffe enthalten.

braucht eine Garnele so viel länger zur Farbanpassung als Tintenfisch, Elritze und Scholle? Welchen Weg nimmt die Mitteilung vom Auge aus weiter zur Haut? Wer ist der Nachrichtenübermittler, der den Chromatophoren in der Haut sagt, wie sie sich zu verhalten haben?

Nachrichtenübermittlung im Körper eines Tieres geschieht entweder über Nerven oder über Hormone, jene chemischen Botenstoffe, die in minimalen Mengen vom Blut transportiert werden. Durchtrennt man alle Nervenfasern, die in einem Bein der Garnele verlaufen, und setzt das Tier dann auf einen andersartigen Untergrund, so wechselt es einschließlich des operierten Beins die Farbe. Das Bein paßt sich also nach wie vor, zusammen mit dem übrigen Körper, an die jeweilige Umgebung an. Verhindert man jedoch die Durchblutung eben dieses Beines, so macht das Bein den Farbwechsel des Körpers nicht mehr mit. Offensichtlich werden also die Farbzellen der Garnele vom Blut oder von Stoffen im Blut angeregt. Den direkten Beweis dafür liefert ein dritter Versuch:

Spritzt man einer Garnele, die sich auf hellem Untergrund hell verfärbt hat, das Blut einer zweiten Garnele ein, die sich an einen dunklen Untergrund angepaßt hatte, so färbt sich die helle Garnele allmählich dunkel, obwohl sie weiterhin auf hellem Untergrund steht.

Es bleibt also bei der Feststellung, daß irgendein Stoff im Blut den Farbwechsel bewirkt oder auslöst. Nachdem das Nervensystem der Garnele ausscheidet, kann es sich eigentlich nur um eine hormonelle Steuerung des Farbwechsels handeln. Tatsächlich hat man auch als unmittelbare Quelle dieser Hormone Drüsen ▷ entdeckt, die in den Augenstielen dieser Krebse, dicht unter den Augen, sitzen. Man stellt sich vor, daß Farbeindrücke vom Auge empfangen, vom Gehirn registriert und nun von hier aus Nervensekrete ▷ an die Sinusdrüsen abgegeben werden, die diese zur Ausscheidung bestimmter Hormone anregen. Die von den Sinusdrüsen ins Blut abgegebenen Hormone werden mit dem Blutstrom im Körper verteilt und veranlassen ihrerseits die Farbzellen in der Haut zu reagieren.

Bei Elritzen und Schollen konnte durch entsprechende Versuche nachgewiesen werden, daß der Farbwechsel über Nervenfasern gesteuert wird, also nicht durch Hormone wie bei den Garnelen. Auch die Ausbreitung und Konzentration der Chromatophoren beim Tintenfisch wird zentral über Nervenfasern ausgelöst. Das erklärt uns die große Geschwindigkeit, mit der diese Farbwechsel vor sich gehen. Hormone brauchen wesentlich länger, bis sie über das Blut alle Körperpartien eines Tieres erreichen.

Sie sagen »Sterngucker« zu ihm

In größeren Schilfbeständen ist ein merkwürdiger, hühnergroßer Vogel zuhause, über dessen Lebensweise man nur sehr wenig weiß. Er führt ein heimliches, verstecktes Leben, obwohl man ihn von Mitte Februar bis Anfang Juli, besonders in der Dämmerung, kilometerweit hören kann. Aus den weiten, selten gewordenen Schilfbeständen verlandender Seen schallt das tiefe, dumpfe »Prump«, das man übrigens leicht mit einer leeren Feldflasche nachahmen kann. Es ist der Ruf der Großen Rohrdommel. Gelingt es einem, in hohen Wasserstiefeln oder mit einem Kahn an den Nistplatz des »Moorochsen« ▷ heranzukommen, so sieht das geübte Auge vielleicht den Urheber dieses tiefen, dumpfen, weithallenden Paukentons. Mit zwei bis drei leisen Grunzlauten bläst er einatmend seine Speiseröhre auf, die ihm als Resonanzboden dient. Bald darauf folgt durch Ausatmen das tiefe »Üüi-prump«. Nähert man sich dem flachen, kunstlosen Nest aus Schilfhalmen, reagiert der Altvogel höchst merkwürdig auf die Störung: Er fliegt

Die Große Rohrdommel wird im Volksmund als »Moorochse« bezeichnet, weil der Ruf des Vogels an einen im Moor stehenden, brüllenden Ochsen erinnert.

Diese Hormone werden in der sogenannten Sinusdrüse gebildet.

Bestimmte Nervenzellen produzieren wie Drüsenzellen Sekrete, die Neurohormone enthalten.

□ Oben links: Ein »Wandelndes Blatt«. Blattadern und sogar Pilzflecken sind täuschend echt nachgebildet.
Oben rechts: Eine Spannerraupe in Ruhestellung. Farbe und Form des Zweiges, auf dem sie sitzt, ahmt sie vollendet nach.
Unten: Eine Kupferglucke im dürren Laub.

□ Rechte Seite:
Oben links: Eine Spannerraupe in ihrer typischen »Spannerbewegung«.
Mitte links: Goldeule.
Unten links: Mondvogel.
Rechts: Eine Rohrdommel in »Pfahlstellung«.

nicht etwa in den Schutz des dichten Schilfs, er preßt sich auch keineswegs auf den flachen Nestboden, nein, er reckt steil seinen Hals schräg nach oben und richtet den Schnabel zum Himmel. In dieser »Pfahlstellung«, bestens getarnt durch die Streifen seines Gefieders, steht er reglos im Röhricht, – ein wahrer Sterngucker.

Erst wenn man weiter vordringt, verläßt er wie im Zeitlupentempo, ganz leise, mit sachten, gehemmt wirkenden Schritten sein Nest und taucht im Riedgras unter.

Auch die wesentlich häufigeren Zwergrohrdommeln, die sich oft mitten in Siedlungsgebieten an stehenden oder langsam fließenden Gewässern aufhalten, tarnen sich durch eine solche Pfahlstellung, durch Nachahmung der Umgebung. Selbst ihre Jungen, die ockergelbe Dunen tragen, nehmen bei Beunruhigung die tarnende Pfahlstellung ein, ja, sie schwanken sogar synchron mit dem vom Wind bewegten Schilf hin und her. Biologen nennen diese Art der Objektnachahmung in Form und Farbe Mimese. Sie ist besonders eindrucksvoll bei Insekten zu beobachten.

Viele Spannerraupen ▷ imitieren in Form und Farbe verblüffend gut die Ästchen, auf denen sie sitzen. Um den grauen oder braunen Zweigen eines Baumes wirklich zum Verwechseln ähnlich zu sein, nehmen sie eine zwar anstrengende, aber wirksame Ruhestellung ein. Mit den Hinterfüßen klammern sie sich am Zweig fest und strecken den vorderen Teil ihres Körpers schräg nach außen. Wahre Meister dieser Nachahmung sind einige tropische Gespenstheuschrecken: Mit ihren flachen Körpern und verbreiterten Flügeln sehen sie wie Blätter aus. Nicht nur die Blattform in Grün oder Braun, auch die Blattadern bis hin zu kleinen Pilzflecken werden täuschend echt nachgeahmt. Diese »Wandelnden Blätter« ▷ bewegen sich nur sehr langsam, so daß sie von ihrer natürlichen Umgebung kaum zu unter-

□ Drei Kinder (alle im Alter zwischen 5 und 6 Jahren) haben eine »Wespe« gezeichnet. Zwar ähneln die gezeichneten Tiere nur bedingt einer Wespe, doch ist die Warnfärbung stark hervorgehoben; sogar Kopf und Beine sind gestreift. Bereits in diesem Alter kennen etwa 33% der Kinder die typische Warnfarbe der Wespe.

Spanner: Schmetterlingsfamilie.

Ebenso schöne Beispiele für Mimese (Nachahmung eines Objekts in Form und Farbe) zeigen eine Reihe einheimischer Schmetterlinge wie Kupferglucke, Mondvogel und Goldeule. Vergleiche die Abbildungen auf Seite 68 und 69.

scheiden sind. Ihre Tarnung ist angeblich so perfekt, daß sie vor ihren Feinden, insektenfressenden Vögeln, sicherer sein sollen als vor blattfressenden Tieren. Blattfresser sollen sogar schon versucht haben, »Wandelnde Blätter« anzuknabbern.

Wer auffällt, lebt länger

Nach allem, was wir bisher über Tarnung gegenüber optisch orientierten Feinden gehört haben, ist es höchst verwunderlich, wie viele auffällig gefärbten Tiere sich in der Natur bewegen. Offensichtlich leben sie damit völlig ungeschoren, denn sie bewegen sich im vollen Tageslicht, ohne sich zu verbergen. Im Gegenteil, sie scheinen förmlich auf sich aufmerksam machen zu wollen.

Wir sollten während eines Spazierganges einmal alle Insekten notieren, die uns besonders auffallen, und uns dazuschreiben, welche Farben oder anderen auffälligen Merkmale wir an ihnen finden. Wenn wir die Farben dann ordnen, so überwiegen Gelb, Schwarz, Rot und Weiß.

Bemerkenswert ist auch, daß alle Farbtöne in äußerst auffälligen Mustern und Kombinationen vorkommen. Was ist der Grund für das Bestreben all dieser Tiere aufzufallen?

Auf unserem Spaziergang sind wir zuerst einigen Wespen mit schwarz-gelb geringeltem Hinterleib begegnet, dann einigen Raupen mit überwiegend roten, weißen und schwarzen Zeichnungen oder entsprechend gefärbtem Haarpelz. An einem besonnten Strauch treffen wir auf eine Ansammlung von Feuerwanzen ▷, sie sind rot-schwarz gemustert. Einen jungen Ahornbaum umschwirren viele hundert Schwebfliegen, schwarz-gelb geringelt wie Wespen. Sofort ins Auge fallen auch einige Marienkäfer, die mit ihrer schwarz-roten Zeichnung an einem verlausten Ast auf Blattlausjagd gehen. Bei den Schmetterlingen entdecken wir viele attraktive Muster: rot-schwarz-weiß beim Admiral, rot-schwarz beim Widderchen. Fast ebenso gefärbt zeigt sich eine Raupe, der Jakobskrautbär.

An einem warmen, sonnigen Sonntagmorgen sitzt man gemütlich auf dem Balkon und frühstückt. Marmelade und Honig stehen auf dem Tisch. Da erscheint eine Wespe, sofort erkennbar am gelb-schwarz gestreiften Hinterleib. Völlig unbekümmert fliegt sie die Marmelade an, landet und saugt sich ohne lange Umschweife voll. Bald darauf ist die zweite, dritte und vierte Wespe da. Am Tisch wird man unruhig. Nur noch zögernd und vorsichtig wird von der Marmelade genommen. Niemand ver-

□ **Links: Der Admiral mit seiner auffälligen, schwarz-weiß-roten Zeichnung. Rechts: Die Wespe mit ihrer typischen Warnfärbung.**

Vergleiche die Abbildung auf Seite 38.

sucht, diese doch lächerlich kleinen Tiere zu verscheuchen, wie man es mit Fliegen ganz selbstverständlich machen würde. Weshalb?
Fast jeder erwachsene Mensch hat irgendwann einmal mit dem Stechapparat der Wespe Bekanntschaft gemacht; er hat gelernt, daß diese Tiere recht unangenehme, schmerzhafte Stiche versetzen können. Sobald das gelb-schwarz gestreifte Insekt auftaucht, werden solche Menschen unruhig und reagieren mit heftiger Abwehr, Flucht oder ergebener Duldung. Mit dem gelb-schwarzen Hinterleib verknüpft sich ein Leben lang die unangenehme Erinnerung an den Schmerz. Wie unmittelbar und langanhaltend solche Eindrücke wirken, sehen wir, wenn Menschen vor allen gelb-schwarz gestreiften Insekten zuerst einmal erschrecken und sich nur mit Mühe davon überzeugen lassen, daß nicht alles sticht, was fliegt und dieses Farbmuster besitzt. Die auffällige Gelb-schwarz-Färbung der Wespe übt also eine stark warnende Wirkung auf den Menschen aus. Schon Kindern scheint sich diese gelb-schwarze Streifung sehr frühzeitig als Warnfärbung einzuprägen. Gelten diese Erfahrungen und Erkenntnisse aber auch für Tiere?

Schlechte Erfahrungen prägen sich nachhaltig ein

Stare fressen außerordentlich gern Mehlwürmer ▷. Es irritiert die Vögel nicht, wenn man einige Segmente der Mehlkäferlarven anfärbt. Man kann dazu ruhig auffällige Farben wie Orange und Grün verwenden. Solange die Farbe den Geschmack nicht beeinflußt, leidet der Appetit der Vögel nicht im geringsten. Tränkt man jedoch solche farbmarkierten Mehlwürmer mit bitterem Chinin, so lassen die Stare die mit Chinin vergällten Mehlwürmer sofort fallen, sperren den Schnabel weit auf und wetzen ihn anschließend, als wollten sie den bitteren Geschmack abstreifen. Das Experiment zeigt, daß diese Mehlwürmer auch Vögeln, die keinen ausgeprägten Geschmackssinn besitzen, widerlich schmecken. Die amerikanische Biologin Jane van Zandt-Brower markierte eine große Anzahl von Mehlwürmern, die eine Gruppe grün und die andere orange. Die grünen Mehlkäferlarven vergällte sie mit Chinin, die orangefarbigen blieben genießbar. Dann setzte sie hungrigen Staren die farbmarkierte, zur Hälfte vergällte Nahrung vor.

Sobald die Stare einen bitteren, grünen Mehlwurm erwischt hatten, lernten sie sehr schnell, die Farbe mit dem Erlebnis zu verbinden. Die grünen Mehlwürmer blieben liegen, die orangefarbenen wurden einer nach dem anderen verspeist. Auch als die Biologin den bitteren, grünen Mehlwürmern unbehandelte, also durchaus genießbare grüne Tiere beimengte, bleiben alle grünen Mehlwürmer unbehelligt. Die grüne Farbe der so markierten Käferlarven erwies sich als so einprägsam, daß sie auch gutschmekkende, grüne Mehlwürmer schützte. Wir werden auf dieses Versuchsergebnis später zurückkommen.
Solche und ähnliche Versuche, etwa mit verschieden gefärbten und mit Bitterstoffen getränkten Samen, lassen sich mit fast allen Käfigvögeln durchführen und bringen fast stets das gleiche Ergebnis: Singvögel lernen verblüffend schnell, schlechten Geschmack mit einer bestimmten Farbe zu verbinden. Sie lernen aus ihrem unangenehmen Erlebnis, zumal dann, wenn es an einprägsame Farben oder Farbmuster geknüpft ist. Was für den Menschen nach seinem Zusammentreffen mit der Wespe heißt: Vorsicht, Schmerz fliegt und ist gelb-schwarz gestreift, das mag für den dressierten Star lauten: Vorsicht, bitterer Geschmack ist grün gestreift. In beiden Fällen sind es also Warnmuster, die den Menschen von Wespen, den Star von grün gestreiften Mehlwürmern fernhalten und damit beide Tiere schützen.

Mehlwürmer sind die Larven des Mehlkäfers.

Vereinheitlichung der Warnsignale

Wir haben auf einem Spaziergang eine Liste mit besonders auffallend farbigen Insekten zusammengestellt und dabei entdeckt, daß die Farben Gelb, Schwarz, Weiß und Rot in den verschiedensten Kombinationen bei einer ganzen Reihe von Insekten immer wieder auftauchen. So sind zum Beispiel die schlecht schmeckenden Feuerwanzen ebenso rot-schwarz gemustert wie der Marienkäfer und das Widderchen, ein Schmetterling. Alle drei Insekten sind für Insektenfresser ungenießbar, sie bedienen sich der gleichen Warnfarben und -muster.

Bei den Wespen – es gibt eine große Anzahl verschiedener Arten – herrscht fast ausnahmslos die gelb-schwarze Ringelung des Hinterleibs vor. Ein großer Teil von ihnen sticht empfindlich.

Es ist nicht sehr schwierig, den Sinn dieser Vereinheitlichung der Warnfärbung zu erkennen. Jeder Insektenfresser muß zuerst lernen, was ein Warnsignal ist und was es bedeutet. Das kostet zumindest einer Wespe das Leben, auch wenn sie vor ihrem Tode noch stechen konnte. Das Warnsignal wirkt nun, gleichgültig wer immer es zeigt. Versuche haben nämlich ergeben, daß Vögel, die mit Wespen unliebsame Bekanntschaft gemacht haben, nicht nur diese, sondern alle gelb-schwarz gestreiften Insekten, selbst Raupen mit diesem Farbmuster, meiden. Das Warnsignal wird also vom Signalempfänger verallgemeinert. Es ist demnach höchst wirkungsvoll, sich durch gleiche Warnsignale in einer Art Warngenossenschaft zusammenzuschließen. Je mehr Mitglieder eine solche Warngenossenschaft hat, desto wirkungsvoller wird das Signal, desto geringer werden die Verluste der Gruppe.

Auch der Mensch hat längst erkannt, daß eine Generalisierung etwa von Verkehrszeichen den Schutz der Verkehrsteilnehmer erheblich erhöht. Interessant, um nicht zu sagen merkwürdig, ist es jedoch, daß sich der Mensch der gleichen Warnfarben für die Markierung gefährlicher Stellen oder Situationen bedient wie viele Tiere: Gelb erfordert im Straßenverkehr erhöhte Aufmerksamkeit, Rot – zum Beispiel an Kreuzungen oder an den Bremslichtern von Kraftfahrzeugen – gebietet Halt. Gelbschwarze Binden tragen Blinde und Schwerhörige, gelbe Mützen Schulanfänger. Weiß in Verbindung mit Schwarz wird für die Markierung von Begrenzungen auf oder an der Straße, zur Kennzeichnung von Straßenbäumen und von Kanten am Bürgersteig verwendet. Nahezu alle Verbotsschilder im Verkehr bestehen aus Farbkombinationen von Rot, Weiß und Schwarz.

Fassen wir unsere Beobachtungen bei Tieren zusammen: Wehrhafte Tiere signalisieren ihrer Umgebung durch auffallende, vielfach einheitliche Farbmuster, die sich einprägen: Vorsicht, eine Bekanntschaft mit mir tut weh! Sie schützen sich also weniger durch ihre Waffen vor den Freßfeinden als vielmehr durch Warnsignale. Solche Warnfarben können auch bedeuten: Vorsicht, ich schmecke schlecht, es lohnt sich nicht, mich zu fressen.

Je mehr Arten dasselbe Warnsignal verwenden, desto geringer sind die Verluste der einzelnen Art, da eine einmalige, unliebsame Bekanntschaft mit einem wehrhaften oder schlecht schmeckenden Insekt meist genügt, um alle Tiere mit der gleichen Warntracht zu schützen.

Sie bluffen nur

Es ist also außerordentlich günstig, wie ein wehrhaftes oder ungenießbares Tier auszusehen, das haben wir bereits aus den Versuchen der amerikanischen Biologin Jane van Zandt-Brower mit Staren und verschieden gefärbten Mehlwürmern erfahren. Stare, die einmal gelernt hatten, daß grün gestreifte Mehlwürmer schlecht schmecken, ließen alle grünen Mehlwürmer unbehelligt, ganz gleich ob diese mit Chinin vergällt waren oder nicht. Die Warnfarbe – in diesem Falle

grün gestreift – reichte aus, um alle Mehlwürmer dieses Farbmusters zu schützen. Als wir uns zu Beginn mit der Frage beschäftigten, weshalb die meisten Menschen vor Wespen Angst haben, hatten wir selbst festgestellt, daß eine unangenehme Erfahrung ausreicht, um zu lernen: Gelb-schwarz gestreift tut weh. Alle Insekten, die gelb-schwarze Streifen zeigen, rufen sofort die Erinnerung an das unangenehme Erlebnis wach und mahnen uns zur Vorsicht. Wir meiden deshalb ängstlich auch jene harmlosen Schwebfliegen, die gar keinen Stechapparat besitzen, aber eben die Warntracht der Wespen tragen. Schwebfliegen haben sich also in ein Warnsystem eingeschlichen und bluffen nur. Wir fallen auf ihre Warnung herein, obwohl kein Stechapparat hinter der Warntracht steckt.

Im Tierreich sind solche Fälle von Bluff keineswegs selten. Ein hübscher, kleiner Schmetterling, der Hornissenschwärmer, ahmt die größte und gefährlichste Wespe unserer Heimat, die Hornisse, nach und ist dadurch geschützt. Selbst Tiere, die von der Körpergestalt her nichts mit der Wespe gemeinsam haben, wie die Raupe des Jakobskrautbären, werden von Freßfeinden aufgrund ihrer schwarz-gelben Streifung gemieden, obwohl diese Raupen weder wehrhaft sind noch unangenehm schmecken. Ähnliche Wirkung erzielt ein Käfer, der schwarz-gelb gemusterte Widderbock. Auch Marienkäfer, durch schlecht schmeckende Körpersäfte und durch das rot-schwarze Warnmuster geschützt, haben vielfach Nachahmer gefunden, etwa in einigen wohlschmeckenden, aber warngefärbten Schabenarten.

Einige Spinnen imitieren vor allem im Verhalten täuschend ähnlich wehrhafte Ameisen. Da Spinnen jedoch vier Beinpaare haben, Ameisen nur drei, müssen die Spinnen irgendwie eines ihrer Beinpaare verbergen. Sie tun das, indem sie ihr vorderstes Beinpaar wie ein Fühlerpaar gerade nach vorn strecken – und

□ Oben: Schwebfliege. Mitte: Hornissenschwärmer. Unten: Jakobskrautbär. Alle drei Insekten sind Mitglieder der gleichen »Warngenossenschaft«, deren Vorbilder Wespe und Hornisse sind.

nun nur noch auf drei Beinpaaren laufen.
In allen diesen Fällen handelt es sich um Bluff, um Täuschung, um Sonderfälle der Schutzanpassung, um sogenannte Mimikry ▷. Das Prinzip ist überall das gleiche: Ein gut geschütztes Tier, das über eine Warntracht verfügt, wird von einem ungeschützten Tier anderer Artzugehörigkeit so gut nachgeahmt, daß dieses allein durch seine Ähnlichkeit mit dem wehrhaften Vorbild geschützt ist. In den folgenden Kapiteln wollen wir den Begriff »Mimikry« vermeiden und uns mit dem Begriff »Täuschung« bescheiden. Überlegt man sich einmal etwas genauer, worin der Unterschied zwischen Tarnung und Täuschung liegt, so kommt man recht schnell in eine Zwickmühle: Die Spannerraupe, das Wandelnde Blatt, die Stabheuschrecke – alle diese Insekten ahmen Teile ihrer Umgebung, Ästchen, Blätter oder Pilzflecken auf Blättern, nach und sind dadurch getarnt, weil sie ihre Feinde durch Nachahmung von Form und Farbe eines Vorbildes täuschen. Ganz sicher kann man natürlich Unterschiede, künstliche Grenzen zwischen beiden Schutzanpassungen ziehen, wie das in vielfältiger Weise in wissenschaftlichen Abhandlungen geschieht. Wir haben jedoch keine Veranlassung, in diesem Streit um Begriffe eine bestimmte Stellung zu beziehen, da es uns hier nicht um die Begriffe, sondern vielmehr um die Funktionen gewisser Schutzanpassungen geht.

Auch der Jäger kann bluffen

In Band 1 dieser Reihe haben wir uns ausführlich mit den Blinksignalen der Leuchtkäfer befaßt ▷ und festgestellt, daß sich Männchen und Weibchen vieler Leuchtkäfer in einer Art Morsesprache durch Lichtblitze verständigen und so das Zusammenfinden der Geschlechter in dunkler Nacht erleichtern. Um die Paarung verschiedener Leuchtkäferarten zu vermeiden, blinken verwandte Arten oft in recht unterschiedlichem Rhythmus. Die Männchen der Art Phractomena lucifera zum Beispiel senden innerhalb einer Sekunde fünf Lichtblitze hintereinander, auf die die Weibchen nur mit einem langsam an- und abschwellenden Blitz von einer Sekunde Länge antworten.
Bei der Art Photinus consanguineus fliegen die Männchen umher und senden im Abstand von zwei Sekunden zwei kurze Lichtsignale und wiederholen dieses Signal nach vier bis sieben Sekunden. Das Photinus-Weibchen blinkt erst dann zurück, wenn es die Blitze eines Männchen erspäht hat; dann antwortet es etwa eine Sekunde nach dem zweiten Aufblinken des Männchens mit einem einzigen Aufleuchten.
So groß die Zahl der Leuchtkäferarten in den Tropen ist, so variantenreich ist die »Sprache« der Glühwürmchen, wie Leuchtkäfer im Volksmund genannt werden. Das hat sehr bald dazu geführt, daß Käfersammler die Lichtsignale der einzelnen Arten mit der Taschenlampe imitierten, um schnell und ohne großen Aufwand an die begehrten Leuchtkäfer für ihre Sammlung zu kommen. Sie signalisierten einfach den Code des Männchens und warteten, bis ein Weibchen aus dem Gras oder Gebüsch antwortete. Blinkend näherten sie sich dem zurückblitzenden Weibchen, bis sie es in der Dunkelheit der Nacht gefunden hatten.
Bei einiger Kenntnis der Morsesprache der verschiedenen Arten lassen sich auf diese Weise relativ schnell die unterschiedlichsten Leuchtkäfer finden. Eines Tages fiel einem Käfersammler jedoch auf, daß auf sein Photinus-consanguineus-Blinken nicht nur Weibchen dieser Art antworteten, sondern auch Photuris-Weibchen. Er ging der Sache nach und entdeckte, daß Photuris-Weibchen nicht nur ihren eigenen Signal-Code zur Anlockung der entsprechenden Männchen beherrschen sondern auch den Code der Photinus-Weibchen.

Mimikry: griech. nachahmend.

Siehe dort Seite 20 und 38.

Sobald ein Photuris-Weibchen ein in der Dunkelheit daherfliegendes, blinkendes Photinus-Männchen sieht, antwortet es täuschend ähnlich mit dem Signal des Photinus-Weibchens und lockt dadurch das Männchen immer näher, bis es schließlich neben ihm landet. Noch ein-, zweimal antwortet es dem artfremden Männchen auf sein werbendes Blitzen, dann packt es zu und verspeist den Fremdling.
Wir ersehen aus diesem Beispiel, daß sich nicht nur Beutetiere vor den Nachstellungen von Beutegreifern durch die Täuschung zu schützen verstehen, sondern daß auch umgekehrt Fälle bekannt sind, in denen der Jäger durch Täuschung seine Beute überlistet.
Noch um einiges raffinierter schleicht sich ein kleiner Raubfisch in das Signalsystem eines anderen Fisches ein, um dadurch an seine Nahrung zu kommen.

Der falsche Putzer

In der Gesellschaft sonnenbadender Krokodile findet man nicht selten zwei oder drei Vogelarten ▷, die ohne Scheu in nächster Nähe dieser Echsen nach Futter suchen. Hin und wieder trippeln diese Watvögel ganz nahe an die gepanzerten Riesenechsen heran und picken ihnen sogar Parasiten aus den Falten und Ritzen der Panzerung. Nach ernstzunehmenden Berichten von Forschern sollen diese Krokodilwächter ▷ sogar in das geöffnete Maul der Echsen steigen und zwischen den Zähnen nach Futterresten suchen. Wir wollen uns allerdings mit anderen Putzern befassen, von denen uns Irenäus Eibl-Eibesfeldt in seinen Berichten erzählt.

Im warmen Pazifischen Ozean, an den Riffen der Malediven ▷ lebt ein kleiner Lippfisch, der Putzerlippfisch Labroides dimidiatus, der sich darauf spezialisiert hat, andere Fische von Parasiten, Pilzen und Hautfetzen zu reinigen. Er gehört einer »Putzergilde« an, die es auch in der Karibischen See und bei den Bermudas gibt. Verschiedene Fischarten wie Grundeln, Lippfische, Süßlippenbarsche und Riffbarsche »bedienen« eine große Zahl von »Kunden« aus recht verschiedenen Familien und säubern sie von den lästigen Schmarotzern, vor allem im Maul, an den Flossen und in den Kiemen. Die meist sehr kleinen »Barbiere« scheuen selbst vor Grauhaien nicht zurück und behandeln sie ebenso wie Papageifische, Zackenbarsche und Schmetterlingsfische. Allen Putzerfischen ist eines gemeinsam: Sie dürfen sich auch einem wehrhaften und gefräßigen Raubfisch nähern, ohne angegriffen zu werden. Wie machen sie aber ihren »Kunden« klar, daß sie sie lediglich von lästigen Parasiten und Hautresten befreien wollen?
Der Putzerlippfisch Labroides dimidiatus hat ein sehr auffälliges Aussehen. Sein leuchtend blauer Körper trägt einen breiten, schwarzen Längsstreifen an der Seite. Nähert er sich zum Beispiel einer Dicklippe, so schwimmt er ihr von vorn mit tanzenden, wippenden Bewegungen entgegen ▷ und stößt ihr leicht gegen den Mundwinkel. Sofort sperrt die Dicklippe ihr Maul weit auf und spreizt die Kiemendeckel. Ungeniert begibt sich der Putzer ans Werk und entfernt alles, was als Warze, Zyste oder als Parasit von der Oberfläche der Haut, der Kiemen oder der Flossen absteht. Mit Schwanzstößen und wahrscheinlich auch durch ständiges »Streicheln« mit den Flossen zeigt der kleine Putzer seinem Kunden an, wo er sich gerade befindet, und veranlaßt diesen dadurch, stillzuhalten oder ihm Einlaß in das Maul oder in den Kiemenraum zu gewähren.
Sobald der Putzerlippfisch seine Arbeit beendet hat und sich von der Dicklippe abkehrt, schwimmt der nächste Kunde in die »Barbierstube«, wie Eibl-Eibesfeldt ▷ den Aufenthaltsraum am Riff bezeichnet, in dem oft eine ganze Reihe von Fischen sozusagen Schlange steht und wartet, um gesäubert zu werden.
Eines Tages, so berichtet Eibl-Eibes-

Z. B. Pluvianus aegyptius, der Krokodilwächter.

Man nennt sie »Nicktanz«.

Solche zeitweiligen oder dauernden Lebensgemeinschaften zwischen artverschiedenen Organismen mit mehr oder weniger gleichwertigem Nutzen für beide Partner nennt man Symbiose.

Malediven: Inselgruppe im Indischen Ozean.

Irenäus Eibl-Eibesfeldt, geb. 1928, Schüler von Konrad Lorenz, ist Professor für Humanethologie am Max-Planck-Institut für Verhaltensphysiologie in Percha.

feldt in seinem Buch »Im Reich der tausend Atolle«, fiel ihm auf, daß ein Fisch, der eben noch mit abgespreizten Kiemendeckeln auf den Putzer gewartet hatte, zurückzuckte und eilig davonschwamm, als dieser ihn berührt hatte. Der scharfe Beobachter bemerkte bald, daß der Putzer zwar gleich gefärbt und seinem Kunden ebenfalls wippend entgegengeschwommen war, sich dann aber mit großer Heftigkeit von hinten auf ihn gestürzt hatte, um ihm mit seinem scharfen Gebiß ein ganzes Stück Flosse wegzubeißen. Hier trieb also jemand, der nicht nur genauso aussah wie ein richtiger Putzerlippfisch, sondern der auch den Nicktanz perfekt beherrschte, sein Unwesen. Als Eibl-Eibesfeldt den merkwürdigen Putzer einfing und ebenfalls von ihm gebissen wurde, war klar: Es war ein falscher Putzer, denn echte Putzer beißen nicht. Dieser falsche Putzer, ein Säbelzahnschleimfisch ▷ , schleicht sich also durch Aussehen und Verhalten in die Symbiose ▷ zwischen echtem Putzer und Kunden ein, um davon auf seine Weise zu profitieren.

Tiere lernen besonders schnell, wenn der Lernerfolg belohnt oder der Mißerfolg bestraft wird. Das Anfressen einer Flosse wirkt auf den, der verletzt wird, sicher wie eine Strafe. Es ist also zu erwarten, daß der gequälte Kunde erst einmal allen Putzern mit Zurückhaltung

□ **Der Putzerfisch Labroides dimidiatus »bedient« einen mächtigen Zackenbarsch.**

begegnen wird. Nun sind aber die meisten Fische am Riff auf die Putzerkolonnen angewiesen.

Aus Versuchen in Riffen, aus denen alle Putzer weggefangen wurden, weiß man, daß Fische, die nicht geputzt werden, erkranken oder, falls möglich, abwandern. Wie verhält sich also ein Fisch, der schon einmal die schmerzhafte Bekanntschaft mit einem falschen Putzer gemacht hat? Setzt man unerfahrene Fische in ein Aquarium ein, in dem die Verhältnisse eines Riffes nachgeahmt wurden, so fallen diese Fische sofort auf den falschen Putzer Aspidontus herein, auch solche Fische, die bisher nur den echten Putzer Labroides kennengelernt haben. Fische, die mit echten und falschen Putzern zusammen gehalten werden, lernen die beiden Putzerarten sehr schnell zu unterscheiden und meiden dann den Nachahmer. Der falsche Putzer Aspidontus hat nämlich trotz aller verblüffenden Ähnlichkeiten noch einige Besonderheiten, die dem Opfer eine Chance geben, ihn vom echten Putzer zu unterscheiden. Der falsche Barbier ist außerordentlich ortstreu, das heißt er attackiert seine Kunden immer nur im eigenen Revier. Fische, die lernen, diese Gegend zu meiden, bleiben ungeschoren. Die zweite Eigenart ist ebenso typisch für den falschen Putzer: Er greift immer nur von hinten an. Der echte Putzer dagegen nä-

Aspidontus taeniatus.

Siehe Erläuterung auf der Randspalte von Seite 76.

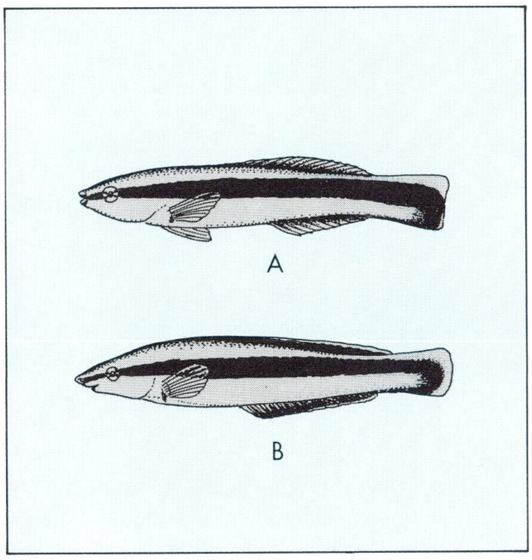

□ **Labroides dimidiatus und Aspidontus taeniatus: Der echte Putzerfisch und sein Nachahmer.**

hert sich den Kunden nur von vorn, er kann ihnen gewissermaßen »ins Auge sehen«.
Aquarienfische lernen sehr schnell, sich dadurch vor den Bissen des Nachahmers zu schützen, daß sie den Burschen nicht aus den Augen lassen. Man hat allerdings noch nicht beobachtet, ob die Fische im offenen Meer ein ähnliches Verhalten zeigen, da dort ja mehr Platz für die Tiere vorhanden ist, so daß sie sich aus dem Weg gehen können.

Wer ist Vorbild, wer Nachahmer?

Eine Kröte begegnet zum erstenmal in ihrem Leben einem warngefärbten, wehrhaften Insekt und wird von diesem gestochen. In der Folgezeit meidet sie alle auf die gleiche Weise mit Warntracht ausgestatteten Insekten, wehrhafte und harmlose. Wie lang kann sich die Kröte diese Erfahrung merken, wie lange hält der Lernerfolg an?
Eine Untersuchung des Ehepaares Brower ergab, daß Erdkröten noch nach Monaten Hummeln aus dem Weg gingen, um einiges länger als etwa Bienen. Hummelstiche scheinen demnach für Erdkröten besonders schmerzhaft zu sein. Das bedeutet, daß der Lernerfolg um so größer ist, je stärker die Strafe ist. Man könnte daraus folgern, daß man als wehrhaftes Tier nur die Strafdosis beliebig steigern muß, um bald völlig von Nachstellungen durch Beutegreifer verschont zu werden.
Manche Giftschlangen besitzen ein so starkes Gift, daß ein Tier, das von der Schlange ergriffen und dabei gebissen wird, daran stirbt. Wie soll aber ein Tier, das bereits beim ersten Zusammentreffen mit einer Giftschlange stirbt, aus dieser Begegnung noch lernen können? Wir wollen dieser merkwürdigen, aber höchst interessanten Frage nachgehen und sie am Beispiel einiger besonders auffällig gefärbter Schlangen untersuchen.
In Amerika lebt eine farbenprächtige Schlangengruppe, die man wegen ihrer Färbung als Korallenschlangen bezeichnet. Einige von ihnen sind so giftig, daß ihr Biß jeden Angreifer tötet, andere wieder – sie sind zum Verwechseln ähnlich gefärbt – sind weniger giftig. Im Lebensraum dieser Korallenschlangen finden sich darüber hinaus einige ganz und gar ungiftige Schlangen, die sich aber der

□ **Eine der sehr giftigen Korallenschlangen in ihrer auffälligen Farbtracht.**

gleichen Warntracht wie die Korallenschlangen bedienen.
Es gibt also drei Gruppen von Schlangen im gleichen Lebensraum: Sehr giftige, weniger giftige und ungiftige Schlangen. Alle drei Gruppen sind warngefärbt und alle drei haben etwa die gleichen Feinde, die ihnen heftig nachstellen. Auf ihrem Speisezettel stehen Schlangen aller Art, auch hochgiftige. Wolfgang Wickler hat die Verhältnisse bei diesen Schlangen genau untersucht und ist der Frage »Wer ist Vorbild, wer ist Nachahmer?« nachgegangen. Er kommt dabei zu folgendem Ergebnis: »Die auffällige Korallentracht der echten Korallenschlangen kann keine Warntracht sein, wenn deren warnende Bedeutung von anderen Tieren erst gelernt werden muß, jeder Lernversuch aber mit dem Leben bezahlt wird. Aus der Erfahrung lernen können Tiere jedoch eben diese Warntracht an den weniger giftigen, korallenfarbigen Schlangen, von deren Bissen sie sich wieder erholen. Und dann werden sie natürlich auch den ebenso aussehenden, echten Korallenschlangen aus dem Wege gehen. Damit ist die Schutzwirkung, die die Korallentracht für die echten Korallenschlangen hat, abhängig von den üblen Erfahrungen, die Feinde an den mäßig giftigen oder anderweitig unangenehm wehrhaften, falschen Korallenschlangen sammeln. Ebenso abhängig davon sind aber auch die ganz harmlosen, falschen Korallenschlangen.
Man kommt also zu dem Schluß, daß die mäßig giftigen Arten die wahren Schutzspender, also die Vorbilder sind, und daß sowohl die ungiftigen als auch die sehr giftigen als Nachahmer zu gelten haben, denn mit beiden kann ein Feind keine üblen Erfahrungen sammeln: Entweder gibt es nichts Übles, das man lernen könnte, oder man kann das Üble nicht lernen,« – weil es zu spät ist.
Wickler fand noch einen wichtigen Anhaltspunkt für die Richtigkeit seiner These. Bei allen Untersuchungen zur Mimikry war immer wieder aufgefallen, daß Nachahmer einen um so besseren Schutz genießen, je zahlreicher die Vorbilder sind. Zwar kommen gelegentlich Fälle vor, in denen die Nachahmer viel häufiger auftreten als die Vorbilder, der Schutz wird allerdings dann entsprechend geringer. Wickler prüfte daraufhin die Unterlagen des Butantan-Instituts, das in einem Vorort von São Paulo liegt und in dem Seren ▷ gegen den Biß von Giftschlangen hergestellt werden. Zu diesem Zweck erhält das Institut jährlich Tausende von Schlangen. Abgesehen von der Tatsache, daß manche Tiere vielleicht leichter zu fangen sind, kann man doch davon ausgehen, daß die gefangenen Arten einigermaßen repräsentativ für ihr Vorkommen in der freien Natur sind. Wickler wertete diese Zahlen des Instituts nach zwei Gesichtspunkten aus: Einmal zählte er alle hochgiftigen Arten zusammen, betrachtete sie als die Vorbilder und stellte sie den weniger giftigen und den ungiftigen Schlangen als die Nachahmer gegenüber. Das Ergebnis paßte überhaupt nicht in das Mimikry-Konzept, bei dem die Vorbilder nicht zu selten sein dürfen. Von den abgelieferten Schlangen wären so nur 17 Prozent Vorbilder und 83 Prozent Nachahmer. Die zweite Auswertung betrachtete die weniger giftigen Arten als die Vorbilder und wertete die hochgiftigen und die ungiftigen als die Nachahmer. Jetzt paßte das Ganze wesentlich besser in die Mimikry-Vorstellungen, die wir kennen. Die Nachahmer machten jetzt 26 Prozent und die Vorbilder 74 Prozent der abgelieferten Schlangen aus.
Diese Befunde machen es sehr wahrscheinlich, daß bei den Korallenschlangen die weniger giftigen, aber außerordentlich beißlustigen Schlangen die Vorbilder sind, die ungiftigen und die stark giftigen als Nachahmer auftreten, denn nur von den mäßig giftigen Schlangen kann ein sinnvoller Lernvorgang ausgelöst werden.

Seren: Mehrzahl von Serum. Serum: Abkürzende Bezeichnung für Blutserum von Tier und Mensch, das bestimmte Abwehrstoffe (Antikörper) gegen eine Infektion oder zur Heilung nach Giftschlangenbiß enthält.

Der Falter mit den zwei Köpfen

Wir haben aus der überwältigenden Fülle warnender, täuschender und sich tarnender Tiere einige Beispiele ausgewählt. Immer mehr bedrängt uns nun die Frage: Wie entstehen solche Warn- oder Tarntrachten? Ehe wir uns diesem, dem aufregendsten Kapitel zuwenden, wollen wir noch einmal zwei faszinierende Beispiele aus der Fülle der verblüffenden Täuschungsmechanismen von Tieren herausgreifen.

Auf seiner Reise zu den Galapagosinseln muß Eberhard Curio ▷ in der Hafenstadt Guayaquil in Ecuador wochenlang auf ein Schiff warten. Bei einem Ausflug in die nähere Umgebung fällt ihm ein merkwürdiger Schmetterling auf. Mit seinen schwarz-weiß gestreiften Flügeln hebt er sich gegen das frische Grün der Blätter gut ab, scheint sich aber trotz seiner auffallenden Färbung nicht weiter verbergen zu wollen. Im Gegensatz zu den kräftig gefärbten Flügeln sind Körper, Kopf und Fühler dieses Falters unscheinbar hellgrün getönt. Vorder- und Hinterflügel zeigen übereinstimmendes Farbmuster. Die Streifen laufen am hinteren Ende zusammen, als wollten sie die Aufmerksamkeit darauf konzentrieren. Bei genauerer Betrachtung fallen Curio weitere Besonderheiten ins Auge: Die Flügelenden sind auf beiden Seiten zu Fäden verlängert – wie Fühler! Verstärkt wird dieser Eindruck noch durch die weiße Zeichnung an den fadenartigen Flügelenden, die wie Glanzlichter, wie die glänzenden Endkolben der Fühler aussehen. Und jetzt bewegt der Schmetterling die falschen Fühler gegeneinander, während er die richtigen Antennen ganz ruhig hält. Am Ansatz der falschen Fühler verbreitern sich die Flügel, was den Eindruck von zwei großen Augen erweckt. Wirklich, ein Schmetterling mit zwei Köpfen! Aber damit nicht genug, auch das Verhalten dieses Schmetterlings macht die Täuschung fast perfekt. Sobald ein Schmetterling dieser Art landet, dreht er sich blitzartig um, so daß er dann entgegen der Landerichtung sitzt. Fliegt er wieder auf, so startet er nicht in der erwarteten Richtung, sondern fliegt dorthin zurück, woher er gekommen ist. Was hat das alles zu bedeuten?

Im allgemeinen bewegen sich Tiere mit ihrem vorderen Körperteil nach vorn. Bei den meisten Tieren, vor allem bei denen, die sich optisch orientieren, befinden sich deshalb auch die Augen – wie überhaupt die meisten Sinnesorgane – vorn am Kopf.

Für einen Beutegreifer heißt das: Die Augen des Beutetiers sind vorn, es wird sich also in Blickrichtung bewegen. Da-

□ **Ein Falter mit »falschem Kopf«.**

Eberhard Curio ist Professor für Verhaltensforschung an der Ruhr-Universität Bochum.

□ **Eine Langkopfzikade mit besonders täuschendem »falschen Kopf«.**

bei muß der Jäger auch damit rechnen, daß der Gejagte ausweichen kann; schließlich muß der Verfolger noch die augenblickliche Geschwindigkeit seines Opfers mitberechnen, bevor er zuschnappt. Vögel, die vorwiegend Insekten aus dem Flug heraus jagen, wie Fliegenschnäpper, halten deshalb vor, so wie wir es tun, wenn wir eine Fliege fangen. Nach allem, was wir über jagende Beutegreifer wie Vögel wissen, über ihre Orientierung nach den Augen der Beute und über das Vorhalten beim Zuschnappen, müssen wir vermuten, daß unser Schmetterling in Guayaquil ein glänzendes Täuschungsmanöver eingeplant hat: Der Feind wird in zweifacher Hinsicht an der Nase herumgeführt, einmal durch den falschen Kopf, zum anderen durch die blitzartige Wendung nach der Landung. Er orientiert sich also am falschen Körperende des Schmetterlings und muß verdutzt feststellen, daß seine Beute scheinbar rückwärts startet. Eine verwandte Art dieses Falters täuscht den Gegner zusätzlich dadurch, daß sie sich nach der Landung und dem Wendemanöver einige Schritte rückwärts bewegt. Den Feind so zu täuschen und sich vor seinen Attacken zu schützen, ist wirklich ein erstaunliches Verhalten. Den Beweis dafür, daß gute, erfolgreiche »Ideen«, die die Überlebenschancen erhöhen, häufig nicht nur einmal erfunden und verwendet werden, liefert uns eine südostasiatische Langkopfzikade ▷, die den Verfolger ebenfalls durch einen falschen Kopf verblüfft.

Variationen über ein Thema

Wir wollen Eberhard Curio auf seiner Reise zu den Galapagosinseln noch weiter begleiten. Inzwischen hat er Guayaquil verlassen und ist auf den berühmten Inseln im Pazifik gelandet. Eines Tages bemerkt er auf ein und demselben Strauch drei völlig verschieden gefärbte Raupen: Grüne, braune und schiefergraue. Die grünen Raupen halten sich vorwiegend auf den Blätter des Strauches auf, die grauen und braunen in erster Linie auf Zweigen und Ästen.

Drei verschiedene Raupenarten auf dem gleichen Strauch? Das ist nicht gerade häufig, denn die einzelnen Arten haben im Laufe der Zeit die freßbaren Pflanzen untereinander »aufgeteilt«, haben sich spezialisiert, um allzu starken Konkurrenzkampf zu vermeiden. Curio interessieren diese drei Raupenarten, er sammelt von jeder Art einige Exemplare ein und nimmt sie mit. Bald verpuppen sich die eingesammelten Raupen. Als sie jedoch schlüpfen, ist die Überraschung perfekt: Aus allen Puppenhüllen, ganz gleich ob sie von grünen, braunen oder grauen Raupen stammten, schlüpfen gleichaussehende Falter. *Eine* Schmetterlingsart mit *drei* verschiedenen Raupentypen ▷!

Der Biologe nennt solche verschiedenen erblichen Variationen auch Trachten oder Morphen und den Sachverhalt selbst Polymorphismus (Vielgestaltigkeit).

Welche Gründe kann es für einen Schmetterling geben, Raupen in drei völlig verschiedenen Farbtypen zu bilden? Reicht nicht eine grüne Form aus – bestens auf den Blättern getarnt, die sie frißt –, die dafür dreimal so viele Exemplare zählt? Um diese Frage beantworten zu können, müssen wir nochmals zu unserem Star zurückkehren, der uns schon auf die Frage »Wie schnell und nachhaltig vermag ein Singvogel zu lernen?« zur Antwort verhalf.

Bringt man zu einem Star in einem geräumigen Käfig einige Spannerraupen, von denen wir wissen, daß sie auf Zweigen prächtig getarnt sind, so frißt der Vogel sie sofort auf, wenn man sie auf den Käfigboden wirft. Sitzen die Raupen jedoch an Zweigen, bemerkt er sie nicht und läßt sie deshalb in Ruhe. Erhöht man die Zahl der Spannerraupen laufend, so wird die Wahrscheinlichkeit immer größer, daß der Vogel zufällig auf eine Raupe trifft, zumal dann, wenn er sehr hungrig ist. Hat der Star erst einmal gelernt, daß »Ästchen« freßbar sind, so wird er weitersuchen und das mit Erfolg, denn die Zahl der Raupen ist ja groß. Er wird also unter den Spannerraupen gewaltig aufräumen.

Siehe Abbildung auf Seite 80.

□ **Drei Raupenmorphen von Erynnis ello. Alle sind Larven des gleichen Falters. Jede für sich ist farblich gut an ihren Ruheplatz angepaßt.**

Erst wenn sich die Mißerfolge häufen, weil die Raupen weniger geworden sind, und der Vogel immer wieder echte Ästchen verspeisen will, lernt er um und hört auf, nach Ästchen zu picken. Die Tarnung als Ästchen wird wieder voll wirksam.

Zu viele als Ästchen getarnte Spannerraupen führen, wie wir gesehen haben, zu einer Abnahme der Wirksamkeit des Tarnmechanismus. Der insektenfressende Vogel hat ein Suchbild entwickelt, er hat gelernt: Ästchen können freßbar sein. Er sucht weiter, bis sich die Mißerfolge häufen. Zusätzliche Versuche zeigen, daß Vögel, die ein solches spezifisches Suchbild aufgebaut haben, dann für kurze Zeit sogar auffällige andere Beute liegen lassen und nach dem suchen, was ihnen »vorschwebt«.

Man könnte sagen, der Verfolger »bekommt einen Blick« für die gesuchte Beute. Wie wichtig auch für uns solche Suchbilder sind, die immer detaillierter werden, je länger die Beschäftigung mit dem Gegenstand dauert, zeigen Spezialisten, die mit der Materialprüfung in Industriebetrieben beschäftigt sind. Sie nehmen von einem Fließband plötzlich eines der Werkstücke weg, das sich für uns nicht im geringsten von den anderen unterscheidet. Erst wenn wir darauf

aufmerksam gemacht werden, sehen wir eine vielleicht winzige Abweichung.
Doch zurück zu unseren drei Raupentypen. Wir hatten uns gefragt: Was kann der Grund dafür sein, daß ein Schmetterling Raupen in drei Farbtypen ausbildet? Wieso genügt nicht eine grüne Form, bestens getarnt und dafür dreimal so häufig?
Die Suchbildtheorie, die wir eben am Star entwickelt haben, gibt uns eine Antwort. Wenn ein Räuber ein Suchbild entwickelt hat, sucht er so lange nach gleich aussehenden Tieren, bis sich die Mißerfolge häufen. Käme unsere grüne Raupe nur in einer grünen Form vor und dazu noch dreimal so zahlreich, würde sie wahrscheinlich bald stark dezimiert werden. Tritt sie in drei Farbvariationen auf, geht es vielleicht den grünen Raupen zunächst an den Kragen, die grauen und braunen sind dafür geschützt, denn sie fallen ja nicht ins Suchbildschema.
Wann lohnt sich die Ausbildung solcher verschiedenartiger Formen derselben Tierart? Vor allem dann, wenn Tiere auf engem Raum sehr zahlreich mit ihren Artgenossen leben müssen, vielleicht weil die Nahrungsgrundlage nur sehr begrenzt vorkommt und eine räumliche Aufteilung der Individuen dadurch unmöglich wird. Steigt demnach die Überlebenschance einer Tierart mit der Anzahl der Farbtypen, die sie entwickelt? Die von Eberhard Curio entdeckten Raupen leben an einem Strauch, der grüne Blätter hat, die an braunen oder grauen Ästchen sitzen. Es sind also nur drei Farben, nämlich Grün, Grau und Braun, die für die Raupe als Tarnfarben in Frage kommen. Dabei ist bemerkenswert, daß die grauen und braunen Raupen zum Fressen die grünen Blätter aufsuchen müssen und dort stark auffallen. Da die Tiere jedoch fast nur nachts fressen, fällt dieser Nachteil bei Tage nicht ins Gewicht. Bei Tage bleiben sie bewegungslos auf dem jeweils »passenden« Untergrund. Jede weitere Farbvariante dieser Raupe wäre schlechter angepaßt als die drei genannten. Der Unter- oder Hintergrund mit seinen Farbvariationen zieht also die Grenzen der Variabilität. Dazu kommt noch, daß verschiedene Farbtypen einer Tierart so stark voneinander abweichen müssen, daß sie nicht »versehentlich« ins Suchbild des einen Typs passen. Änderungen, die nützen sollen, dürfen sich deshalb nicht auf winzige, unauffällige Details beschränken, sondern müssen wesentlich in Muster und Farbe sein. Es bleibt die Frage, wie denn solche Farbvariationen, Änderungen in Muster und Form, bei Tieren entstehen.

Ein unscheinbarer Schmetterling erregt die Wissenschaft

Gegen Ende des 18. Jahrhunderts setzte die Industrialisierung im Nordwesten Englands voll ein. Waren die Textilbetriebe zuerst an die vom Gebirge herabkommenden, wasserreichen Flüsse gebunden, so stellten die Betriebe sich in der Mitte des 19. Jahrhunderts, als die Dampfmaschine ihren Siegeszug antrat, von Wasserkraft auf Dampfkraft um. Kohle, um damit die Dampfmaschinen zu heizen, gab es ja in der Umgebung genug. Mit der Kohle konnte aber nicht nur Dampf erzeugt werden, auch die Öfen der umliegenden Häuser wurden damit geheizt. Die Einwohnerzahl von Manchester, dem Zentrum des nordwestenglischen Industriegebiets, nahm in dieser Zeit sprunghaft zu: Gab es dort vor dem Jahre 1800 noch 10000 Einwohner, so lebten um 1850 bereits 300000, 1900 eine halbe Million Menschen in dieser Industriestadt.
Mit der Industrialisierung und der Entstehung von städtischen Ballungsgebieten wuchsen nicht nur die sozialen Probleme, auch die Umweltbelastung durch Unmengen von schwarzem, rußigem Rauch nahm stetig zu. Bereits 1844 versuchte man, die Rauchentwicklung der Industrie gesetzlich einzudämmen. 1866 erklärte der Medical Officer of Health von Manchester, daß die Einwohner die-

ser Stadt zu den ungesündesten von ganz England gehörten. Es vergingen aber noch einmal fast 100 Jahre, bis aufgrund strenger Umweltgesetze der Blick von Manchester auf die Berge wieder möglich wurde. Nicht nur die Menschen, auch Pflanzen und Tiere litten enorm unter der Umweltverschmutzung, da bei der Verbrennung von Kohle nicht nur Ruß, sondern auch Kohlenmonoxid und Kohlendioxid entstehen, außerdem Schwefel- und Stickstoffoxide. Schon 1859 klagt der Autor einer Beschreibung der Pflanzen von Manchester, daß die Flechten ▷ an den Bäumen immer mehr abnehmen. Heute wissen wir, daß eben diese Pflanzen ganz besonders gute Anzeiger für Luftverunreinigungen aller Art sind, da sie sehr empfindlich auf die Giftstoffe in der Atmosphäre reagieren. Wie sich nun die Abnahme der Flechten an den Bäumen auf die Tierwelt auswirkte, wollen wir jetzt etwas genauer untersuchen. Es wird sich bald zeigenn, daß unsere ausholende Einleitung sehr wohl etwas mit unserem Thema »Farbanpassungen im Tierrreich« zu tun hat.

Im Jahre 1849 machte sich ein Schmetterlingssammler namens Edleston auf den Weg in die Umgebung von Manchester, um seine Sammlung wieder einmal zu ergänzen und vielleicht durch einige neue Exemplare zu bereichern. Edleston war ein fleißiger und ehrgeiziger Sammler und – hatte diesmal tatsächlich Glück. An einer Birke entdeckte er ein schwarzes Exemplar des an sich häufigen, sonst grauweiß gesprenkelten Birkenspanners ▷.

Wie der Briefmarkensammler über den seltenen Fehldruck einer Marke, so freute sich Edleston über das ausgefallene Birkenspannerexemplar und berichtete von seinem Fund in einer Fachzeitschrift.

Auch in den folgenden Jahrzehnten gab es in der Fachpresse gelegentlich Berichte von schwarzen Birkenspannern. Noch in den 70er Jahres des vorigen Jahrhunderts waren sie recht selten. Von 1880 an hören die Mitteilungen über schwarze Birkenspanner jedoch auf, nicht etwa, weil man keine mehr gefunden hätte, nein, die Zahl der schwarzen Spanner war schon so zahlreich geworden, daß sie keine Seltenheit mehr waren. Um 1895 traten im Sammelgebiet von Mister Edleston bereits 98 Prozent der Birkenspanner in der schwarzen Form auf. Wie konnte das geschehen? Woher kamen die schwarzen Birkenspanner, und wo waren die hellen, die bis dahin üblichen Birkenspanner geblieben?

In biologischen Fachkreisen war man sich einig, daß man Zeuge eines höchst interessanten Vorgangs geworden war, doch wußte man sich keinen rechten Reim auf dieses Phänomen zu machen. Auffallend war, daß die schwarzen Formen des Birkenspanners vor allem in Industriegebieten auftraten. Eindeutig stellte man aber auch fest, daß die Schwarzfärbung des Körpers und der Flügel nicht von außen, etwa durch Rußablagerungen zustandegekommen war, sondern durch einen dunklen Farbstoff im Körper, das sogenannte Melanin, hervorgerufen wurde ▷.

Wieso und vor allem wodurch wird wohl ein Schmetterling veranlaßt, plötzlich Melanin zu produzieren und sich dadurch dunkler zu färben?

Veränderungen durch Mutationen

Das Aussehen eines lebenden Organismus ist wie sein innerer Bau, wie alle Vorgänge seines Stoffwechsels und viele Verhaltensweisen, erblich fixiert, das heißt vorprogrammiert. Von Schmetterlingsgeneration zu Schmetterlingsgeneration werden die grundsätzlichen Merkmale der Tierart weitergegeben, von den Eltern auf die Kinder vererbt. Wir haben uns in Band 4 dieser Reihe, im Kapitel »Verschlüsselte Rezepte – wie Erbinformationen abgelesen werden« ausführlich damit beschäftigt, was wir uns unter dem Weitergeben von

Flechten sind niedere Pflanzen, die durch Symbiose von Blau- und Grünalgen mit niederen Pilzen entstehen.

Das Auftreten dunkler Varianten in Industriegebieten wird als Industriemelanismus bezeichnet.

Biston betularia.

Merkmalen, was wir uns unter Erbanlagen vorzustellen haben. Dabei hatte sich herausgestellt, daß es die Chromosomen sind, jene Kernschleifen im Zellkern, die besonders bei Zellteilungen unter dem Mikroskop sichtbar werden und die als Träger der Erbanlagen anzusehen sind. In Molekülen, die aus Hunderttausenden von Atomen bestehen und endlos lange, schraubenartig gewundene Fäden bilden, ist in einer Art Geheimschrift festgehalten, welche Flügelform der Schmetterling erhält, welche Farbe die Flügel haben, wie die Beine geformt sein werden, welche Nahrung der Schmetterling verdauen kann, wo und wie seine Atmung funktioniert; kurzum, alle charakteristischen Artmerkmale, die ein Lebewesen ausbildet, gehen auf die Erbanlagen, auf die Struktur und die chemische Zusammensetzung jener DNS-Moleküle zurück, die die Chromosomen bilden. Die Rezepte für Aussehen und Lebensweise sind dort festgeschrieben.

Diese Erbanlagen, auch Gene genannt, sind im allgemeinen erstaunlich stabil. Trotzdem kommt es immer wieder zu ganz spontanen Erbänderungen, sogenannten Mutationen ▷. Die meisten solcher Mutationen, Änderungen, Fehler bei der Übertragung der Informationen, bemerken wir gar nicht, weil sie für das Individuum so einschneidende Folgen haben, daß es gar nicht erst zur Entwicklung kommt oder sich später als lebensunfähig erweist. Andere Mutationen betreffen nicht sichtbare Strukturen im Körperinneren oder Stoffwechselabläufe, die nur selten erkennbar sind. Nur ganz, ganz wenige solcher Mutationen erweisen sich für das Tier als vorteilhaft. Aufgrund der Schwierigkeiten beim Erkennen von Mutationen ist es sehr schwer, allgemeine Aussagen über die Häufigkeit auftretender Mutationen zu machen. Doch kann man mit allem Vorbehalt sagen, daß unter etwa 100000 Mitgliedern einer Generation ein bestimmtes Gen einmal mutiert. Unter 100000 Mitgliedern einer Birkenspannergeneration ändert sich also bei einem Mitglied die Flügelfarbe. Überlebt dieses eine, sich in der Flügelfarbe unterscheidende Mitglied seiner Generation und kommt zur Fortpflanzung, so gibt es seine Mutation, seine Farbänderung auf die Kinder weiter, vererbt sie also.

Kehren wir nun zu unserem Birkenspannerproblem zurück. Da entdeckt also ein Schmetterlingssammler in der Mitte des vorigen Jahrhunderts eine schwarze Farbvariante unter lauter hellen Birkenspannern – eine Mutation, wie sich Jahrzehnte später nachweisen ließ. Kaum 100 Jahre später erscheinen die Verhältnisse unter den Birkenspannern dieser Landschaft nahezu auf den Kopf gestellt: Es gibt fast nur noch schwarzflügelige Birkenspanner, helle treten nurmehr ganz vereinzelt auf. Was hat sich hier eigentlich abgespielt?

Zwar wissen wir, wie schwarzflügelige Birkenspanner entstehen, wissen, daß solche Farbvariationen durch Mutationen entstehen, haben deshalb aber noch keine Ahnung, wie sich aus einer Population heller Birkenspanner in dem doch relativ kurzen Zeitraum von rund 100 Jahren eine fast rein schwarze Population entwickeln konnte.

Mutation: lat. Veränderung.

Züchtet man weiße und schwarze Birkenspanner im Käfig, so zeigen sie folgende wichtige Übereinstimmungen: Ob weiß oder schwarz, alle Birkenspanner haben etwa die gleiche Lebenserwartung, weiße und schwarze Weibchen legen etwa gleich viel Eier, und die hellen Tiere haben nichts gegen einen Geschlechtspartner mit schwarzen Flügeln einzuwenden. Das bedeutet aber, daß der Vermehrung auch vereinzelt auftretender, schwarzer Birkenspanner nichts im Wege steht. Nach diesen Funden würde man eine leichte Zunahme schwarzer Schmetterlinge verstehen, keinesfalls aber das fast völlige Verschwinden der weißen nach etwa 100 Generationen. Rein vom Rechnerischen her ist das überhaupt nicht zu begreifen.

Wie konnte es also in den letzten Jahren des 19. Jahrhunderts zu einer derart rapiden Vermehrung und Ausbreitung dunkler Birkenspanner kommen? Intensiv – das heißt vor allem experimentell – begann man eigentlich erst 1950 dieser Frage nachzugehen, allen voran Professor H. B. D. Kettlewell ▷.

Die Auslese betreibt der Jäger

Als erstes besorgte sich Kettlewell 3 000 Birkenspannerpuppen und ließ diese in seinen Zuchtkäfigen schlüpfen. Aus den Puppen schlüpften drei verschiedene Farbtypen, eine helle, eine ganz dunkle Form und auch einige Exemplare, die farblich etwa zwischen dunkler und heller Form standen. Zahlenmäßig am häufigsten waren die hellen Birkenspanner Biston betularia ▷ und die ganz dunklen Biston carbonaria vertreten. Von der farblich zwischen beiden liegenden Insularia-Form gab es nur wenige Exemplare. Dies war das Ausgangsmaterial für die späteren Versuche.
Anschließend begab sich Kettlewell ins Freiland, um sich nach wild vorkommenden Birkenspannern umzusehen. In einer rein ländlichen Gegend ohne Industrie stellte er seine Fallen auf, um Birkenspanner zu fangen. Mit Quecksilberdampflampen und jungfräulichen Falterweibchen, die einen weittragenden Sexuallockstoff abgeben ▷, lockte er vor allem Männchen dieser Nachtschmetterlingsart an. Nach kurzer Zeit hatte er 314 Exemplare gefangen; davon gehörten 297 dem Betularia-Typ (94,6 Prozent), 17 dem Insularia-Typ (5,4 Prozent), kein einziges Exemplar dem Carbonaria-Typ an. In dieser Gegend kam also praktisch nur die Normalform mit hellen Flügeln vor.
Jetzt waren die gezüchteten Falter an der Reihe: In derselben ländlichen Gegend wurden etwa 50 Falter in die Freiheit entlassen, davon je zur Hälfte Betularia und Carbonaria. War eine der beiden Arten verschwunden, ließ man wieder 25 jeder Art frei. Mit Ferngläsern wurden die Vögel beobachtet, die Jagd auf die Falter machten, es waren vor allem Fliegenschnäpper, Kleiber, Rotkehlchen und Singdrosseln. Insgesamt fingen die Vögel in kurzer Zeit 190 Birkenspanner, und obwohl beide Arten in gleicher Anzahl freigelassen worden waren, erwischten sie 164 schwarze (86,3 Prozent) und nur 26 helle (13,7 Prozent). Auch für das menschliche Auge waren die Carbonaria-Falter auf den Bäumen gut zu erkennen, nicht aber die Betularia-Arten.
Kettlewell gab sich damit nicht zufrieden. Er markierte 799 Männchen – nur sie lassen sich mit den Fallen gut fangen

□ Biston betularia und Biston carbonaria nebeneinander auf einem verrußten Eichenstamm in der Nähe von Birmingham. Das Foto stammt aus den Versuchsserien von H. B. D. Kettlewell.

H.B.D. Kettlewell, Professor am Genetischen Laboratorium der Universität Oxford.

Engl. peppered moth: gepfefferte Motte. Der Birkenspanner gehört aber systematisch nicht zu den Motten.

Über Sexualpheromone berichtet ausführlich Band 1 dieser Reihe, Seite 19 ff.

□ **Die Versuche von Kettlewell und ihre Ergebnisse.**

	Biston betularia	Biston insularia	Biston carbonaria
Fänge aus der natürlichen Population (314)	297	17	0
Beobachtung der Vögel bei der Jagd (190)	26	–	164
Markierte Männchen 393 betularia 406 carbonaria (799) wieder gefangen	64	–	19
Dorset/Südengland			
Birmingham			
Fänge aus der natürlichen Population (621)	63	30	528
Beobachtung der Vögel bei der Jagd (58)	43	–	15
Markierte Männchen 401 betularia 401 carbonaria (802) wieder gefangen	34	–	205

– auf der Unterseite mit einem Farbpunkt, durch den erkennbar war, daß es sich um Zuchttiere handelte, und ließ sie frei. 393 waren hell, 406 dunkel. Dann stellte er, nachdem die Vögel gespeist hatten, seine Fallen auf und fing wieder ein, was noch einzufangen war. Es gingen, neben zahlreichen unmarkierten Faltern noch 64 helle (13,7 Prozent) und 19 dunkle (4,7 Prozent) in die Fallen.

Auch dieser Versuch unterstützte die Annahme, daß die schwarzen Falter in dieser ländlichen Gegend wesentlich häufiger von den Vögeln gefressen wurden. Jetzt war es natürlich von großem Interesse, die gleichen Versuche auch in einem Industriegebiet durchzuführen. Kettlewell ging dazu in die Nähe von Birmingham, wo die Baumstämme vom Ruß geschwärzt waren und Flechten auf den Rinden völlig fehlten.

Auch hier wurde erst einmal Bestandsaufnahme gemacht: von 621 gefangenen Faltern waren 63 helle (10,1 Prozent), 528 schwarze (85,0 Prozent) und 30 Insularia-Formen (4,8 Prozent). In dieser Gegend waren die Carbonaria-Arten außerordentlich gut getarnt, denn sie fielen auf den schwarzen Stämmen praktisch nicht auf; die hellen Arten dagegen waren auf den rußigen Rinden sehr gut sichtbar.

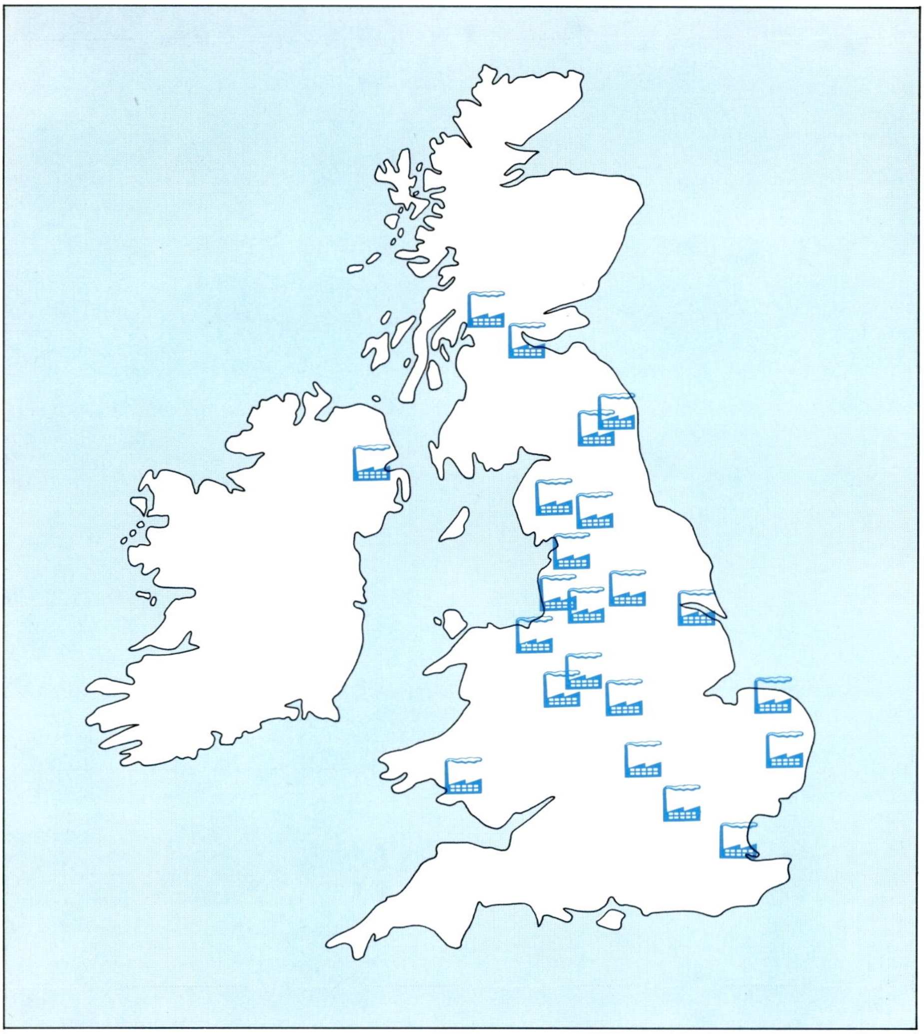

□ **Karte von Großbritannien: Industriegebiete.**

Die Versuche konnten jetzt wie vorher in der ländlichen Gegend von Dorset wiederholt werden. Dunkle und helle Exemplare wurden in gleicher Anzahl freigelassen, und die Vögel beim Fressen beobachtet. 43 helle, aber nur 15 dunkle Falter waren in kurzer Zeit verspeist. Dann kamen die markierten Tiere an die Reihe: In zwei Versuchen wurden 802 Falter freigelassen, zur einen Hälfte schwarz, zur anderen hell; eingefangen wurden 239, davon 34 helle (14,3 Prozent) und 205 dunkle (85,7 Prozent). Aus diesem Ergebnis ging klar hervor, daß hier, in dieser industriellen Landschaft mit den schwarzen, flechtenlosen Baumrinden, die dunklen Tiere weit besser geschützt waren als im ländlichen Dorset. Dabei waren die unterschiedlichen Jagdweisen der einzelnen Vogelarten sehr interessant. Drosseln mustern den Baumstamm vom Boden aus und stürzen sich dann auf den entdeckten Falter. Rotkehlchen suchen von den Ästen aus, wogegen Fliegenschnäpper aus der Luft nach Beute jagen. Das alles war bis 1953 unentdeckt geblieben, vor allem wohl deswegen, weil diese Vögel sehr scheu sind. Als Kettlewell seine Ergebnisse veröffentlichte, glaubte ihm anfangs niemand. Erst als der Verhaltensforscher Tinbergen ihn begleitete und

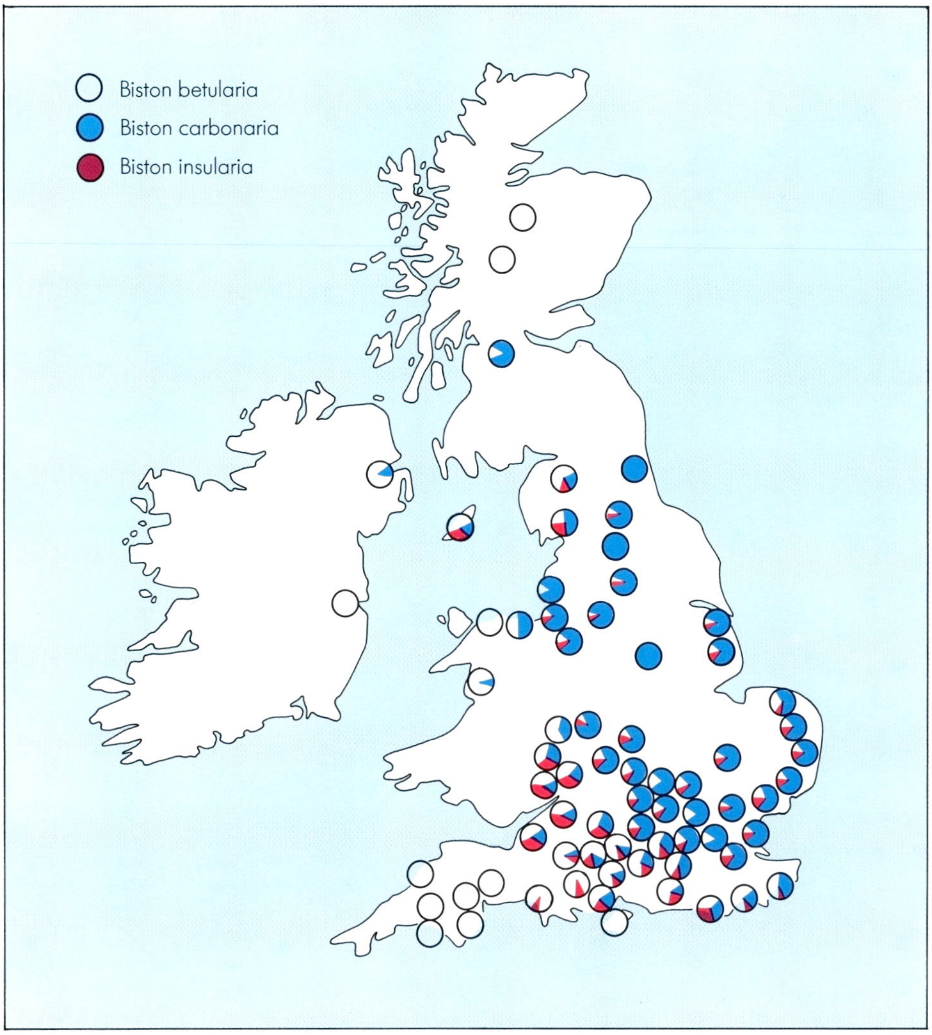

□ **Karte von Großbritannien: Fundorte von Birkenspannern.**

nicht nur Fotos machte, sondern sogar einen Film von der Jagd der Vögel auf die Falter drehte, glaubte man den Beobachtungen Kettlewells.
Durch die Versuche von Kettlewell war also klar geworden: Das Auftreten heller oder dunkler Birkenspanner geht allein auf die Auslese der mit den Augen jagenden, insektenfressenden Vögel zurück. Der Vogel bestimmt, welche Farbe auf welchem Untergrund am wenigsten auffällt.

Das Jahr 1849, als Mister Edleston nachweislich den ersten schwarzen Birkenspanner gefangen hatte, könnte man als die Geburtsstunde des Industriemelanismus bezeichnen. 1895 waren im Industriegebiet von Manchester schon 98 Prozent der Falter dunkel. Die Auslese muß mit fantastischer Geschwindigkeit abgelaufen sein, denn man weiß, daß der Falter nur eine Generation pro Jahr hervorbringt. Man kann daraus schließen, daß die dunkle Form auf den rußgeschwärzten Bäumen einen Überlebensvorteil von 30 Prozent gegenüber der hellen Form hatte. Seither haben von den 780 englischen Schmetterlingsarten über 70 melanistische Formen hervorgebracht oder sind auf dem Weg dazu. Die Industrialisierung fand aber nicht nur in England statt. Auch in Deutschland, vor allem im Nordwesten, im Ruhrgebiet, kam es sehr bald zur Bildung dunkler Formen.

Eine merkwürdige Tatsache ist das Auftreten der Insularia-Form, die in ihrem Aussehen in der Mitte zwischen hellen und dunklen Exemplaren steht. Kettlewell stellte bei seinen Versuchen fest, daß sie in einer bestimmten Region oft häufiger als die Carbonaria-Form erscheint, aber selten mehr als 40 Prozent der gesamten Birkenspanner-Population ▷ ausmacht. Sie ist besonders gut an Rinden angepaßt, die nicht mit Flechten, dafür aber mit der Alge Pleurococcus ▷ bewachsen sind. Sobald sich die Carbonaria-Form – sicher infolge zunehmender Verschmutzung der Bäume – ausbreitet, geht die Insularia-Form auf etwa 10 bis 15 Prozent zurück. Dies legt die Vermutung nahe, daß die Insularia-Form am besten dann geschützt ist, wenn zu Beginn der Luftverschmutzung die Flechten absterben, die Algen aber noch einige Zeit am Leben bleiben. Sterben auch sie, ist die Insularia-Form schlechter getarnt als die Carbonaria-Form und wird dezimiert.

Wie geht es weiter? Evolution vor unseren Augen

Professor Kettlewell hatte bei seinen Untersuchungen zwischen 1950 und 1960 praktisch die Zustände von 1895 vorgefunden. Die Industrie produzierte mehr denn je, die geringfügigen Auflagen zur Luftverbesserung wurden leicht kompensiert durch die Vermehrung der Betriebe.

Inzwischen hat sich allerdings einiges geändert. Man kann auch in Manchester wieder etwas sauberere Luft atmen, an manchen Bäumen zeigt sich Algen- und Flechtenbewuchs. Vor allem die Rinden von Buchen werden heller, während Eichenstämme, die den Flechten und Algen schlechtere Lebensbedingungen bieten, noch schwarz bleiben. Sicher ist es noch ein langer Weg bis hin zum ursprünglichen Zustand der Landschaft, wie er vor 1850 herrschte; wahrscheinlich wird er nie mehr wieder erreicht werden. Müßte aber nicht schon eine geringe Änderung des Flechten- und Algenbewuchses an Bäumen Einfluß auf die Falterpopulationen haben?

Zwei englische Wissenschaftler ▷ wollten es genauer wissen und befestigten deshalb frisch getötete Birkenspanner an Bäumen, so daß man sie von lebenden nicht unterscheiden konnte. Zwischen dem Industriegebiet von Liverpool und dem ländlichen Nordwales suchten sie wahllos sieben Gebiete heraus und verteilten gleiche Mengen von hellen und dunklen Faltern auf Bäume. Nach 24 Stunden wurden Art und Anzahl der von den Vögeln gefressenen Spanner festgestellt und neue Tiere auf andere Bäume gesteckt. Insofern ähnelten die Versuche denen von Professor Kettlewell. Darüber hinaus schätzten die Wissenschaftler aber auch noch die Zahl der Eier, die jedes der gefressenen Falterweibchen abgelegt hätte. Eine Analyse und Hochrechnung der Daten ergab einen ständig zunehmenden Selektionsvorteil ▷ für die hellen Falter, der mit der Entfernung von Liverpool noch zunahm. Dies stimmte sehr gut mit der Zunahme des Flechten- und Algenbewuchses der Bäume in den jeweiligen Gebieten überein. Deuten diese Ergebnisse auf eine Umkehrung des Industriemelanismus hin? Zwischen 1961 und 1964 stiegen in manchen rußfreien Zonen die hellen Falterarten von 5,2 Prozent auf 8,9 Prozent an. 1974 gab es dort bereits 10,5 Prozent helle Falter. In einer kürzlich durchgeführten Untersuchung in Manchester, wo zwischen 1950 und 1960 kein einziger heller Birkenspanner gefunden worden war, tauchten jetzt 2,5 Prozent helle Falter auf.

Es ist also ohne weiteres möglich, daß wir noch einmal Zeugen eines gewaltigen evolutionären Prozesses werden, der jetzt zu beginnen scheint und an dem Darwin seine helle Freude hätte.

C. A. Clarke und P. M. Sheppard.

Unter Population versteht der Biologe die Gesamtheit der Individuen einer Art an einem bestimmten, umgrenzten Standort.

Eine auf der ganzen Welt verbreitet vorkommende, einzellige Alge.

Selektion: Auslese. Diejenigen Organismen gelangen mit großer Wahrscheinlichkeit zur Fortpflanzung, die an die gegebenen Umweltbedingungen am besten angepaßt sind.

Flucht vor dem Feind

Im vorausgegangenen Kapitel sind wir Tieren begegnet, die sich durch bestimmte Muster und Farben oder Farbkombinationen so an die Umgebung anpassen, daß sie von ihren Feinden nicht oder nur schwer wahrgenommen werden können. Der Schutz durch Tarnfarben wird aber fast immer nur dann wirksam, wenn das Tier sich nicht bewegt. Die genau entgegengesetzte Abwehrstrategie besteht darin, daß ein Tier sich seinem Feind durch die Flucht entzieht. Auch dabei spielt die Wahrnehmung eine wichtige Rolle. Flucht als Möglichkeit, einem Feind zu entkommen, kann nur dann erfolgreich sein, wenn der Gejagte seinen Gegner rechtzeitig wahrnimmt und dadurch einen Vorsprung vor dem Verfolger hat. Wahrnehmen allein genügt jedoch nicht, der Feind muß auch identifiziert werden, er muß erkannt werden als Löwe, Gepard, Hyänenhund, Schakal, denn jeder Beutegreifer hat seine eigene Art zu jagen. Nur wenn der Verfolgte feindspezifisch reagiert, sein Verhalten also ganz auf seinen Gegner einstellt, hat er eine echte Chance, ihm zu entkommen, und vermeidet damit die Verschwendung von Energie. Beides, Wahrnehmen der Bedrohung und Erkennen des Angreifers oder Verfolgers, erfordert vom Fluchttier hervorragende Sinnesorgane und ein entsprechendes »Wissen« über den Feind. Was das konkret bedeuten kann, soll an einem Beispiel gezeigt werden.

Thomson-Gazellen ▷ lassen zum Beispiel Schakale bis auf eine Distanz von 10 bis 60 Meter an sich herankommen, ehe sie die Flucht ergreifen. Löwen gegenüber ist die Fluchtdistanz schon größer, sie liegt zwischen 80 und 300 Meter, gegenüber Geparden zwischen 100 und 600 Meter und gegenüber Hyänenhunden oft mehr als 800 Meter. Diese Zahlen können jedoch nur grobe Richtwerte sein, da Gazellen sich einem bestimmten Raubfeind gegenüber keineswegs stets gleich verhalten. Eine einzelne Hyäne kann sich gelegentlich bis auf wenige Meter nähern, wenn sie ruhig und parallel zur Gazelle läuft. Sobald sie jedoch zu galoppieren beginnt oder direkten Kurs auf die Gazelle nimmt, vergrößert sich die Fluchtdistanz auf 100 Meter. Erscheinen Hyänen im Rudel, flüchten Thomson-Gazellen schon auf 300 Meter Entfernung. Treten Hyänen in Jagdformation an, in einer Kette, Tier neben Tier mit großen Zwischenräumen, ergreifen die Gazellen oft schon in 800 Meter Entfernung die Flucht.

Die Fluchtdistanz richtet sich bei Gazellen also nach verschiedenen Faktoren: nach der Aktivität des Jagenden, nach der Laufrichtung, nach der Zahl der Jagenden und nach der Jagdformation. Woher haben aber Fluchttiere das notwendige »Wissen«, die Erfahrung mit dem Feind? Woher weiß ein Tier überhaupt, welche Feinde es in seinem Lebensraum gibt? Um diese Fragen zu beantworten, müssen wir aber nicht unbedingt ins ostafrikanische Hochland fahren. Es genügt, wenn wir einen Bauernhof ausfindig machen, auf dem Hühner noch ungestört im Freien leben können.

Alarm auf dem Hühnerhof

Hier in D., einige Kilometer vor der Stadt, gibt es noch einen der immer seltener werdenden Höfe, wo Hühner ihr

Über Thomson-Gazellen, besonders über deren Fortpflanzungsverhalten, berichtet Band 1 dieser Reihe, Seite 67 ff.

□ Flüchtende Herde.

Dasein nicht in engen Stallungen bei künstlichem Licht verbringen müssen, sondern sich das ganze Hühnervolk frei auf dem Hof bewegen kann. Ein solches Hühnervolk bietet durchaus verschiedene Studienmöglichkeiten ▷. Wir wollen uns hier darauf beschränken, das Feindverhalten der Hühner zu beobachten. Dazu sollten wir uns allerdings ausreichend Zeit nehmen.

Wir gehen langsam auf die friedlich pikkende Hühnerschar zu und sind gespannt, was geschehen wird. Ob uns die Hennen oder der Hahn zuerst bemerkt haben, ist nicht festzustellen. Auf jeden Fall hört der Hahn als erster zu picken auf und »behält uns im Auge«. Als wir näher kommen, stößt er ein tiefes Kollern aus: Die Hennen hören nun ebenfalls zu fressen auf und laufen davon, als wir näher kommen.

Als einige Zeit später ein Sperber vom nahegelegenen Wald vorbeizieht, gibt der Hahn erneut Signal. Diesmal ist es aber kein Kollern, sondern ein heiseres »rräh«. Diesmal verschwinden die Hennen sofort und suchen Deckung im Gebüsch oder in der Scheune. Dasselbe geschieht, als unvermittelt ein Mauersegler hinter der Scheune hervorkommt und langsam gegen den starken Westwind segelt. Der Hahn gibt »Luftalarm«, und

Über die Rangordnungsverhältnisse bei Haushühnern siehe Band 1 dieser Reihe, Seite 117 ff.

sofort suchen die Hennen das Weite. Nun war der Alarm im Falle des Sperbers sicher berechtigt, aber warum gab der Hahn das gleiche Signal beim Mauersegler, der mit Hühnern doch sicher nichts im Sinn hat? Kann er Greifvogel und Mauersegler nicht unterscheiden? Den Hennen ist es anscheinend gleich, ob der Hahn sie zu Recht ins Gebüsch scheucht oder ob er falschen Alarm gibt.

Alarm bei kurzem Hals?

Ein Vogel, der über den Hühnerhof fliegt, wird von Hahn und Hennen wie ein Scherenschnitt gegen den Himmel gesehen. Woran erkennen Hühner, ob es ein Greifvogel, ein harmloser Mauersegler, ob es eine Taube, eine Krähe, eine Ente oder eine Möwe ist?

Konrad Lorenz und Niko Tinbergen ▷ haben sich bereits 1937 mit dieser Frage beschäftigt und dabei ausgedehnte Experimente mit Truthühnern und Vogelattrappen gemacht. Sie fertigten zunächst von vielen verschiedenen Vögeln naturgetreue Scherenschnitte aus dunkler Pappe an, befestigten die Formen an einem langen Draht, spannten diesen über einen Hühnerhof und zogen nun die Attrappen über die Köpfe der Truthühner hinweg. Zur Kontrolle schnitten sie aus der gleichen dunklen Pappe noch Kreisscheiben und Rechtecke aus und boten diese Attrappen ebenfalls den Truthühnern an. Wie sahen die Ergebnisse der beiden Forscher aus?

Auf Kreisscheibe und Rechteck reagierten die Puten zwar mit erhöhter Aufmerksamkeit, der Hahn warnte jedoch nicht.

Auf die Attrappen von Milan, Falke, Habicht, Sperber, Mauersegler, Taube und Krähe schlug der Hahn Alarm, die Puten gingen in Deckung oder duckten sich wenigstens.

Auf die Scherenschnitte von Gans, Ente und Möwe reagierten weder der Truthahn noch die Hennen.

Ein merkwürdiges Ergebnis. Was ist der einen Gruppe von Vögeln, was der anderen gemeinsam? Vergleichen wir die Flugbilder miteinander, die Lorenz und Tinbergen verwendet haben, so fällt auf, daß alle Greifvögel sowie Taube, Mauersegler und Krähe einen kurzen Hals und einen langen Schwanz haben. Der Kopf sitzt direkt vor den Flügeln. Gans, Ente und Möwe haben dagegen einen langen Hals und einen kurzen Schwanz ▷.

Sind diese Merkmale wichtig, so müßten die Truthühner eigentlich auf entsprechende, gezielt angefertigte Attrappen reagieren. Lorenz und Tinbergen schnitten nun für eine weitere Versuchsserie ganz plumpe Flugbildattrappen aus: Kreisschablonen mit jeweils zwei Flügeln, einem langen Hals und einem kurzen Schwanz. Wieder zogen sie die Attrappen am Draht über den Hof.

Wurde die Attrappe mit langem Hals voran über die Köpfe der Versuchstiere hinweggezogen, erfolgte kein Warnruf. Zogen die Forscher ihre Attrappen jedoch rückwärts über den Hof, also mit kurzem Schwanz voran und langem Hals hinten, schlug der Hahn sofort Alarm. Das Ergebnis bestätigte den Forschern ihre erste Vermutung: Die Länge des Halses scheint dem Hahn zu signalisieren, ob der über ihm fliegende Vogel ein Raubfeind ist oder nicht. Aber das Signal erhält seine Bedeutung erst in Verbindung mit der Flugrichtung: Langer Hals voraus bedeutet »harmlos«; kurzer Hals voraus bedeutet »Feind«, löst also Alarm aus.

Was konnte man daraus folgern? Schwäne, Gänse, Enten und – in geringerer Deutlichkeit – auch Möwen haben einen langen Hals. Sie alle sind Tiere, die anderen Vögeln nicht gefährlich werden. Fast alle Raubvögel – allerdings auch harmlose Vögel wie Tauben, Krähen und Mauersegler – haben einen kurzen Hals. Offenbar reagierten die Puten auf ein ganz bestimmtes, einfaches Merkmal, das alle ihre Feinde tragen, mit Unruhe und Flucht: auf den kurzen Hals. Der kurze Hals schien für die Puten der

Vergleiche die Abbildung auf Seite 94.

Konrad Lorenz, geb. 1903, und Niko Tinbergen, geb. 1907, gehören zu den Vätern der modernen Verhaltensforschung. Sie erhielten 1973 beide den Nobelpreis.

□ **Oben: Flugbilder verschiedener Vogelarten.**
Unten: Attrappen, die zu den Versuchen verwendet wurden. Erklärung im Text.

Schlüsselreiz zu sein, der »Auslöser«, der die Fluchtreaktion auslöste.
Schlüsselreize ▷ haben für die Tiere große Bedeutung, weil sie sich damit in der verwirrenden Fülle von Umweltreizen zurechtfinden. Aber warum sind diese Schlüsselreize so grob? Warum hat unser Hahn unnötigerweise auch auf Vögel reagiert, die einen kurzen Hals haben, die aber gar nicht zu seinen Feinden gehören? Nun, dieses einfache Merkmal hat den Vorteil, eindeutig und rasch erkennbar zu sein; eine differenzierte Beobachtung des fliegenden Vogels ist nicht mehr notwendig. Sie wäre nur hinderlich, ja, sie könnte lebensgefährlich sein, jedenfalls gefährlicher als falscher Alarm.

Auch berühmte Verhaltensforscher können irren

Das Ergebnis der Versuche von Lorenz und Tinbergen mit den oben beschriebenen Attrappen ist als sogenannte »Kurzhals-Hypothese« seither vielfach als eindringliches Beispiel für einen komplexen Schlüsselreiz angeführt worden. Im Laufe der Zeit mehrten sich jedoch Beobachtungen, die mit dieser Hypothese nicht in Übereinstimmung zu bringen waren. Immer wieder wurde festgestellt, daß selten erscheinende Vögel wie Störche trotz ihres nun wahrhaft langen Halses Reaktionen auslösten wie sonst nur Raubvögel. Selbst Luftschiffe und Luftballons konnten das bewirken. Schon Lorenz und Tinbergen war bei ihren Attrappenversuchen mit Puten aufgefallen, daß die Tiere sogar bei vorüberfliegenden Flugzeugen ▷ Flugfeind-Reaktionen gezeigt hatten, obwohl das gar nicht in ihre Hypothese zu passen schien. Damit stellte sich erneut die Frage, die durch die Kurzhals-Hypothese schon beantwortet schien: Was sehen Tiere von ihren fliegenden Feinden, können sie diese voneinander unterscheiden?
Über 20 Jahre später begann der Biologe Wolfgang Schleidt ▷ die Versuchsergebnisse von Lorenz und Tinbergen nochmals zu überprüfen, nachdem einigen anderen Wissenschaftlern inzwischen ebenfalls Zweifel an der zunächst durchaus überzeugenden Hypothese gekommen waren. Ihre Beobachtungen hatten es wahrscheinlich erscheinen lassen, daß Gewöhnung eine beachtliche Rolle spielen mußte.
Schleidt achtete bei seinen Versuchen vor allem auf streng kontrollierte Laboratoriumsbedingungen. Dazu hatte er in einem Raum einen Käfig von 1 mal 2 Meter aufgestellt. Die Fensterfront wurde mit Vorhängen so verdeckt, daß die Tiere den freien Himmel nicht sehen konnten. Die Tragschiene für die Attrappen war durch breite, weiße Blenden so abgedeckt, daß die Mechanik unsichtbar blieb und die Attrappen sich vor einem weißen Hintergrund bewegten. Das Austauschen der Attrappen erfolgte für die Tiere unsichtbar hinter Abschirmungen. Die Tiere wurden jeweils mindestens eine Stunde vor Versuchsbeginn in den Käfig gebracht.
Parallel zu diesen Käfigversuchen liefen aber auch Experimente unter freiem Himmel. Dabei wurden die Attrappen an einem Perlonfaden in etwa 8 Meter Höhe über die Tiere hinweggezogen. Als Attrappenmuster dienten 4 flächenglei-

Schlüsselreize in Form von chemischen, optischen, akustischen oder Berührungssignalen lösen im Nervensystem eines Tieres eine Sperre aus und setzen das dort gespeicherte und vorprogrammierte Antwortverhalten frei.

Flugzeuge waren 1937, am Ort der Versuche im niederösterreichischen Altenberg bei Linz, sicher noch ziemlich selten.

Wolfgang Schleidt, Mitarbeiter von Konrad Lorenz am Max-Planck-Institut für Verhaltensphysiologie in Percha.

□ Hahn mit Hühnern auf einem Hühnerhof.

che Formen aus schwarzem Karton, nämlich die Raubvogel-Gans-Attrappe, wie sie Tinbergen schon benutzt hatte ▷, eine Bussard-Attrappe, sowie ein Kreis und ein längliches Rechteck.
Die Versuchstiere bestanden aus einer erfahrenen Truthenne mit Küken und aus 5 erwachsenen, bereits erfahrenen Bronze-Puten. Die erfahrenen Tiere waren frei in einem etwa 5 000 Quadratmeter großen Gehege aufgewachsen und gehörten zu einer Herde von etwa 30 Puten.
Daneben wurde aber eine dritte Versuchstiergruppe aus 11 erfahrungslosen Puten gebildet, die künstlich erbrütet worden waren; man hatte sie, um den Kontakt mit erwachsenen Artgenossen sowie irgendwelchen fliegenden Objekten zu vermeiden, in schalldichten, fensterlosen Kammern aufgezogen. Mit diesen 3 Tiergruppen wurden die Versuche durchgeführt. Die Tiere wurden jeweils nachts in den Käfig gebracht und zuerst einmal eingewöhnt. Zog man jetzt eine schwarze Attrappe an der Decke entlang, so zeigten die Puten eine typische Reaktion, wie sie im Freien auch von Bussarden ausgelöst wird. Dazu gehören vor allem das laut knatternde »prr«, das leise gerollte »hrr« sowie das Spreizen der Schwanzfedern. Allen diesen Flugfeind-Reaktionen ist gemeinsam, daß sie ohne Feindbild nicht auftreten, also wohl typisch für das Erscheinen eines Raubvogels sind. Die »prr«-Laute sind mehr Äußerungen des Erschreckens vor plötzlich erscheinenden großen Objekten, wogegen »hrr« die Beunruhigung durch fliegende Objekte ausdrückt.
Als Schleidt die Raubvogel-Gans-Attrappe über die Puten hinwegzog und die Reaktionen der Tiere auf diesen Flugfeind auswertete, erhielt er ein interessantes Ergebnis. Die Puten reagierten auf »Raubvogel« und »Gans« gleich heftig. Wie konnte das sein, Lorenz und Tinbergen hatten doch deutlich stärkere Reaktionen auf die Raubvogel-Variante (kurzer Hals voraus) erhalten? Im weiteren Verlauf seiner Versuche mit den erfahrungslosen Puten fiel Schleidt bald ein weiteres Phänomen auf: Je seltener er eine bestimmte Attrappe über die Köpfe der Puten hinwegzog, desto heftiger fiel die Reaktion der Tiere aus. Je häufiger er ihnen die Attrappe präsentierte, desto schwächer reagierten sie darauf. Die Versuche mit den erfahrungslosen, isoliert aufgewachsenen Truthühnern ergaben jedenfalls, daß die Tiere auf verschiedene Attrappenformen zunächst nicht unterschiedlich reagierten, ein angeborenes Feind-Erkennen also nicht vorhanden ist. Damit war die Kurzhals-Hypothese nicht mehr aufrechtzuerhalten. Vielmehr scheint eine Art Gewöhnungseffekt eine wichtige Rolle zu spielen.
Schleidts Versuche zeigten noch eine weitere Regelmäßigkeit in den Ergebnissen: Die fliegenden Objekte mußten eine geringe Relativgeschwindigkeit haben, das heißt, die Vögel beziehungsweise die Attrappen durften sich, gemessen an ihrer Körperlänge, nicht zu schnell fortbewegen. Durch diesen Mechanismus werden zum Beispiel kleine Vögel und Insekten als Flugfeind-Reize automatisch ausgeschieden. Ein solcher Mechanismus hat Vorteile: Nicht jeder kleine Vogel löst sofort Flugfeind-Reaktionen aus, was eine fressende Pute immer wieder stören würde. Ein Beleg für die Richtigkeit dieser Vermutung ist die Beobachtung, daß langsam segelnde Tauben oder eine gegen den Wind segelnde Schwalbe trotz ihrer geringen Größe, aber wegen ihrer geringen Relativgeschwindigkeit »prr«-Laute und Schwanzspreizen auslösten.
Was kann also aus den Versuchen mit den Puten und den Flugfeind-Attrappen wirklich abgeleitet werden? Es gibt einen angeborenen Auslösemechanismus (AAM) auf Flugfeinde, der zunächst auf alles reagiert, was sich in der Luft bewegt. Entscheidend für die Stärke und die Zahl der Reaktionen ist die relative

Vergleiche die Abbildung auf Seite 94.

Seltenheit des Objekts. Dieses Verhalten ist in der Natur sicher sehr zweckmäßig, da Raubvögel wegen ihres großen Jagdreviers ▷ relativ selten auftauchen. Damit lösen sie immer wieder die Feindreaktion aus. Es ist also sicher nicht richtig, wenn man annimmt, daß die Tiere zwischen einer Gans- und einer Raubvogelattrappe unterscheiden können. Die starke Reaktion der Versuchstiere von Lorenz und Tinbergen auf die kurzhalsige Attrappe rührte sicher daher, daß die Tiere vor den Versuchen fliegende Enten und Gänse viel häufiger gesehen hatten als Raubvögel, an Langhälse also gewöhnt waren, an Kurzhälse jedoch nicht.

Noch etwas stellte sich bei den Versuchen heraus. Die Ansprechschwelle des AAM ist deutlich vom Grad der Domestikation ▷ abhängig. Domestizierte Tiere brauchen offenbar stärkere »Feindreize«, um in den Ansprechbereich des AAM zu kommen.

Die Überwindung der Fluchtreaktion durch Gewöhnung und »gute Erfahrungen« dürfte also auch bei der Domestikation von Tieren eine wichtige Rolle spielen. Wie differenziert diese Reaktionen auftreten können, läßt sich an einem einfachen Beispiel zeigen: Äsende Rehe lassen sich unter Umständen von Autos, die auf einer nahegelegenen Autobahn vorbeirasen, oder von einem Bauern, der nicht weit von ihnen mit dem Traktor auf seinem Feld herumfährt, nicht im geringsten stören. Vor einem »harmlosen« Waldspaziergänger ergreifen sie dagegen schon in weiter Entfernung die Flucht.

Licht in die Prozesse der Differenzierung von angeborenen Schlüsselreizen durch Aufnahme und Verarbeitung von Erfahrung zu bringen, ist immer noch eine weitgehend ungelöste Aufgabe der Verhaltensforschung. Die Ergebnisse werden sicher Einblick in viele komplexe Verhaltensweisen ermöglichen.

»Sehen« bei völliger Dunkelheit

Bisher haben wir uns hauptsächlich mit den Fluchtreaktionen von tagaktiven Tieren beschäftigt. Im folgenden wollen wir uns nun den nachtaktiven Tieren zuwenden, denn für sie, die ihren Gegner nicht sehen können, dürften andere Bedingungen gegeben sein, müßten andere Gesetze gelten.

Wie können sich nachtaktive Tiere in der Dunkelheit zurechtfinden? Diese Frage beschäftigte schon vor etwa 200 Jahren den italienischen Biologen und Abt Lazzaro Spallanzani ▷. Er entdeckte, daß Eulen trotz ihrer großen Augen bei absoluter Dunkelheit sich nicht zurechtfinden, Fledermäuse hingegen auch in völlig dunklen Räumen in der Lage sind, allen Hindernissen sicher auszuweichen. Spallanzani, ein scharfsinniger Beobachter und geschickter Experimentator, ließ diese Feststellung nicht ruhen.

Um herauszufinden, ob Fledermäuse sich mit Hilfe ihrer Augen oder anderer Sinnesorgane orientieren, ging er systematisch vor und blendete einige Tiere, die er im Turm der Kathedrale von Pavia gefangen hatte. Anschließend ließ er sie wieder frei. Vier Tage später kehrte er an dieselbe Stelle zurück, um zu sehen, ob seine Versuchstiere noch lebten. Tatsächlich fand er vier der von ihm geblendeten Fledermäuse wieder. Als er sie sezierte, stellte er fest, daß ihre Mägen voll von gefangenen Insekten waren. Der Verlust des Sehsinns hatte für diese Tiere offenbar keine lebensentscheidende Bedeutung. Auf welche Weise sollten sich die Fledermäuse aber sonst orientieren? Spallanzani stand darüber in engem schriftlichen Kontakt mit dem Schweizer Biologen Charles Jurine. Für beide Forscher rückte sehr bald der Hörsinn der Fledermäuse in den Mittelpunkt ihrer Forschungen. Spallanzani experimentierte weiter, indem er den Fledermäusen die Ohren zustopfte. Tatsächlich war den Tieren jetzt jede Orientierung unmöglich. Er wollte es aber noch genauer wissen. Dazu führte er kleine Mes-

Ein Bussard beansprucht etwa 5 Quadratkilometer, ein Habicht 30–50 Quadratkilometer.

Lazzaro Spallanzani (1729–1799), italienischer Naturforscher. Ab 1769 Professor in Pavia, einer der Väter der experimentellen Biologie.

Wörtlich: Haustierwerdung. Die Überführung von Wildtieren in den Haustierstand durch den Menschen.

singröhrchen in den knapp 1 Millimeter großen Gehörgang der Fledermaus ein. Ließ er die Röhrchen offen, fanden sich die Tiere im dunkelsten Raum zurecht. Sobald er jedoch die Röhrchen verstopfte, waren die Versuchstiere völlig hilflos. Was aber gab es für sie in der Dunkelheit zu hören? Warum konnten sie sich mit verstopften Ohren nicht mehr orientieren? Spallanzani und Jurine starben, ohne Antworten auf diese Fragen gefunden zu haben. Erst 140 Jahre später konnte man dem Problem der Orientierung der Fledermäuse weiter nachgehen. Man hatte inzwischen Geräte entwickelt, mit denen man Schallwellen aufnehmen konnte, die weit außerhalb des menschlichen Hörbereichs liegen ▷. Mit Hilfe solcher Geräte entdeckte man, daß Fledermäuse Laute ausstoßen, die jenseits der oberen Hörgrenze des Menschen liegen. Welchen Zweck, welche Funktion haben diese in regelmäßiger Folge ausgestoßenen Schreie der Fledermaus?

Auch wir können uns in dunklen Räumen notdürftig mit Hilfe unserer Ohren orientieren. Wenn wir kurze Rufe ausstoßen und die zurückkehrenden Echos richtig deuten, dann können wir immerhin zwischen einem kleinen Zimmer und einer großen Halle oder zwischen einem

□ Eine Fledermaus startet zum Beutefang. Durch das offene Maul stößt sie ihre Ortungslaute aus.

Hörbereich des Menschen: etwa 16–20000 Hertz.

möblierten und einem leeren Raum unterscheiden. Dieses Vorgehen ist einer Echo-Ortung vergleichbar. Sie wird möglich, weil Schallwellen, die von einer Schallquelle ausgehen, von festen Gegenständen reflektiert werden.
Die Idee, die der Echo-Ortung mit Echolot zugrunde liegt, ist relativ einfach ▷. Die Verwendung von Schallwellen zur Entfernungsmessung ist in der Technik schon seit über 50 Jahren bekannt. Sie war als Folge der Titanic-Katastrophe zur Vermeidung von Zusammenstößen mit Eisbergen entwickelt worden und wird seither in allen größeren Schiffen zum Messen der Wassertiefe verwendet. Benützt man zur Echo-Ortung Schallwellen hoher Frequenz, sogenannten Ultraschall, dann spricht man von einem Sonar ▷. Fledermäuse haben dieses System anscheinend lange vor den Menschen »erfunden«: Der amerikanische Zoologe Griffin und seine Mitarbeiter fanden heraus, daß Fledermäuse Laute von 30 000 bis 100 000 Schwingungen pro Sekunde aussenden. Das menschliche Ohr dagegen kann höchstens Frequenzen bis zu 20 000 Schwingungen pro Sekunde wahrnehmen, manchmal noch weniger ▷. Mit einem Tonbandgerät und einem entsprechend empfindlichen Mikrofon kann man die Ultraschallaute der Fledermäuse aufnehmen. Spielt man das Band mit sehr viel geringerer Geschwindigkeit ab, so werden diese Laute auch für uns hörbar. Auf diese Weise sind viele Fledermaus-Arten untersucht worden. Auf einem sogenannten Klangspektrographen ▷ können die Laute sogar sichtbar gemacht werden. Dabei sieht man, daß die Tiere bereits während des normalen Fluges regelmäßig kurze Laute ausstoßen, die etwa 1 bis 3 Tausendstel Sekunden dauern und in Abständen von etwa 0,1 bis 0,15 Tausendstel Sekunden aufeinanderfolgen. Wirft man einer Fledermaus auf ihrem Weg durch die Luft ein Steinchen in die Flugbahn, so stößt sie die Ultraschallsignale plötzlich sehr viel häufiger aus. Diese Entdeckung gab den Wissenschaftlern schon fast die Gewißheit, daß sich auch Fledermäuse mit einem Sonar orientieren. Die Echos, die von einem Gegenstand oder von Beute zum Ohr der Fledermaus zurückkehren, geben ihr genaue Hinweise auf Größe und Entfernung. Hat sie einen Gegenstand entdeckt, geortet, stößt sie, um ihn genauer lokalisieren zu können, mehr und in schnellerer Folge Laute aus – sie »fixiert« ihn. Wenn die Fledermaus auf ein Insekt Jagd macht, verdichten sich die Signale vor dem Fang. Selbst so winzige Insekten wie Taufliegen ortet sie mühelos. Filmaufnahmen von jagenden Fledermäusen haben gezeigt, wie geschickt die Tiere bei der Jagd vorgehen. Sie benutzen ihre Flughäute wie große Kescher, um damit ihre Beute einzusammeln und vor das gefräßige Maul zu bringen. Einem Tier mit derart wohlorganisiertem Fangsystem sollte die Beute kaum noch entrinnen können.

Siehe Abbildung unten.

Sonar: Abkürzung für *so*und *na*vigation and *r*anging. Als Schallquelle dient ein Ultraschallsender.

Nicht nur Fledermäuse hören Ultraschall

An einem schönen Sommerabend sitzen wir draußen auf dem Balkon. Allmählich ist es zum Lesen zu dunkel geworden, wir holen uns eine Stehlampe und schal-

Die Hörleistungen des menschlichen Ohrs nehmen mit zunehmendem Alter langsam, aber stetig ab. Ein 60jähriger vermag häufig nur noch 6–8 000 Schwingungen pro Sekunde wahrzunehmen.

Klangspektrograph: Damit können akustische Ereignisse auf einem Bildschirm sichtbar gemacht werden.

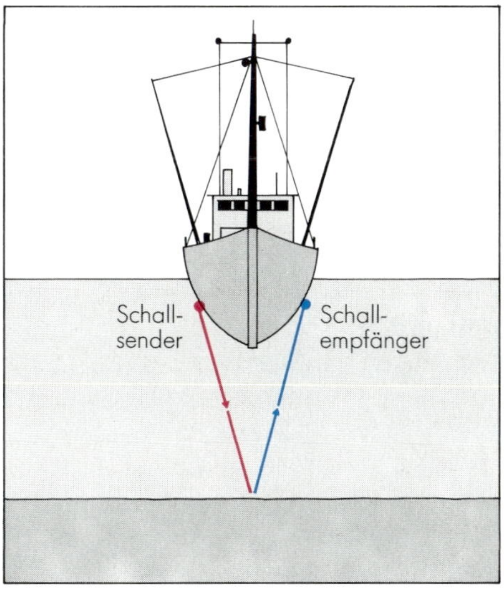

□ **Echolot bei Schiffen.**

□ **Eine Fledermaus ortet einen Gegenstand.**

ten das Licht ein. Bald haben wir damit eine ganze Schar von Nachtfaltern und anderen Insekten angelockt. Ihr Summen und Schwirren lenkt mich von der Lektüre ab, ich schaue diesem Gedränge an der Lampe eine Weile interessiert zu. Nach einiger Zeit gelingt es sogar, eine gewisse Regelmäßkeit in den Bewegungen der Tiere zu erkennen: Manche taumeln langsam durch das Licht und verschwinden wieder, andere schwirren aufgeregt umher. Als ich aufstehe, um mir das Schauspiel ganz aus der Nähe anzuschauen, fällt mein Schlüsselbund, der im Sitzen aus der Hosentasche gerutscht war, zu Boden. Einige Tiere, die bisher relativ ruhig um die Lampe herumgeflattert sind, reagieren auf dieses Geräusch merkwürdig: Sie schlagen Haken oder machen andere, abrupte Flugbewegungen. Um sicherzugehen, daß es das Geräusch des zu Boden fallenden Schlüsselbundes war, das die Falter aufgeschreckt hat, klimpere ich noch einmal mit den Schlüsseln. Ergebnis: ganz ähnliche Reaktionen wie zuvor. Einige Falter scheinen dieses Geräusch zu hören und darauf zu reagieren. Wie können sie Geräusche aufnehmen, was können die Falter »hören«?

Gehörorgane sind bei Insekten zum Teil an recht ungewöhnlichen Körperstellen zu finden. Bei einigen Schmetterlingen liegen sie zum Beispiel am Körper, im Brustabschnitt unterhalb der Flügel oder am Beginn des Hinterleibes. Man erkennt dort kleine Grübchen, und wenn man den dichten Haarpelz beseitigt, sieht man eine feine Membran über dieses Gehörorgan, das sogenannte Tympanal-Organ, gespannt. Diese Membran stellt das »Trommelfell« des Falterohres dar. Zur Ableitung der Erregung, die auf diese Membran trifft, dient ein zartes Bändchen, das etwa von der Mitte der Membran ausgeht und zwei akustische Sinneszellen, die sogenannten A-Zellen, enthält. Diese beiden akustischen Rezeptoren ▷ setzen sich zur Tympanal-Membran hin in feinen Stiftchen fort. Sie nehmen vermutlich die Erregung auf. Zum Körper hin bilden sie zusammen mit einer weiteren Nervenfaser den Tympanal-Nerv, der sich zum Brustganglion ▷ des Falters zieht. Hier werden die Informationen, die aus den beiden Tympanal-Organen des Falters eintreffen, gesammelt. Der Gehörnerv besteht also aus drei Nervenfasern: Zwei Fasern stammen von den beiden A-Zellen, und eine kommt von der sogenannten B-Zelle ▷, diese sitzt an einer Skelettstütze, die in das Tympanal-Organ ragt ▷.

Schmetterlinge haben also Gehörorgane; daß sie hören, haben wir durch unser Experiment bewiesen. Wozu aber brauchen Nachtfalter Hörorgane? Helfen sie

Rezeptoren sind Reizempfänger, Sinneszellen, die Reize in eine ableitbare Erregung umwandeln.

In Ganglien liegen Nervenzellen verdichtet vor und übernehmen dadurch eine gewisse übergeordnete Funktion.

Die B-Zelle wurde erst später entdeckt und spielt für unsere Überlegungen keine Rolle. Sie hat mit dem Gehörvorgang nichts zu tun.

Siehe Abbildung auf Seite 101.

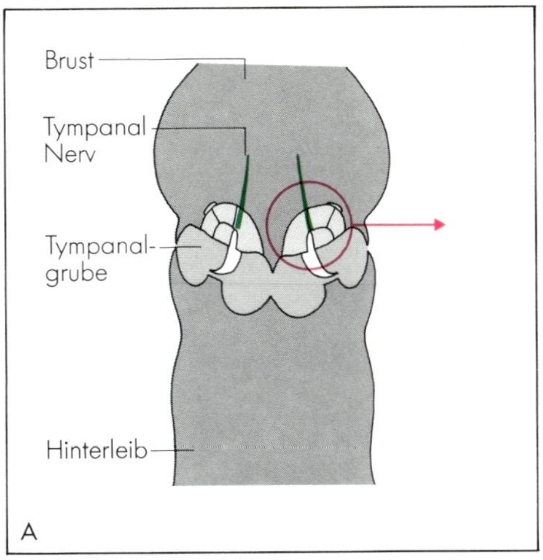

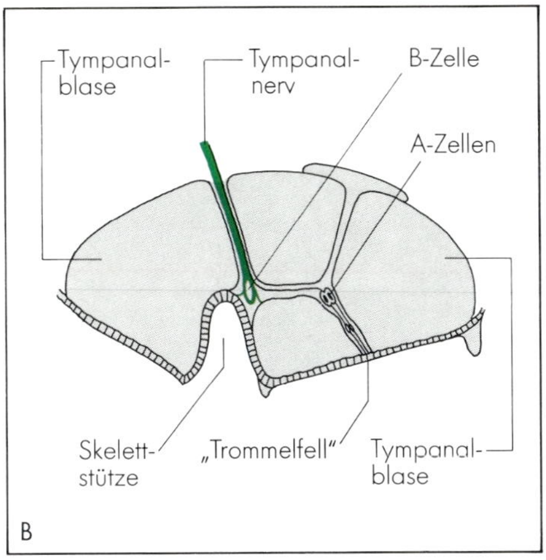

□ **Tympanalorgan eines Falters: A: Lage des Organs im Körper. B: Vergrößerter Ausschnitt.**

ihnen bei der Partnersuche? Entsprechende Versuche haben gezeigt, daß das wenig wahrscheinlich ist. Oder sollten die Falter womöglich die Ultraschallschreie der Fledermäuse, ihrer Feinde, hören? Die Wissenschaftler Schaller und Timm ▷ gingen dieser Frage nach und untersuchten das Hörvermögen von Nachtschmetterlingen mit einem Sender, der auf Knopfdruck ganz bestimmte Frequenzen von 4000 bis 176000 Hertz ▷ aussandte. Damit konnten sie, wenn auch unvollkommen, die Ortungsrufe von Fledermäusen nachahmen. Dem Protokoll eines ihrer zahlreichen Versuche entnehmen wir:

»20. 10. 48, 23.00 Uhr. 3 Exemplare von Scopelosoma satellitium ▷ fliegen in weiten Kreisen um die Deckenlampe. Bei Einschaltung von 80000 Hertz in 2 Meter Entfernung fällt ein Tier sofort zu Boden, die beiden anderen schlagen einen Haken. Eines davon landet hinter einem Schrank und bleibt unauffindbar. Die anderen fliegen nach einiger Zeit wieder um die Lampe. Beim Einschalten von 60000 Hertz schlagen beide einen Haken und landen in einer dunklen Ecke hinter dem Heizkörper, wo sie sitzenbleiben und keine Reaktion mehr zeigen.«

Die Tiere hörten offenbar etwas, denn sie reagierten selbst in einer Entfernung von 4 bis 5 Meter von der Schallquelle immer mit Flucht oder Sich-Totstellen. Um sicherzugehen, daß auch bestimmt

Schaller und Timm arbeiteten am Zoologischen Institut sowie an einer Klinik in Mainz.

Heinrich Hertz (1857–1894), Professor für Physik in Karlsruhe und Bonn.

Ein Schmetterling aus der Familie der Eulen.

□ **Links: Großohrfledermaus. Die riesigen Ohren sind speziell zum Auffangen von Ultraschallauten geeignet. Rechts: Nachtfalter, dessen »Ohr«, das Tympanalorgan, im vorderen Brustabschnitt gut sichtbar ist.**

keine anderen Organe die Schallwellen aufnehmen, durchstachen die beiden Forscher einigen Faltern die äußeren Trommelfelle ▷. Es zeigte sich, daß die Tiere tatsächlich nicht mehr in der Lage waren, Schallreize wahrzunehmen. Damit war nachgewiesen, daß der Hörsinn der Nachtschmetterlinge von großer Bedeutung ist, um Fledermäuse rechtzeitig akustisch zu erkennen. Dieses Hörvermögen gibt ihnen eine kleine, aber vielleicht die entscheidende Chance, ihren Hauptfeinden zu entkommen.

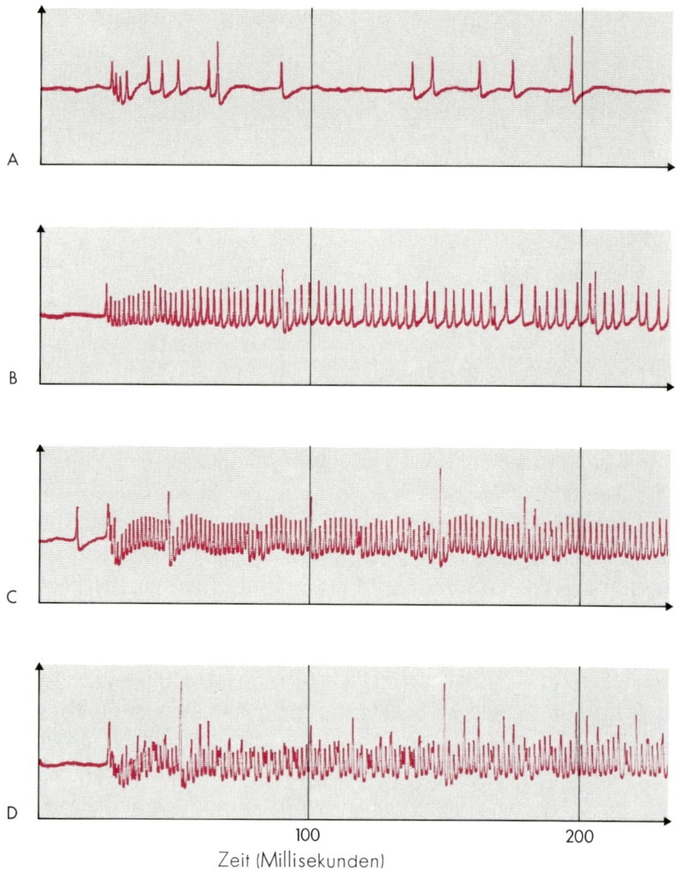

Hören allein genügt nicht

Schaller und Timm hatten auf indirektem Wege nachgewiesen, daß Nachtfalter die Ultraschallschreie der Fledermäuse wahrnehmen können. Kenneth D. Roeder, ein amerikanischer Biologe, war damit noch nicht zufrieden. Er wollte Genaueres über den Hörsinn der Schmetterlinge wissen, er wollte kontrollieren, mithören, was sich zwischen Hörorgan und Gehirn der Schmetterlinge abspielt, wenn die Ultraschallschreie einer Fledermaus auf das Trommelfell des Tympanal-Organs treffen.

Roeder fing einen Nachtschmetterling und legte mit großer Geduld und viel Geschick die Hörnerven frei. Erregungen, die durch Nerven laufen, kann man durch Elektroden abgreifen und auf einem sogenannten Kathodenstrahl-Oszillographen ▷ sichtbar machen. Jeder Nervenimpuls äußert sich in einem kurzen Stromstoß, der mit einem feinen, am Ende umgebogenen Silberdraht vom Nerv abgeleitet werden kann. Zudem kann man über einen Verstärker einen Lautsprecher anschließen, so daß die Aktionspotentiale ▷ als kurze Klicks hörbar werden.

Wie können wir feststellen, ob wir den richtigen Nerv, nämlich den Gehörnerv gefunden haben? Da die Erregungen vom Tympanal-Organ durch den Gehörnerv geleitet werden, müßte sich jedes Geräusch, das wir verursachen und das vom Tympanal-Organ registriert wird, einmal auf dem Oszillographen zeigen, zum anderen sollten im Lautsprecher Knacktöne hörbar werden. Man muß deshalb jedesmal, wenn man mit dem Silberdraht-Häkchen einen Nerv gefunden hat, diesen etwas aus der Körperflüssigkeit herausheben und dann Geräusche erzeugen, die auch der lebende Falter gehört hätte: mit einem Schlüsselbund klirren oder einen Glasstöpsel in einer Glasflasche drehen. Hat man Glück gehabt und den Gehörnerv gefunden, zeigen sich auf dem Oszillographen tatsächlich sogenannte Spikes. Um nun das Spikes-Muster auf dem Schirm des Oszillographen genauer deuten zu können, genügt es nicht, einfach mit dem Schlüsselbund zu klirren oder einen Glasstöpsel zu drehen. Diese Ge-

Diese kleine Operation schadet den Tieren nicht.

Der Kathodenstrahl-Oszillograph dient zur Sichtbarmachung schneller elektrischer Vorgänge.

Aktionspotential: Potentialschwankung, die bei der Erregung lebender Zellen abgeleitet werden kann. Ein weiteres Beispiel für Täuschung (Mimikry).

räusche setzen sich aus einer Vielzahl von Frequenzen zusammen. Besser ist es, eine genau definierte Tonhöhe zur Reizung des Tympanal-Organs zu verwenden. Man benutzt dazu einen Wechselstromgenerator, bei dem man Frequenz und Spannung kontrollieren kann, ferner einen Wandler zur Umsetzung von Strom in Schall. Jetzt können wir gezielte Töne verschiedener, aber bekannter Intensität und Tonhöhe an das Falterohr bringen.

Wir hören mit. Die Antwort der A-Zellen

Auch wenn kein Schall auf das Tympanal-Organ des Falters trifft, erscheint auf dem Schirm des Oszillographen ein Spikes-Bild. Die A-Zellen zeigen also ständig eine gewisse Aktivität. Sie bilden unregelmäßige Spikes, die immer wieder von höheren Spikes unterbrochen werden, die vermutlich von den B-Zellen stammen.

Die Intensität von Schallimpulsen entspricht dem, was wir als Lautstärke empfinden. Feuert man nun Ultraschallaute zunehmender Lautstärke auf das Ohr des Nachtfalters ab und beobachtet die Frequenz der A-Spikes auf dem Schirm des Oszillographen, so kann man folgenden Zusammenhang erkennen: Eine Erhöhung der Schallintensität drückt sich in einer Vermehrung der Anzahl der Spikes aus. Wenn die Lautstärke der aufgenommenen Signale zunimmt, nimmt auch die Anzahl der Nervenimpulse zu, die durch die Nerven zum Brustganglion weitergeleitet werden. Bei genauer Betrachtung der Spikes-Muster fällt noch etwas auf: Bei höheren Schallintensitäten werden die Spikes häufig zweigipfelig. Eine einzelne Nervenfaser kann aber unmöglich ein zweigipfeliges Aktionspotential zeigen, da die Impulse nur dann weitergeleitet werden, wenn sie eine bestimmte Stärke überschritten haben. Impulse, die unter dieser Schwelle liegen, werden nicht schwächer, wie man annehmen könnte, sondern sie werden gar nicht weitergeleitet. Wie kommen dann aber die zweigipfeligen Spikes zustande? Eine Erklärung dafür ist, daß von einer bestimmten Schallintensität an die zweite vorhandene A-Zelle zu reagieren beginnt. Dies ist dann der Fall, wenn die Schallintensität auf das 10fache des Wertes ansteigt, die die erste, empfindlichere A-Zelle braucht, um erregt zu werden. Was bedeutet das für den Falter? Er kann mit seinen beiden A-Zellen sehr gut Lautstärke-Unterschiede erkennen: Anders ausgedrückt, er kann bei gleichbleibender Schallintensität die Entfernung eines Objektes abschätzen, das Ultraschallimpulse aussendet. Fledermäuse können im Bereich von etwa 3 bis 4 Meter Echos von ihrer Beute empfangen, die für ihre Orientierung und den Zielanflug verwertbar sind. Aus welcher Entfernung nehmen aber Schmetterlinge ihren Feind war? Aus den Versuchsergebnissen von Roeder erfahren wir, daß bereits in einer Entfernung von 35 bis 50 Meter Aktionspotentiale vom Tympanal-Nerv abgeleitet werden. Der Falter hört also eine nahende Fledermaus bereits in einer Entfernung, in der diese ihre Beute noch lange nicht orten kann. Der Falter hat also im Kampf ums Überleben einen etwa 10fachen Vorteil. Was macht er, um diesen Vorsprung zu nützen und der Fledermaus zu entkommen? Sicherlich ist er, was die Fluggeschwindigkeit betrifft, der Fledermaus auch nicht annähernd gewachsen.

Überleben mit Sturzflügen und Loopings

Eine Reaktion auf einen Reiz kann mit einer reflektorischen Bewegung nach einem strengen Verhaltensmuster ablaufen. Das bedeutet, daß eine Vielzahl verschiedener Reize immer die gleiche Antwort zur Folge hat. Wird der Reiz dagegen zentral verarbeitet, sozusagen geprüft und ausgewertet, so kann ein Organismus wesentlich gezielter auf ein Ereignis reagieren als nur durch eine re-

□ Linke Seite:
Spikesmuster, wie sie vom Gehörnerv eines Falters abgeleitet werden können:
A: Regelloses Spikesmuster des Hörnervs (A-Zelle) eines Nachtfalters bei Ruhe; dazwischen höhere Spikes der B-Zelle. Es bedeutet: Keine Fledermaus in der Nähe.
B: Spikesmuster des Hörnervs bei Auftreffen eines Schallreizes von 40 Kilohertz auf das Tympanalorgan. Die Dichte der Spikes gibt Aufschluß über die Schallintensität (Lautstärke).
C und D: Hier wurde die Lautstärke jeweils erhöht. Die vom Nerv abgeleitete Information besagt: Eine Fledermaus nähert sich.

flektorische Bewegung. Je zahlreicher also die Reaktionen des Falters auf Fledermausschreie hin sind, desto unberechenbarer werden sie für den Verfolger, desto größer ist damit aber auch die Überlebenschance für die Beute. Was bedeutet die kritische Verarbeitung der Fledermausschreie durch das Faltergehirn?
Sie gibt dem Falter zweifellos die Möglichkeit, auf den Ortungslaut einer Fledermaus nicht nur reflektorisch, sondern gerichtet zu reagieren. Was unternimmt ein Falter, wenn er über die A-Zellen des Tympanal-Organs die Information erhält, daß eine Fledermaus auf ihn Jagd macht?
Wir haben in früheren Versuchen beobachtet, daß manche Falter bereits auf Schlüsselklimpern reagieren. Um überschaubare Verhältnisse zu erhalten, haben Wissenschaftler das Frequenzgewirr des klirrenden Schlüsselbundes durch eine Ultraschallquelle ersetzt, die auf einen kleinen Mast montiert war. In einiger Entfernung davon wurde ein Scheinwerfer angebracht, der auf den Ultraschallsender gerichtet war. Eine Kamera war so aufgestellt, daß bei geöffnetem Verschluß das Blickfeld auf einem empfindlichen Film festgehalten werden konnte. Jeder Falter, der an der Kamera vorbeiflog, ergab eine durchgehende Linie auf dem Fotopapier. Der Beobachter brauchte also nur zwei Knöpfe zu bedienen, sobald ein Falter ins Blickfeld flog: einmal den Verschluß der Kamera und dann, wenn der Falter ein Stück ins Bild geflogen war, den Ultraschallsender. Dieser sendete auf Knopfdruck Impulse von 5 Millisekunden Dauer mit einer Frequenz von 75000 Hertz und dies etwa 10mal in der Sekunde. Das entsprach recht gut den natürlichen Lauten der bei uns vorkommenden Fledermäuse. Würden die Falter auf die »künstliche Fledermaus« reagieren, vor allem, würde es gelingen, die Reaktionen der Tiere auf den Film zu bringen?
Die entwickelten Filme brachten überraschende Ergebnisse. Es konnte nicht nur festgestellt werden, daß manche Nachtfalter auf Ultraschallaute reagieren, sondern daß ihre Reaktionen auch sehr verschieden waren. Die Bilder zeigten Spuren von Faltern, die sofort zum Sturzflug ansetzten, sobald das Ultraschallsignal ertönte. Andere ließen sich fallen oder drehten Schleifen und Loopings. Vor allem in der Nähe des Senders führte die große Lautstärke zur kräftigen Reizung beider Tympanal-Organe, was sich fast immer in abwärtsgerichteten Bewegungen äußerte. Geringe Lautstärken dagegen, die der Falter vermutlich als eine Fledermaus in großer Entfernung deutete, wurden mit Abwenden von der Schallquelle, also mit einer klaren Fluchtreaktion beantwortet.
Wenn man bedenkt, daß die Fledermaus erst in einer Entfernung von etwa 3 bis 4 Meter zusammenhängende Echos von ihrer Beute empfängt, der Falter die Fledermaus aber schon aus einer Entfernung von 35 bis 50 Meter orten kann, so wird klar, daß es tatsächlich enorme Überlebensvorteile für den Falter bringt, den anfliegenden Feind so früh zu hören. Diese Vorteile lassen sich statistisch belegen.
Eine ganze Reihe von Nachtfaltern besitzt keinen Hörsinn. Würden alle Falter hören können, wären wir über die Wirksamkeit der Falterohren auf Vermutungen angewiesen; so aber können wir direkt vergleichen. In Versuchen wurden taube Falter jagenden Fledermäusen wesentlich häufiger zur Beute als hörende. Von diesen überlebten 40 Prozent mehr als von den tauben. Ein eindrucksvoller Beweis für die Bedeutung des Faltergehörs.

Funkkontakt mit dem Feind?

Eine Gruppe von Nachtschmetterlingen ging im Kampf ums Überleben noch einen Schritt weiter. 1963 entdeckten englische Biologen, daß manche Falter aus

der Familie der Bärenspinner ein Organ auf der Unterseite der Brust besitzen, das Laute produzieren kann. Sie entstehen dadurch, daß eine gerillte Membran durch Muskeln aufgewölbt wird; sobald die Muskeln erschlaffen, springt die Membran wieder in die Ursprungslage zurück. Dadurch entstehen ähnliche Klick-Laute, wie wenn man den Deckel einer Schuhkremdose eindrückt und ihn dann zurückspringen läßt.
Ursprünglich hatte man daran gedacht, daß diese Laute der innerartlichen Verständigung unter den Faltern dienen könnten. In keinem Fall konnte aber eine Reaktion eines Falters auf das Klikken eines Artgenossen beobachtet werden, obwohl die Bärenspinner Tympanal-Organe besitzen, also hören können. Man war ratlos und kam zu keiner Lösung des Problems, bis man feststellte, daß diese Laute einen hohen Anteil von Ultraschall enthalten und vor allem dann ausgestoßen werden, wenn man die Tiere »ärgert«.
Der englischen Biologin Dorothy Dunning gelang es, die Falter zur Erzeugung von Ultraschallauten zu veranlassen, indem sie die Tiere mit Ultraschall reizte. Das konnte eigentlich nur heißen, daß ein Falter auf Ortungsrufe einer Fledermaus hin ebenfalls mit Ultraschall antwortet. Was sollte es aber für einen Sinn haben, Laute auszusenden, die der Feind hören kann?
Welches Beutetier macht schon den Räuber auf sich aufmerksam, erleichtert ihm sozusagen den Beutefang durch Signale?
Um diese Frage zu untersuchen, brachte Dorothy Dunning sowohl stumme als auch Ultraschall aussendende Falter zusammen in einen Käfig mit Fledermäusen. Das Ergebnis war überraschend. Die Fledermäuse fraßen fast alle stummen Schmetterlinge, ließen die klickenden Tiere jedoch in Ruhe. Sie näherten sich ihnen zwar bis auf wenige Zentimeter, drehten dann jedoch plötzlich den Kopf zur Seite, als suchten sie neue Beute. In einem weiteren Versuch spielte man Fledermäusen, die normalerweise in die Luft geworfene Mehlwürmer sicher auffingen, die auf Tonband aufgezeichneten Laute von Bärenspinnern vor. Die Fledermäuse verschmähten nun die Mehlwürmer, die zusammen mit Lauten von Bärenspinnern angeboten wurden. Was kann diese Reaktion für Gründe haben?
Fledermäuse lernen sehr schnell, gut- und schlechtschmeckende Falter zu unterscheiden. Und Bärenspinner gehören zu den für die Fledermaus schlechtschmeckenden Faltern. Das Unterscheidungsmerkmal zwischen schmackhaft

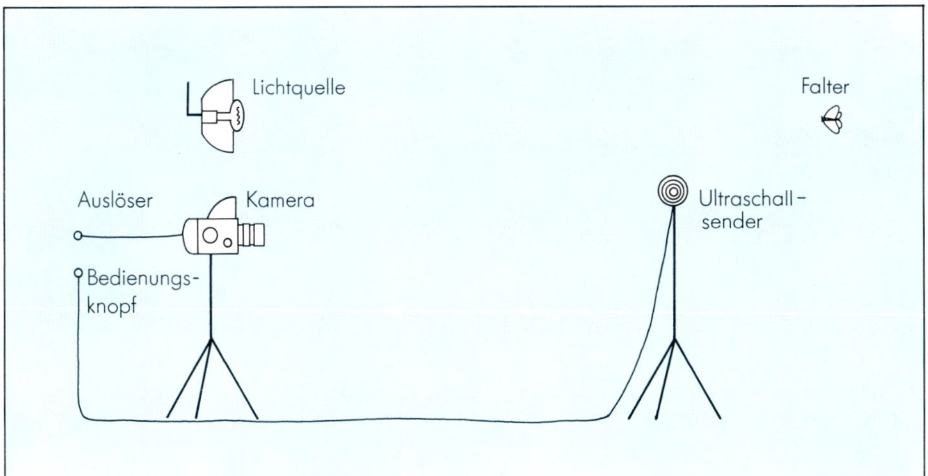

□ **Versuchsanordnung, mit der die Reaktionen von Nachtfaltern auf Ultraschallreize fotografiert werden können.**

und ungenießbar ist für die Fledermaus das akustische Signal. Mit anderen Worten und ins Menschliche übertragen heißt das, die Signale des Bärenspinners sind keine Ortungshilfe für die Fledermaus, sondern Warnlaute, die sagen: »Vorsicht, hier fliegt ein Bärenspinner, der schlecht schmeckt!«

Dieses System hat sich sogar ein Falter nutzbar gemacht, der für Fledermäuse eigentlich schmackhaft ist, wegen der Ultraschallaute, die er aussendet, aber verschmäht wird und damit geschützt ist.

Dieses Beispiel zeigt besonders eindrucksvoll das Wechselspiel von Jagd- und Abwehrstrategie zwischen Jäger und Beute: Wo der Jäger durch seine Angriffswaffen überlegen ist, hilft zunächst nur ein Mittel: die Flucht. Sie kann nur dann erfolgreich sein, wie wir wissen, wenn die Beute ihren Gegner rechtzeitig erkennt – und wenn sie es in der Geschwindigkeit mit ihm aufnehmen kann! Ist das Beutetier seinem Angreifer aber in der Geschwindigkeit unterlegen, müssen andere oder zusätzliche Strategien entwickelt werden. Der Bärenspinner schlägt die Fledermaus mit ihren eigenen Waffen.

Sicherheit im Versteck

Flucht ist zwar eine verbreitete Methode, sich einem Verfolger zu entziehen, aber Fliehen allein reicht häufig nicht aus, um sich wirksam vor Nachstellungen zu schützen. Flucht ist oft nur die Überbrückungshilfe, um in ein schützendes Versteck zu gelangen, in das der Jäger nicht oder nicht so leicht eindringen kann.

Ein schützendes Versteck – das kann oft schon ein Laubhaufen sein, ein Dickicht, eine Felsspalte oder Höhle, auch das Erdreich oder der Schlamm am Seegrund. Eine recht erhebliche Anzahl von Tieren gibt sich aber mit diesen von der Natur gebotenen Verstecken nicht zufrieden, sie baut sich eine eigene »Wohnung«. Maus, Kaninchen, Fuchs, Dachs und Murmeltier – um nur wenige Beispiele zu nennen – graben teilweise recht ausgedehnte Höhlen und Gänge ins Erdreich; Termiten sind bekannt für ihre kunstvollen, von Kammern und Gängen durchzogenen Bauten, die oft ebenso tief in die Erde hineinreichen, wie sie über die Oberfläche aufragen; Ameisen nehmen ihre Zuflucht ins Innere des Nadelhaufens, den viele Generationen im Laufe von Jahren aufgeschichtet haben.

In großer Vielfalt mauern, flechten, weben und graben Tiere ihre schützenden Verstecke mit Füßen und Klauen, Schnabel und Zähnen, mit vielgestaltigen Mundwerkzeugen (besonders bei Insekten) und mit anderen, zum Teil raffiniert an die Bautätigkeit angepaßten Körperteilen.

Ein solches Versteck kann über den gerade notwendigen Schutz vor einem Angreifer noch mehrere Zwecke erfüllen: Es schützt die Nachkommenschaft, bietet Raum als Nahrungsspeicher und dient sogar, zum Beispiel beim Ameisenlöwen, als Falle beim Beutefang.

Karl von Frisch ▷ hat in seinem Buch »Tiere als Baumeister« die Leistungen der Tiere beim Bau ihrer Wohnungen und Verstecke ausführlich und sehr anschaulich beschrieben.

Da Bauwerke von Tieren darüber hinaus auch in anderen Bänden dieser Reihe behandelt sind oder noch behandelt werden ▷, können wir uns hier auf ein einziges Beispiel beschränken.

Karl von Frisch, geb 1886, Professor für Zoologie und zuletzt Direktor des Zoologischen Instituts der Universität München, erhielt 1973 zusammen mit Konrad Lorenz und Niko Tinbergen den Nobelpreis.

Band 7 dieser Reihe geht auf die Bauwerke staatenbildender Insekten, Band 4 auf die Bauwerke der Vögel ein.

Überraschung an den Inn-Stauseen

Wer heute in Südost-Bayern in den Verlandungszonen der großen Inn-Stauseen spazierengeht, kann seit etwa 3 Jahren wieder einem Tier begegnen, das in weiten Teilen Europas verschwunden, um nicht zu sagen ausgerottet ist: dem Biber.

Das Ufer an den Seen ist reich mit Silberweiden verschiedenen Alters bewachsen. Über 70 Kilometer kann man an Fluß und Stauseen entlang durch den recht ursprünglich anmutenden, üppigen Vegetationsgürtel dieser Weichholzauen wandern.

An einer Stelle des Ufers treffen wir auf wirr durcheinanderliegende, abgeholzte Bäumchen des Uferbewuchses. Die Schnittstellen der kleinen Stämme sind unregelmäßig, sie stammen von den scharfkantigen Zähnen eben jenes Tiers, das es hier eigentlich gar nicht mehr geben dürfte: vom Biber. Wie kommt er hierher, wo er doch nach allem, was wir bisher gelesen haben, in der Bundesrepublik längst ausgestorben ist?

Die Gründe für das Aussterben von

Tierarten sind ebenso zahlreich wie die verschwundenen Tierarten selbst. Fast immer ist der Mensch daran irgendwie beteiligt. Manche Tierarten fielen der intensiven Jagd zum Opfer, anderen haben wir durch drastische Zerstörung der natürlichen Umwelt, also durch die Veränderung des Biotops, den Garaus gemacht. Am Verschwinden des Bibers waren vor allem die unkontrollierten Rodungen der Auwaldgürtel schuld. Auch die Trockenlegung von Sumpfgebieten und der Torfabbau behindern die ungestörte Entwicklung einer Biberpopulation ▷. Seit Jahren machen sich Naturschützer darüber Gedanken, wie man ehemals zahlreiche, heute aber stellenweise ausgerottete Tiere wieder einbürgern kann. Verzicht auf die Jagd gefährdeter Tiere und Schaffung eines zum Leben und zur Vermehrung geeigneten Lebensraumes sind sicher die wichtigsten Voraussetzungen einer Neueinbürgerung. Dabei war der Biber früher in ganz Europa außerordentlich häufig anzutreffen. Der große Naturforscher Konrad Gessner ▷ beschrieb ihn um 1550 so: »Wiewohl dieses in allen Landen ein gemein Thier ist / und in gemein gern wohnet / wo es Fisch und Krebs gibt / als wie der Mörder an den Strassen / so seynd sie doch am liebsten / wo große Wasserflüß laufen.« Der Bischof von Upsala, Olaus Magnus ▷, berichtete gar: »Jewohl Solinus ▷ vermeintt / die Byber finde man allein in den Wässern des Schwarzen Meeres so seind sie doch mit hauffe in dem Rhein / Tonaw / und in den Seen Morgenlands«.

Man glaubt, den Biber sogar in der ägyptischen Bilderschrift wiedergefunden zu haben, was heißen würde, daß er selbst in Afrika vorkam. Auch in Indien muß er gelebt haben, denn dort verbot die Religion der indischen Magier, ihn zu töten. Bei uns waren die freitags und in der Fastenzeit fleischlos lebenden Mönche weniger zimperlich, wenn es um Biberfleisch ging: Weil ihnen der Biber prächtig schmeckte, genügte schon die »fischähnliche Lebensweise«, um ihn als Fastenspeise zuzulassen. Der französische Jesuitenpater Charlevoix gab 1754 dafür folgende Begründung: »Bezüglich seines Schwanzes ist er ganz Fisch und er ist als solcher gerichtlich erklärt durch die medizinische Fakultät in Paris, und in Verfolg dieser Erklärung hat die theologische Fakultät entschieden, daß das Fleisch an Fastentagen gegessen werden darf.« Das ließ nach zeitgenössischen Berichten die Preise für Biberfleisch im Frühjahr immer kräftig ansteigen. Als besonders wohlschmeckend galt Fleisch von Bibern, die Seerosen gefressen hatten.

Lob verdient hier Erzbischof Johann Ernst von Salzburg, der den Biber durch strenge Jagdgesetze schützen wollte, was ihm aber trotz Androhung der Galeerenstrafe für jeden erlegten Biber nicht gelang.

Was den Biber schon in früheren Jahrhunderten so begehrens- und damit jagenswert machte, war das sogenannte Castoreum ▷. Es ist der Inhalt von Drüsensäcken an den Ausgängen der Geschlechtsorgane des Bibers. Castoreum war im Mittelalter eine vielgepriesene und sündhaft teure Arznei, mit der man glaubte, so ziemlich alle Leiden heilen zu können. Fachleute glauben, daß die Heilkraft wegen der im Castoreum enthaltenen Salicylsäure, die keimtötend wirkt, nicht gänzlich auf Einbildung beruhte.

So hat bereits der bekannte Zoologe Alfred Brehm ▷ Ende des letzten Jahrhunderts das Aussterben der Biber vorausgesagt. Das Eintreffen dieser Voraussage, zumindest für Teilbereiche, spricht auf den ersten Blick nicht für einen wirksamen Schutz des Bibers. Gegen seine natürlichen Feinde – hier der Dachs, in anderen Ländern auch Kojoten und Bären – ist der Biber in seinem Bau jedoch gut geschützt. Wenn der Mensch ihn nicht rücksichtslos verfolgt und dezimiert, gibt es für den Biber gute Überlebenschancen, denn er ist eigent-

Siehe Erläuterung auf der Randspalte von Seite 90.

Es besteht aus einer großen Zahl organischer Verbindungen, Alkoholen, Phenolen, Aldehyden, Ketonen, Äthern und einer spezifischen Substanz, dem Castoramin. Auch »Bibergeil« genannt.

Hier irrte nicht nur Gessner (1516–1565). Auch heute noch glauben viele Leute, daß der Biber Fische und Krebse frißt. Er ist aber ein reiner Pflanzenfresser und dabei nicht einmal wählerisch: Sein Speisezettel umfaßt etwa 300 Pflanzenarten.

Lebte von 1490 bis 1558 und war auch Kartograph und Geschichtsschreiber.

Römischer Schriftsteller des 3. Jahrhunderts n. Chr.

Alfred Brehm (1829–1884), Direktor des Zoologischen Gartens Hamburg, schrieb das klassische Werk »Brehms Tierleben«.

□ Rechte Seite: Kanadischer Biber im Winter.

lich nicht besonders anspruchsvoll. In den kanadischen und sowjetischen Sümpfen wie auch in der stark verschmutzten und ausgebauten Rhône hat er bis heute überlebt. Im Rhône-Delta finden Biber nicht einmal genug Baum- und Strauchvegetation, so daß sie Gräser und Kräuter fressen müssen. Diese »Grasbiber«, wie man sie nennt, bleiben zwar kleiner als ihre rindenfressenden Artgenossen und haben kein so schönes, glattes Fell, aber sie überleben.
Auch in Deutschland muß der Biber früher außerordentlich zahlreich vorgekommen sein. Allein in Bayern gibt es über 60, in ganz Deutschland mehr als 200 Ortsnamen, die auf den Biber zurückgehen. Die Stadt Biberach an der Riß führt ihn sogar seit dem Mittelalter im Wappen. Es liegt aber schon mehr als 100 Jahre zurück, seit das letzte Tier nachweislich auf dem Boden der heutigen Bundesrepublik gesehen wurde. An der mittleren Elbe und den dazugehörigen Gewässern zwischen Torgau und Magdeburg leben heute noch über 100 Biber in etwa 25 Burgen.
Seither sind immer wieder Versuche gemacht worden, den Biber bei uns neu anzusiedeln. Welche Voraussetzungen müssen für den Aufbau, für die Wiedereinbürgerung dieses wohl größten Nagetiers der Erde gegeben sein?

Von Dammbauern und Burgenbesitzern

Ein Gewässer, gleich ob stehend oder langsam fließend, bildet die Grundlage des Biberlebensraumes. In einer geographischen Lage wie der unseren, in der es im Winter immer zur Eisbildung kommt, sollte das Gewässer tiefer als etwa einen halben Meter sein, so daß es im Winter nicht bis auf den Grund durchfriert und im Sommer nicht völlig austrocknet. Die Uferböschung sollte aus einem Material bestehen, in dem der Biber graben kann, und es muß Hinterland vorhanden sein, das möglichst üppig mit Schilf, Rohrkolben und vor allem mit jungen Weiden, Pappeln oder anderen Weichhölzern bewachsen ist. Wozu braucht der Biber das alles?
Der Biber ist ausschließlich Pflanzenfresser. Im Sommer faßt er mit den Vorderpfoten gleich büschelweise Gräser, Binsen und saftige Kräuter. Wurzelstöcke verschiedener Stauden scharrt er aus dem Boden. An den Rand des Gewässers schleppt er die Zweige von Weiden und Pappeln, deren Rinde er mit besonderer Vorliebe verspeist. Stets schneidet er zuerst die Äste ab, um sie dann zwischen den scharfen Nagezähnen abzuschaben. Wie zwischen Reibeisen zerraspelt er die Rindenschnitzel mit den schmelzfaltigen Backenzähnen.
Im Herbst rüstet er sich dann für den Winter. Jetzt wird der Biber regelrecht zum Holzfäller. Reihenweise legt er Erlen, Eschen, Pappeln und Birken um, eigentlich alle Laubhölzer, deren Stämme nicht mehr als etwa 60 Zentimeter Durchmesser haben.
Meist erfolgt der »Anhieb« aus hockender Stellung. Auf den breiten, muskulösen Schwanz gestützt, umklammert der Biber den Baum mit den Vorderpfoten und raspelt zunächst die Borke ab. Mit seitlich gestelltem Kopf reißt er mit Hilfe seiner scharfen Schneidezähne einzeln die Späne aus dem Holz. Allmählich entsteht so eine einseitige, parabolische Einkerbung ▷, die durch Stellungswechsel nach den Seiten hin verbreitert, nach oben und unten verlängert und nach und nach vertieft wird. Ringsumlaufend benagt er freistehende Bäume allseitig, bis der sanduhrförmige Einschitt die Mittelachse des Baumes erreicht. Fällt der Baum schließlich, bringt sich der Biber schnell in Sicherheit. Dann schneidet er zuerst die dünnen Seitenzweige des gefällten Baumes ab und stapelt sie als Freßholz. Die stärkeren Äste schneidet er auf ein bis zwei Meter Länge zurecht und bringt sie als Bauholz zur Seite.
Biologen haben einmal mitgezählt, wieviele Bäume ein Biberpaar mit acht Jungtieren gefällt hat. Es waren in vier

Siehe die Abbildung auf Seite 112.

Jahren immerhin 1584 Bäume zwischen 3 und 43 Zentimeter Durchmesser. Zusammen mit vier Kolonien ähnlicher Größe brachten die Biber es sogar auf 5424 Bäume. Nur 72 davon waren für die Tiere unbrauchbar, weil sie so unglücklich umgefallen waren, daß sie nicht verwertet werden konnten. Über die Hälfte der Bäume war nur wenig dikker als 3 Zentimeter. Zum Fällen eines solchen Bäumchens braucht der Biber nur einige Minuten. An den dicken arbeiten sie, manchmal zu mehreren, einige Stunden.

Wozu braucht der Biber aber so große Mengen Bauholz? Da der Biber keinen energiesparenden Winterschlaf hält, muß er sich in der kalten Jahreszeit vor den Unbilden der Witterung schützen. Dazu unter anderem baut er sich geräumige Wohnburgen aus aufeinandergeschichteten Ästen und dünnen Baumstämmen. Auch zum Dammbau braucht der Biber große Mengen Holz. Nun wachsen jedoch die dazu notwendigen Bäume oft 100 und mehr Meter vom Ufer entfernt. Wie bringt der Biber die zum Teil recht schweren Stämme zu seinen Baustellen?

Der Biber ist nicht nur ein großartiger Baumfäller, er ist ein ebenso geschickter Kanalbauer und Flößer. Etwa 60 Zenti-

□ **Inselburg einer Biberfamilie im aufgestauten Wasser.**

□ **Birkenstämme, die vom Biber bearbeitet wurden.**

meter breit und knapp 50 Zentimeter tief sind seine Kanäle, über die er Zweige und Stämme, gelegentlich über 200 Meter weit, vom Ufer weg zum See oder Fluß flößt, um sie dort am Damm zu verbauen oder als Vorräte unter Wasser an seiner Burg zu verankern.

An wasserreichen, großen Flüssen, die das ganze Jahr über gleichmäßig Wasser führen und die eine relativ steile Uferböschung haben, reicht dem Biber eine Erdhöhle in dieser Uferböschung. Sie hat immer mindestens zwei Ausgänge, die unterhalb der Wasseroberfläche liegen. Sie führen nach rückwärts in einen über dem Wasserspiegel liegenden Kessel von etwa einem Meter Durchmesser und einem halben Meter Höhe. Zwischen Kessel und Ausgang, an der Grenze zum Wasser, liegt eine Freßkammer, in der der Biber seine Nahrung verzehrt.

Manchmal erkennt man eine solche Biberburg schon von außen, dann nämlich, wenn der Burgherr durch unvorhergesehenen Wasseranstieg gezwungen war, den Kessel immer höher zu legen. Er macht das, indem er von der Decke Erde abkratzt und am Boden festtritt. Wenn das Ufer allerdings nicht hoch genug ist, wird das Dach bald zu dünn oder muß ganz abgetragen werden. Der Biber häuft dann von außen Zweige auf seinen Bau: Eine Biberburg ist entstanden.

An kalten Wintertagen ergeht es dem Biber nicht viel besser als den Burgbewohnern vergangener Tage: Es wird frostig im Bau, obwohl bereits im Herbst alles mit Lehm und Schlamm sorgfältig abgedichtet wurde. Nur kleine Dampfwölkchen, die aus der Biberburg aufsteigen, zeigen uns an, daß der Burgherr mit seiner Familie zu Hause ist. Die unterirdischen Gangsysteme mehrerer Biberfamilien bilden zusammen oft ein Labyrinth von mehreren hundert Metern Länge. An Gewässern, die langsam fließen und ein flaches Ufer haben, baut der

Biber künstliche Inseln, die er mit großer Ausdauer so lange erweitert, bis sie manchmal zwei bis drei Meter aus dem Wasser ragen. Auch hier liegt der Wohnraum, der Kessel, immer über dem Wasserspiegel, die Ausgänge münden jedoch unter Wasser. In der Sowjetunion kennt man eine Biberburg von zwölf Meter Durchmesser mit etwa einem Dutzend Kessel in verschiedenen Ebenen. Solche Biberpaläste können von mehreren Familien bewohnt sein.

Der Wasserstand eines Sees oder Flusses ist im Verlauf des Jahres häufig großen Schwankungen unterworfen. Insbesondere in Dürrezeiten kann er so stark absinken, daß die Mündungen der Röhren eines Biberhauses nicht mehr unter Wasser liegen, daß Schwimmen und Tauchen fast unmöglich werden. Solchen bedrohlichen Situationen begegnet der Biber, indem er rechtzeitig einen Damm baut und damit das Gewässer aufstaut. Auf diese Weise erreicht er einen einigermaßen gleichbleibenden Wasserstand.

An einer möglichst schmalen Stelle des Gewässerabflusses beginnt er und bezieht bei seinem Dammbau vorhandene Sandbänke oder Untiefen ein. Zuerst verlegt er quer zur Strömung Knüppel, die er durch dazwischengesteckte Äste befestigt. Mit Grasbüscheln, Laub, Schlamm, auch mit Steinen verstopft er die Lücken. Mit großer Kraft rammt er Holzprügel in den Boden des Wasserlaufes. Immer wieder verbindet er seine »Pfeiler«, indem er Zweige hindurchsteckt, legt er Querhölzer ein, die er durch Astgabeln gegen die Strömung stützt. Schilf, Schlamm und Lehm dichten das Bauwerk so ab, daß der fertige Damm wasserdicht ist. Die flußaufwärts gewandte Seite des Dammes ist steil und glatt. Die flußabwärts gerichtete Wand ist ein wirres Durcheinander verspießter und verkeilter Stämme und Äste. Da, wo der Damm ans Ufer grenzt, liegt die Dammkrone etwas tiefer, damit das Wasser überlaufen kann.

Immer wieder kommt es auch unter Fachleuten zu Diskussionen über die erstaunlichen Leistungen der Biber. Es ist in der Tat nur schwer vorstellbar, daß eine so hochstehende, spezialisierte Bautätigkeit nicht die Folge eines intelligenten und geplanten Handelns ist. Vor allem die Tatsache, daß die Tiere an einer bestimmten Stelle einen Damm bauen, um weiter flußaufwärts zu wohnen, hat die Wissenschaftler verblüfft. Selten liegen bei Tieren der Ort ihrer Aktivitäten und deren Auswirkungen so weit voneinander entfernt. Sinkt nämlich der Wasserspiegel des Stausees durch ein Leck im Damm, wird also der Eingang zur Biberburg trockengelegt, sind die Biber sofort am Damm, um das Loch zu verschließen. Die Hände des Bibers, ähnlich denen des Menschen gebaut – nur übernimmt hier der kleine Finger, nicht der Daumen die Greiffunktion –, sind sicher mit ein Grund für die erstaunlich perfekten Bauleistungen der Biber. Mit kräftigen Krallen zum Graben versehen, können sie aber auch kleine Gegenstände gut festhalten und damit gezielt hantieren. Die ausnehmend gut entwickelten Greifhände des Bibers sind aber noch keine Antwort auf unsere Frage, ob Biber einsichtig und planend oder nach einem angeborenen Verhaltensmuster handeln. Auch die Feststellung, daß Biber ein besonders hochentwickeltes Gehirn besitzen, kann uns noch nicht voll zufriedenstellen. Hier müßte die Beobachtung von isoliert aufgezogenen Bibern weiterhelfen, die noch nie Gelegenheit hatten, von erwachsenen Tieren zu lernen, wie man Wohnburgen und Dämme anlegt. Lars Wilsson hat 1966 entsprechende Versuche mit Bibern unternommen und hat dabei eindeutig nachgewiesen ▷: Auch völlig isoliert aufgewachsene Biber beginnen von selbst, wie erfahrene Tiere Bäume zu fällen und Dämme zu bauen, obwohl sie es nie zuvor gesehen haben. Sicherlich beschleunigt in freier Wildbahn das Vorbild der Alten den Lern-

Nachzulesen in seinem Buch: »Biber. Leben und Verhalten«. Wiesbaden 1966, F.A. Brockhaus.

prozeß, aber das Grundschema mit all seinen Variationsmöglichkeiten ist angeboren. Der »Dammbau-Instinkt« ▷ scheint vor allem durch äußere Bedingungen beeinflußt zu werden. Zum einen ist es die zunehmende Tageslänge, die, wie man vermutet, über eine hormonale Steuerung den Bautrieb auslöst. Zum anderen veranlaßt die zunehmende Familiengröße oder ganz allgemein die zunehmende Größe einer Biberkolonie eine verstärkte Bautätigkeit. Trotzdem verblüfft es, wie Biber ein von Verhaltensforschern absichtlich angelegtes Leck im Damm vor Reparaturbeginn »besichtigen« und dabei ganz offensichtlich eine »Vorstellung« entwickeln, welches Material zur Ausbesserung des Lecks am besten geeignet ist. Es ist verblüffend, mit welchem Einfallsreichtum Biber dabei ans Werk gehen.

Ein Neubürger mit Licht- und Schattenseiten

Das Ergebnis der Biberarbeit, ganz gleich wie es entstanden ist, ist jedenfalls für den Menschen von großem Vorteil. Ein ganzer Lebensraum wird durch die Bautätigkeit des Bibers entscheidend beeinflußt. Die Teiche bilden Wasserreservoire, die den Grundwasserspiegel ständig in einer konstanten Höhe halten. Der Wasserabfluß wird verlangsamt und so der Auswaschung des Flußbettes, häufig eine Folge von voreiligen Begradigungen, vorgebeugt. Zahlreiche Tiere, zum Beispiel Wasservögel, vor allem Enten, wandern an die neugebildeten Tümpel zu, ihnen folgen die Freßfeinde; insgesamt kommt es also zu einer deutlichen Belebung des Biotops ▷.

Russische Wissenschaftler haben in 190 Biberwohnungen Mitbewohner und Nachfolgemieter gezählt und eine erstaunliche Vielfalt von »Untermietern« gefunden: Mäuse aller Arten, Iltisse, Ringelnattern; sogar eine Schildkröte war darunter.

In vielen Ländern, so auch in der Sowjetunion und in den Vereinigten Staaten, scheut man deshalb keine Mühe, den Biber auch an den für Menschen schwer zugänglichen Stellen neu- oder wiederanzusiedeln.

Teilweise werden die Tiere in Käfigen, die sich beim Auftreffen auf den Boden automatisch öffnen, an Fallschirmen vom Flugzeug aus abgeworfen.

Daß auch Wiedereinbürgerungsversuche ihre Probleme haben, zeigt ein Beispiel aus Bayern. Vier Biber, die man in der Nähe von Eggenfelden in Niederbayern an der Rott ausgesetzt hatte, waren mit den Biologen, die sich viel Mühe mit der Ortswahl gegeben hatten, durchaus nicht einer Meinung und wanderten ab. In den Auen der Inn-Stauseen schließlich gefiel es ihnen, so daß man dort zwischen 1972 und 1973 zehn weitere Biber aussetzte.

Die Biologen Hubert Weinzierl und Josef Reichholf, die sich schon lange mit den Einbürgerungsproblemen von Säugetieren beschäftigt hatten, berichteten über den Erfolg der Aktion: Vier Exemplare blieben im unmittelbaren Umkreis der Aussetzungsstelle und bauten Reviere auf. Ein Paar - Biber leben in der Regel in Einehe – baute nacheinander drei Burgen und bekam auch drei Junge, die jedoch aus unbekannten Gründen eingingen.

Im nächsten Jahr überlebten zwei Junge aus dem Wurf dieses Paares. Die anderen ausgesetzten Altbiber wanderten teils flußaufwärts, teils flußabwärts.

Dieser an sich völlig normale Wandertrieb der erwachsenen Biber macht den Biologen große Sorgen.

Die Tiere in den Inn-Stauseen sind nämlich inzwischen auf etwa 70 Kilometer Uferzone verteilt. Was die Biber natürlich nicht wissen können: daß sie allein auf weiter Flur sind und ihre Chance, einen Geschlechtspartner zur Koloniegründung zu finden, desto geringer wird, je weiter sie abwandern. Einbürgerungsversuche müssen deshalb, wenn sie erfolgreich sein sollen, mit einer wesentlich größeren Ausgangszahl von Tieren

Instinkthandlungen sind zweckmäßige Betätigungen, die als angeborene Triebe ohne Erfahrungen, ohne Lernvorgänge und ohne Einsicht in den Zusammenhang und den Zweck der Dinge, also ohne Bewußtsein, bei allen Individuen einer Art auf gleiche Weise (artspezifisch) ablaufen.

Biotop: Natürlicher, abgegrenzter Lebensraum einer darauf abgestimmten Lebensgemeinschaft wie z. B. Bach, Moor.

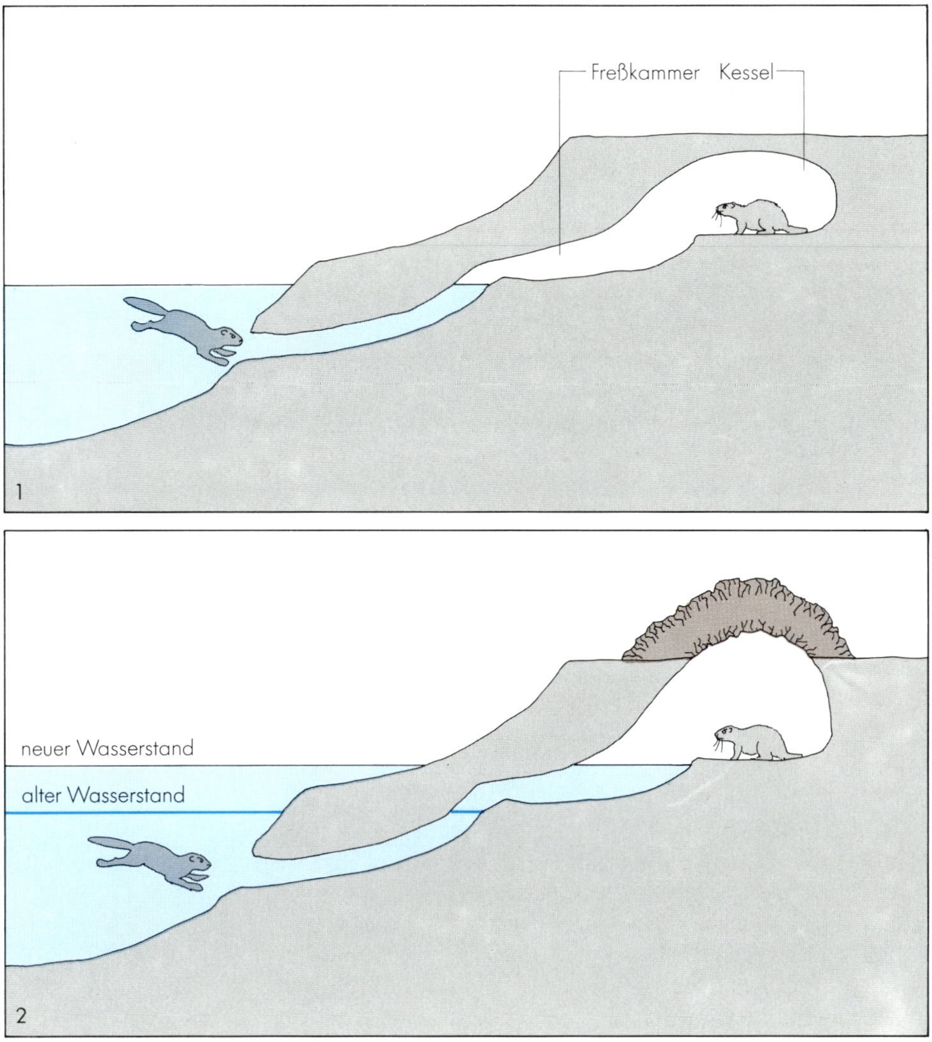

□ **Biberburg: Uferburg.**
In allen Fällen liegen die Eingänge immer unter Wasser.

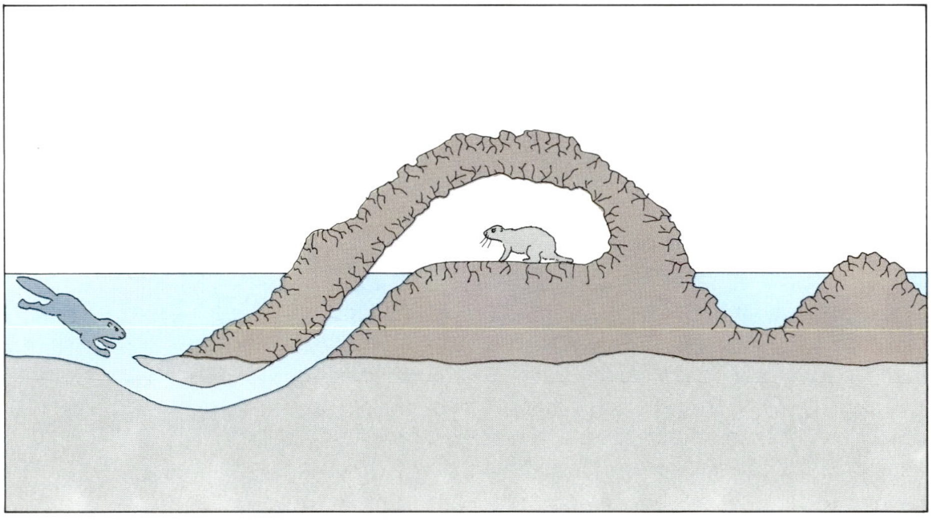

□ **Biberburg: Inselburg.**

unternommen werden. Man rechnet, daß man mindestens 20 bis 50 Tiere aussetzen muß, um die Verluste durch Abwanderung auszugleichen. Beginnen sich die Tiere erst einmal zu vermehren, so steht das nächste Problem an: Reicht die zur Verfügung stehende Nahrung? Nachdem die Biber am Inn zuerst nur Zitterpappeln, die dort sehr selten sind, gefällt hatten, weil sie es wohl aus ihrer schwedischen Heimat so gewohnt waren, stellten sie sich bald auf die sehr zahlreichen Silberweiden um. Für den Burgenbau benutzten sie aber auch noch Erlen und sogar Eichen. Man hat ausgerechnet, daß im Gebiet der Inn-Stauseen einige hundert Biberpaare gut leben könnten, denn der Baumbestand im Uferbereich ist so dicht, daß immer genügend nachwächst.

Längst haben sich auch die Naturschützer angewöhnt, nicht nur von ästhetischen Gesichtspunkten einer solchen Neuansiedlung zu reden, sondern auch wirtschaftliche Gesichtspunkte zu betrachten. Wegen des hohen Wertes des Biberpelzes hat man zum Beispiel in Nordamerika die Anzahl der ausgesetzten Biber wieder erhöht. Daneben ist es aber vor allem ihr positiver Einfluß auf die gesamte Lebensgemeinschaft einer Flußaue, der eine Wiederansiedlung der Nager wünschenswert erscheinen läßt.

Nach diesem Loblied auf den Biber muß man der Wahrheit halber aber auch von Erfahrungen aus den Vereinigten Staaten und Kanada berichten, die vielleicht für die Einbürgerungsversuche in Europa von Bedeutung sein könnten. Auch in Kanada war der Biber wegen der rücksichtslosen Jagd, die man auf ihn machte, stark zurückgegangen und vom Aussterben bedroht. Um dies zu vermeiden, erließ man um 1920 strenge Fangverbote und richtete Schutzgebiete ein. Dazu setzte man, wo immer möglich, Tausende von Bibern aus. Bald war die Zeit gekommen, da die Bestände wirtschaftlich genutzt werden konnten. Aber die öffentliche Meinung, durch die Naturschützer in langer Arbeit vom Wert und der Schutzwürdigkeit des Bibers überzeugt, war gegen eine Dezimierung. Noch während der Diskussion um das Für und Wider der Biberjagd rückten die Tiere immer weiter vor. Sie siedelten sich in Farmen und Gärten an und fällten hektarweise wertvolles Bauholz. Im Staat Wisconsin haben Wissenschaftler 1948 errechnet, daß das in 10 Jahren gefällte Holz einen Stapel von einer Meter Höhe, zweieinhalb Meter Tiefe und etwa fünf Kilometer Länge ergeben würde. Die baufreudigen Tiere siedelten auch in Be- und Entwässerungskanälen, beschädigten die künstlichen Ufer und verursachten Straßenüberschwemmungen. Schließlich blieben sogar Obstplantagen, sowie Mais-, Zuckerrüben- und Kartoffelfelder nicht verschont, so daß man förmlich von einer »Biberkrise« sprach. In einem amerikanischen Bundesstaat legten die Tiere sogar für einige Tage die Wasserversorgung einer ganzen Stadt lahm, weil sie den Fluß absperrten und umleiteten, an dem das Wasserwerk stand. Nachdem Biber auch noch an Flüssen liegende Eisenbahndämme untergraben und Strom- und Telefonleitungsmasten gefällt hatten, erwog man ernstlich, den Biber aus der Liste der schutzwürdigen Tiere zu streichen.

Man wird wohl auch in Zukunft noch einige Erfahrungen mit diesen Tieren sammeln müssen. Das Beispiel zeigt aber bereits jetzt, wie kompliziert Wechselwirkungen zwischen Tieren und der vom Menschen umgestalteten Natur sind. Es lehrt uns auch, wie problematisch es ist, in den Haushalt der Natur einzugreifen und Tiere oder Pflanzen einfach in »nützlich« und »schädlich« einzuteilen. Besonders nachdenklich stimmt die Erfahrung, daß selbst die Neueinbürgerung ausgerotteter Tierarten unter den veränderten Bedingungen des jetzigen Lebensraumes neue Probleme bringt, die erst bewältigt sein wollen.

Im Schutze der Gemeinschaft

Wasserburgen und Staudämme, wie sie der Biber errichtet, können von einem einzelnen Tier weder erbaut noch über längere Zeit instandgehalten werden. Es sind Gemeinschaftsleistungen großen Stils, bei denen nicht nur die Mitglieder einer Familie, sondern ganze Biberkolonien sinnvoll zusammenarbeiten. Wir sind also eigentlich schon im vorausgegangenen Kapitel der Tiergemeinschaft begegnet, haben dort jedoch unser Hauptaugenmerk auf den Bau der schützenden Burg und der dafür wichtigen Dämme gerichtet. In diesem Kapitel wollen wir uns mit den Schutzverbänden und -gemeinschaften der Tiere beschäftigen. Eine Ansammlung von gleichartigen Tieren ist auch für den Laien kein ungewohntes Bild. Auf Schritt und Tritt begegnen wir Tiergruppen in unterschiedlicher Größe: dem Rehrudel auf offenem Feld, dem Taubenschwarm in der Stadt, dem Heer der Ameisen am Waldrand. Alljährlich ziehen im Frühjahr und im Herbst gewaltige Vogelschwärme am Himmel von Horizont zu Horizont. An warmen Sommerabenden tanzen die Schwarmsäulen der Mücken in der Luft über dem See. Aus Fernsehberichten kennen wir die riesenhaften Huftierherden, die durch die Steppen Afrikas ziehen. Tagaus, tagein machen Fischfangflotten Jagd auf die Fischschwärme der Weltmeere, auf Heringe, Makrelen, Sardinen, Thunfische.

In Band 7 dieser Reihe befassen wir uns eingehend mit den Gesellschaften und Gemeinschaften der Tiere, in Band 8 speziell mit deren Wanderungen. Wir beschränken uns deshalb in diesem Kapitel bewußt auf zwei Beispiele, auf den Fischschwarm als Schutzgemeinschaft und auf zwei ganz und gar verschiedene Tierarten, die sich zu ihrem Schutz zu einer Lebensgemeinschaft zusammengefunden haben.

Die exerzierenden Elritzen

Vor allem in der Laichzeit, von April bis Juni, kann man vom Seeufer aus große Elritzenschwärme beobachten. In mustergültiger Ordnung ziehen die kleinen, fingerlangen Fische zu Hunderten über den hellen Sandgrund. Ihre Körper sind langgestreckt und helloliv mit dunklen Flecken und silbrigen Seiten. Wenige Meter weiter, über dunklem Schlammboden, entdecken wir einen zweiten Schwarm; diesmal sind die kleinen Fische dunkel und heben sich kaum vom Untergrund ab.

Auch dieser Verband »exerziert« völlig gleichmäßig, zieht parallel zum Ufer, schwenkt wie auf Kommando nach links, kehrt nach einigen Metern geschlossen um und kommt nun direkt auf uns zu.

Wir werfen einige Brotbröckchen auf die Wasseroberfläche: Für zwei, drei Minuten herrscht regelloses Durcheinander. Auf der Jagd nach einem Bissen schießen die Elritzen wild und ungestüm hin und her. Doch kaum ist die Jagd nach den Futterbrocken zu Ende, formiert sich der Verband wieder und zieht, geschlossen und wie von einem Magneten zusammengehalten, weiter. Was veranlaßt Elritzen, sich zu einem Schwarm zusammenzuschließen und mit fast gleichem Flossenschlag, schön ausgerichtet durch das Wasser zu ziehen? Wodurch wird der Schwarm überhaupt zusammengeführt und zusammengehalten?

Welche Bedeutung hat das Schwarmverhalten für den einzelnen Fisch, welche Bedeutung der einzelne Fisch für den Schwarm? Ist ein Elritzenschwarm aus hundert und mehr Einzeltieren nicht viel auffälliger und ist damit nicht auch der einzelne mehr gefährdet, als wenn er für sich allein lebte? Worin bestehen also die Vorteile für das Individuum, für die einzelne Elritze?

Beginnen wir unsere Untersuchungen damit, daß wir uns mit einem großen Kescher zwanzig bis dreißig Elritzen aus einem Schwarm aus dem See holen, diese in einem Eimer mit Frischwasser nach Hause fahren und dort in ein größeres Aquarium einsetzen. Haben sich die Fische eingewöhnt, zeigen sie wieder ihr typisches Schwarmverhalten. Sie richten sich häufig parallel aus und ziehen in ziemlich geschlossenem Verband durch das Aquarium. Auch nach längerer Beobachtung ist keines der Tiere als Leitfisch zu erkennen. Die vorn schwimmenden Tiere wechseln ständig mit weiter hinten schwimmenden. Beim besten Willen ist kein Anführer zu entdecken. Wir setzen nun eine bisher einzeln gehaltene, etwa gleich große Elritze zu dem Schwarm. Sofort schließt sie sich dem Verband an und wird auch von diesem aufgenommen. Der Elritzenschwarm

□ **Heringe bilden oft riesige Schwärme.**

scheint also ein anonymer Verband ▷, die Einzeltiere scheinen austauschbar zu sein. Wie sieht es aber aus, wenn man eine wesentlich größere Elritze in diesen Schwarm bringt? Sie schließt sich nicht dem Schwarm an, sondern schwimmt als Einzeltier gesondert, sie bleibt für sich allein.

Wir teilen nun unseren Schwarm in zwei verschieden große Gruppen und bringen sie in verschiedene Aquarien. Eine Gruppe von acht Fischen in das eine Becken, eine andere Gruppe von zwanzig Tieren in das andere. Vorher haben wir wieder ein Einzeltier isoliert und allein in einem Becherglas untergebracht. Dieses Becherglas stellen wir nun zwischen die beiden Aquarien. Die einzelne Elritze strebt eindeutig zu der Glaswand hin, hinter der die zwanzig Artgenossen geschlossen schwimmen. Zufall? Wir drehen das Glas, wechseln die Plätze der Aquarien. In der überwiegenden Mehrzahl der Versuche sucht das Einzeltier Anschluß beim größeren Schwarm. Beunruhigt man jedoch den größeren Schwarm so sehr, daß er nicht mehr geschlossen schwimmt, läßt hingegen den kleinen Schwarm in seinem Aquarium in Ruhe, wechselt die Elritze ihren Platz im Becherglas und tendiert zum kleineren Schwarm – allerdings nur so lange, bis sich der größere wieder beruhigt und formiert hat.

Wir haben mit diesen einfachen Versuchen eine Reihe interessanter Entdekkungen gemacht.

- Von etwa gleich großen Artgenossen geht für Elritzen ein starker, anziehender Reiz aus, der so unwiderstehlich ist, daß sich Einzeltiere sogleich den Artgenossen zuwenden ▷.
- Es gibt keinen Zweifel, daß es sich um optische, also Sehreize handelt, die das einzelne Tier Anschluß an Artgenossen suchen lassen.
- Je größer die Anzahl der Artgenossen, also der Schwarm ist, desto anziehender ist die Wirkung, vorausgesetzt, der Schwarm schwimmt im geordneten Verband. Die Anzahl der Artgenossen und deren geschlossenes Exerzieren sind also zwei unterschiedlich zu bewertende Kriterien für den Anschluß an den Verband.

Wir wollen nach diesen Erkenntnissen einen Kontrollversuch machen, um zu überprüfen, ob wir die richtigen Schlüsse gezogen haben.

Verdunkelt man den Raum, in dem die Aquarien stehen ▷, zerstreut sich der Verband. Die Tiere schwimmen regellos im Aquarium umher. Setzt man zu einer einzelnen Elritze einen Spiegel ins Aquarium, wendet sie sich dem »Artgenossen« zu. Sogar ein totes Tier löst den sogenannten Artgenosseneffekt aus, zumindest für kürzere Zeit.

Der Elritzenschwarm ist also ein stimulierender, anziehender Reiz (Schlüsselreiz), der das Einzeltier dazu treibt, sich dem Schwarm anzuschließen. Welche Bedeutung hat nun das Einzeltier für den Schwarm? Auf der Suche nach den Steuerungszentren für das Schwarmverhalten haben Wissenschaftler einer Elritze das Vorderhirn entfernt, eine Operation, die weder das Schwimmvermögen noch das Freßverhalten des Tieres beeinflußt. Das operierte Tier wurde, nachdem die Operationswunde verheilt war, wieder dem Schwarm beigesellt.

Anonym: Namenlos, unpersönlich.

Es ist ebensogut möglich, die Augen der Einzeltiere mit dunklen, lichtundurchlässigen Lackkappen zu überziehen.

Dieses Verhalten wird als »Artgenosseneffekt« bezeichnet.

□ Elritzen aus einem Schwarm.

Und nun zeigte sich etwas Merkwürdiges: Das operierte Tier kümmerte sich in keiner Weise um den Schwarm, sondern schwamm, vom Schwarm unbeeinflußt, im Becken umher. Plötzlich stellten die Beobachter fest, daß der Schwarm seinerseits auf den Einzelgänger zu reagieren begann, ihm nachschwamm und schließlich alle Bewegungen des operierten Tieres mitvollzog. Die Einzelelritze wurde zu einer Art Führerin des Schwarms.

Wir erkennen aus diesem etwas makabren Versuch, daß nicht nur eine Stimmungsübertragung vom Schwarm auf das Einzeltier erfolgen kann, sondern auch eine Übertragung vom Einzeltier auf den Schwarm. Das Einzeltier kann also durchaus Initiator für das Gesamtverhalten der Gruppe sein.

Schwimmt eine einzelne Elritze plötzlich schnell aus dem Verband, vielleicht weil sie als erste einen Raubfisch entdeckt hat, löst ihr rasches Davonschwimmen die Flucht des gesamten Schwarms aus. Die Handlung dieser Elritze wirkt also »ansteckend« und schützt auf sinnvolle Weise den Verband. Auch der Artgenosse, der plötzlich und unvermutet aus der Gruppe ausschert und nach einem Futterbrocken schnappt, löst Unruhe aus und stimuliert den Schwarm für kurze Zeit dazu zu fressen.

Genaue Untersuchungen haben ergeben, daß bei gleichen Futtermengen einzelne Elritzen weniger fressen als Tiere im Verband, Einzeltiere insgesamt langsamer wachsen und langsamer an Gewicht zunehmen als Tiere im Schwarm. Elritzen fressen also mehr in der Gruppe, als wenn sie einzeln gehalten werden, – ein für die Gruppe positiver Gesamteffekt.

Alarm im Elritzenschwarm

Der Biologe Karl von Frisch ▷ experimentierte schon vor mehr als fünfzig Jahren mit Fischen. Ihn interessierte damals vor allem, ob und wie gut Fische hören können. Da in der Anfangszeit der Verhaltensforschung viel mehr im Freiland beobachtet und experimentiert wurde als heute, hielt sich von Frisch oft am Ufer des Wolfgangsees auf. Durch regelmäßiges Füttern hatte er einen Schwarm Elritzen so zutraulich gemacht, daß die Fische in Erwartung des Futters nicht mehr flohen. Bei seinen Versuchen war es notwendig, die Elritzen zu kennzeichnen, denn es mußte gewährleistet sein, daß es sich bei der Versuchsgruppe immer um den gleichen Schwarm handelte. Das ist nicht so einfach, da Farbe auf der Fischhaut schlecht anzubringen ist.

Von Frisch hatte schon Jahre zuvor über die Färbung von Elritzen gearbeitet und dabei entdeckt, daß sich die Afterflosse dunkel färbt, wenn man einen bestimmten Nerv kurz davor durchtrennt. Dieses Verfahren war zur Kennzeichnung von Fischen recht gut geeignet. Die kleine, schmerzlose Operation schadete dem Fisch nicht, er verhielt sich nach dem Eingriff völlig normal und gesellte sich sofort wieder zum Schwarm. Dann passierte aber etwas sehr Merkwürdiges: Die Schwarmmitglieder flüchteten, obwohl ihnen nichts geschehen war, und mit ihnen der operierte Fisch.

Der bis dahin völlig zutrauliche Schwarm war völlig verschreckt und kam nur noch sehr zögernd zum Futterplatz. Irgendwie mußte der verletzte Fisch den Schwarmgenossen sein Schicksal mitgeteilt haben. Aber auf welche Weise war das geschehen? Im Verhalten des operierten Tieres war keine Veränderung zu beobachten. Hatte es die anderen gewarnt? Wenn ja, wie?

Ein anderes Mal wurde ein Tier durch ein Mißgeschick unter der scharfen Kante eines metallenen Futterrohres eingeklemmt. Auch diesmal beunruhigte sich der ganze Schwarm und schwamm davon. Von Frisch und seine Mitarbeiter wollten genauer wissen, woran das lag. Nachdem die Fische wieder zutraulich geworden waren, wurde eines der Tiere gefangen und, um jede

Siehe Erläuterung auf der Randspalte von Seite 107.

Verständigung auszuschließen, getötet. Dann brachten sie den Fisch vorsichtig ins Wasser zurück. Wieder erfolgte die gleiche Schreckreaktion, der Schwarm konzentrierte sich und verschwand sofort. Jetzt war die Überraschung perfekt. Wie konnte ein toter Fisch die Artgenossen von seinem Schicksal verständigen? Waren die Tiere durch den Anblick des bewegungslosen Fischkörpers so erschrocken, daß sie die Flucht ergriffen? Da aber selbst kleine Stücke einer Elritze bereits die gleiche Reaktion auslösten, konnte es nicht am optischen Reiz liegen.

Der Verdacht richtete sich auf eine chemische Substanz, die durch Verletzung des Fisches von selbst ins Wasser gelangt, denn so viel war klar: Ein toter Fisch konnte aktiv keine Stoffe mehr ins Wasser abgeben. Weil die Fische so sehr über diese chemische Substanz erschrocken waren, nannte von Frisch sie »Schreckstoff«. In welchem Organ mochte dieser Schreckstoff wohl hergestellt werden?

Nachdem man aus Elritzen die verschiedensten Organe sauber herauspräpariert hatte, ein Fisch also in möglichst viele verschiedene Bestandteile zerlegt worden war, stellte sich heraus, daß dieser Schreckstoff nur in der Haut vorkommt. Die dunkel pigmentierte Rückenhaut ist dabei ebenso schreckstoffhaltig wie die hellere Bauchhaut.

Wie sehr dieser in der Haut produzierte Schreckstoff einen Schwarm beunruhigt, kann man ohne Schwierigkeiten selbst untersuchen. Man braucht dazu nur einen kleinen Elritzenschwarm mit etwa 20 Tieren in einem Aquarium zu halten. Elritzen sind nicht allzu empfindlich, wenn das Wasser sauber und sauerstoffreich ist. Für den Versuch teilen wir den Schwarm in zwei Gruppen, entweder durch eine Glasscheibe oder durch Umsetzen in zwei Glasaquarien, so daß Sichtkontakt zwischen den beiden Gruppen besteht. Setzen wir nun zu einer Gruppe eine geringfügig verletzte Elritze – die Wunde kann wirklich winzig sein und nur die obere Hautschicht beschädigen – so beobachten wir eine typische Schreckreaktion: Die Tiere flüchten sofort zum Boden beziehungsweise in Verstecke. Ihre Wachsamkeit wird deutlich gesteigert, und wenn wir das Wasser nicht wechseln, sind die Tiere für Tage verschüchtert. Versucht man, sie gleich nach diesem Versuch zu füttern, so nehmen sie entweder gar kein Futter auf oder sie schnappen sich nur einen Bissen, um sich anschließend gleich wieder zurückzuziehen.

Wie verhält sich nun der zweite Schwarm im benachbarten Gefäß? Auch er zeigt die typische Schreckreaktion und stiebt auseinander. Durch die Glasscheibe hindurch können die Tiere die Schreckreaktion des Nachbarschwarms nur gesehen haben. Dieser optische Reiz genügt also zur Stimmungsübertragung, genügt, um die typische Schreckreaktion auszulösen.

Der Biologe Adolf Portmann ▷ faßt dieses Phänomen folgendermaßen zusammen: »Schreckstoff bewirkt eine radikale innere Umstimmung des Schwarms. Die Tiere ergreifen nicht nur sogleich die Flucht, sondern sie bleiben Stunden, ja, Tage besonders alarmiert. Der Schreckstoff, der durch den Biß eines Räubers entsteht ▷, wird so zu einer alarmierenden Substanz von sozialer Bedeutung.«

Adolf Portmann, geb. 1897, zuletzt Professor für Zoologie an der Universität Basel.

Besser: »frei wird«, da er in der Haut schon vorhanden ist.

Doch kehren wir zum Problem der Schreckstoffreaktion zurück. Wir haben bis jetzt nur indirekt nachgewiesen, daß es sich beim Schreckstoff um eine chemische Substanz aus der Haut handeln muß. Das zeigen nochmals zwei Versuche.

Schüttet man Wasser, in dem sich eine verletzte Elritze eine Zeitlang aufgehalten hat, in das Aquarium zu einem Elritzenschwarm, so zeigt der Schwarm augenblicklich Schreckreaktion. Auch der Extrakt aus der Haut einer betäubten Elritze, die erst nach der Betäubung verletzt wurde und deshalb den Schreckstoff keinesfalls aktiv abgeben konnte,

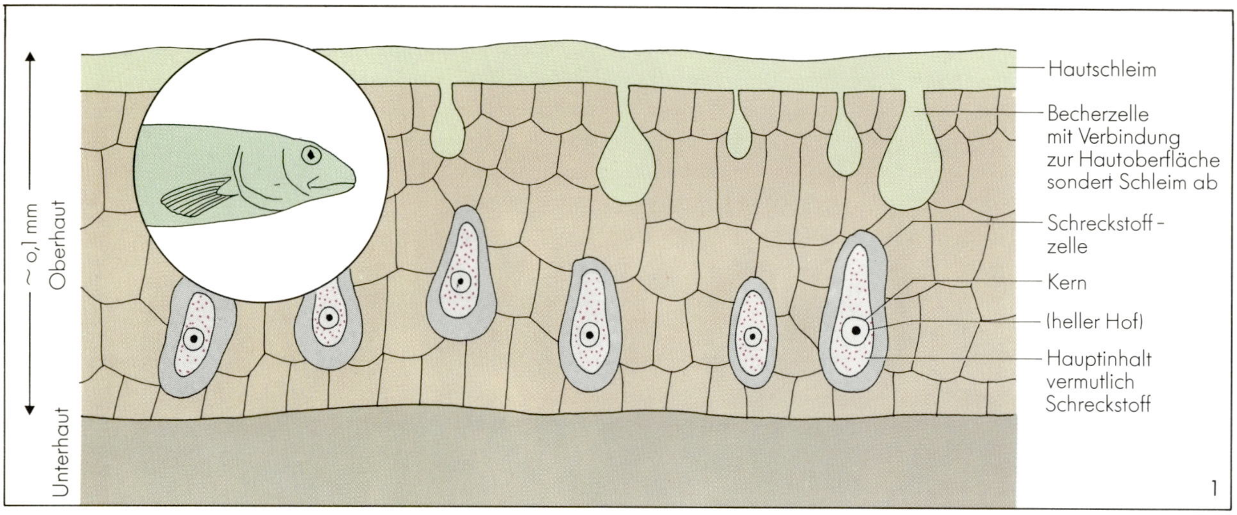

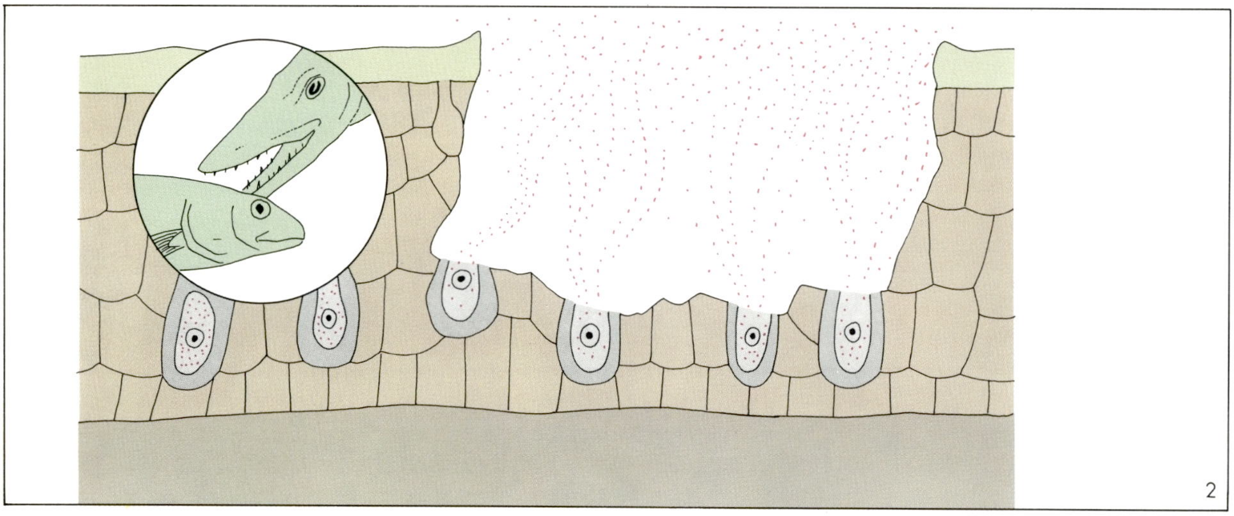

löst das Schreckverhalten des Schwarms aus.

Der Schreckstoff muß also in der Haut der Fische sitzen und bei Verletzung freiwerden. Aber wo, in welchen Zellen, wird er produziert?

Die Haut einer 7 Zentimeter langen Elritze ist etwa 0,1 Millimeter dick. Schneidet man sie quer durch und betrachtet sie unter dem Mikroskop, so entdeckt man an der Oberfläche becherförmige Zellen, die den bekannten Hautschleim der Fische absondern. Tiefer im Gewebe findet sich ein zweiter Zelltyp. Es sind charakteristische, länglich-ovale Zellen, die sich nur im unteren Teil der Haut befinden und nirgends die Oberfläche erreichen. Der Biologe Wolfgang Pfeiffer ▷, der diese Zellen eingehend untersucht hat, nennt sie Kolbenzellen. Es ist denkbar, daß eben diese Zellen den Schreckstoff der Elritzen produzieren.

Die schreckhafte Verwandtschaft

Untersucht man anhand von Hautquerschnitten die Haut möglichst vieler verschiedenartiger Fische, so stellt man fest, daß Kolbenzellen bei nahezu allen karpfenartigen Fischen vorkommen, allen lachsartigen Fischen dagegen fehlen. Und noch etwas: Von einer Ausnahme

□ Elritzenhaut.
Oben: Unverletzt.
Unten: Verletzt, Schreckstoff wird frei.

Wolfgang Pfeiffer arbeitet am Zoophysiologischen Institut der Universität Tübingen.

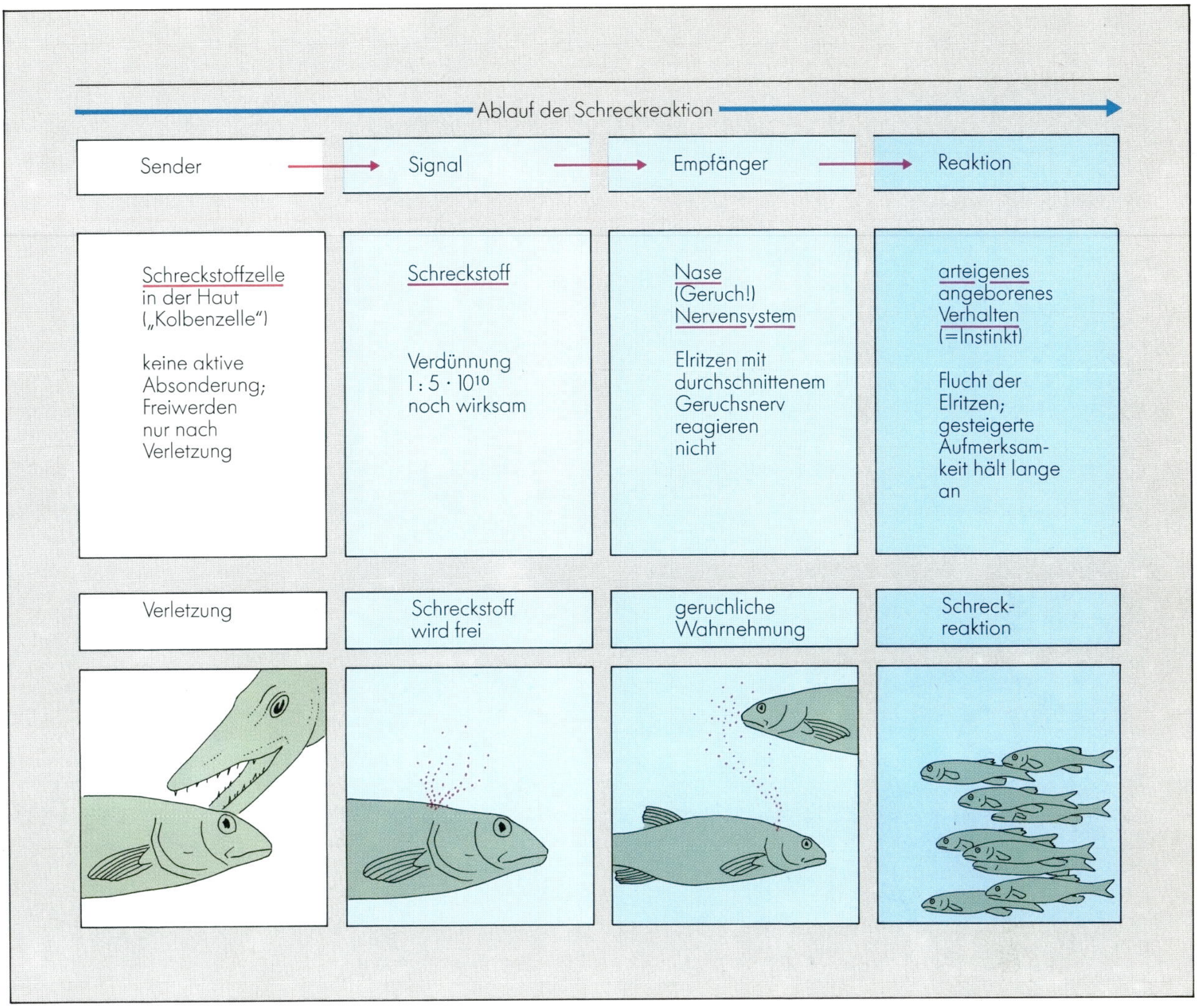

□ **Ablauf der Schreckreaktion bei der Elritze.**

abgesehen, haben auch Meerwasserfische anscheinend keine Kolbenzellen.

Der Biologe Friedrich Schutz hat sich 1954 die Mühe gemacht, die Verbreitung der Schreckstoffreaktion bei einheimischen und ausländischen Fischarten zu untersuchen. Um vergleichbare Verhältnisse zu erhalten, verwendete er Schreckstoffextrakt, den er jeweils aus nur 0,1 Gramm Fischhaut gewonnen hatte.

Alle untersuchten Fische wurden zuerst an einen Futterplatz gewöhnt. Dazu fütterte er die Tiere über zwei Monate lang am gleichen Platz, bis sie völlig zahm waren. Um Störungsreize auszuschließen, die beim Eingießen der Flüssigkeit ins Becken auftreten könnten, wurde bei jeder Fütterung auch Wasser ohne Schreckstoff eingeschüttet. Jetzt erst begann er mit seinen Versuchen und setzte der Flüssigkeit, die er eingoß, Hautextrakt zu. Dann zählte er fünf Minuten lang alle 15 Sekunden die Zahl der Tiere am Futterplatz.

Schutz stellte fest, daß unter den Karpfenfischen die Schreckreaktion allgemein verbreitet ist: Kein Karpfenfisch kam zum Futterplatz, wenn Hautextrakt eingeschüttet worden war. Nun sind ein Großteil dieser Arten echte Schwarmfische, die zumindest in bestimmten Zeit-

abschnitten des Jahres Schwarmverhalten zeigen. Ist also Schwarmverhalten die Voraussetzung dafür, um auf Schreckstoffe zu reagieren?
Bei lachsartigen Fischen, bei denen es sowohl Arten gibt, die als Einzelgänger leben, wie auch Arten, die Schwärme bilden, fand er keinen einzigen Fisch, der Schreckreaktionen auf Hautextrakt eines Artgenossen zeigte. Obwohl eben diese Fische über einen außerordentlich guten Geruchssinn verfügen, wie wir aus Untersuchungen über die Lachswanderungen wissen ▷, gibt es bei ihnen den chemischen Alarm vor Feinden nicht. Nicht die Lebensweise als Schwarmfisch, sondern die Verwandtschaft scheint also ein wichtiger Gesichtspunkt für die chemische Warnung im Wasser zu sein.
Beide Befunde – sowohl das Vorkommen von Kolbenzellen in der Haut als auch die Reaktion verschiedenster Fischarten auf Hautextrakt – passen also recht gut zusammen und erlauben uns einige Folgerungen:

- Nur bestimmte Fischarten, die untereinander verwandt sind, wie die karpfenartigen, zeigen Schreckstoffreaktion.
- Die Produktion der Schreckstoffe findet mit großer Wahrscheinlichkeit in den Kolbenzellen statt, die nur in der Haut dieser Fischarten vorkommen.

Über die chemische Zusammensetzung des Schreckstoffs weiß man noch nicht Bescheid. Es wurden zwar schon »verdächtige« Verbindungen isoliert, jedoch konnten sie bisher in ihrem Aufbau noch nicht näher bestimmt werden. Es ist selbst bei Anwendung modernster Methoden schwierig, derart winzige Mengen, wie sie die Schreckstoffzellen füllen, zu trennen und zu identifizieren.
Eines ist jedenfalls sicher: Schon unvorstellbar geringe Mengen des Schreckstoffs genügen, um bei einem Elritzenschwarm Alarm auszulösen. Noch bei einer Verdünnung von 1 : 50 000 000 000 ($1:5 \cdot 10^{10}$) reagieren Elritzen auf Schreckstoff. Worin besteht nun aber der Vorteil einer solchen Schreckreaktion für freilebende Elritzen? Sicher wird bei Überfällen von Raubfischen die Gemeinschaft dadurch vor größeren Verlusten geschützt. Dem betroffenen, vom Beutegreifer verletzten Tier nützt zwar die Schreckstoffabgabe in der Regel nichts mehr, der Gemeinschaft wird dadurch aber zweifellos geholfen.

□ **Piranhas besitzen ebenfalls Schreckstoffzellen, reagieren allerdings nicht auf Schreckstoff.**

Über Wanderungen der Fische berichtet Band 8 dieser Reihe.

Von Geburt an schreckhaft?

Ab wann reagieren junge Elritzen auf Schreckstoff? Diese Frage ist deshalb interessant, weil man sich durchaus vorstellen könnte, daß erst durch Erfahrung, etwa durch das Mitschwimmen in einem bereits sensiblen Schwarm, die Schreckreaktion gelernt wird.
Zur Untersuchung dieser Frage müssen Elritzen aus den Eiern ohne Kontakt zu älteren Tieren gezüchtet werden. Prüft man solche erfahrungslosen Elritzen auf ihre Reaktion gegenüber Schreckstoff, so findet man, daß die Schreckreaktion durchschnittlich im Alter von 53 Tagen einsetzt. Die Schreckreaktionsfähigkeit ist also angeboren, tritt allerdings nicht sofort auf, obwohl der Schreckstoff schon in der Haut der ganz jungen El-

□ **Ein Zackenbarsch umkreist einen Schwarm von Füsilieren, um ausscherende Tiere zu erbeuten.**

ritze gebildet wird. Vielleicht ist er sogar schon beim Schlüpfen vorhanden.

Was steckt hinter dieser, auf den ersten Blick recht merkwürdigen Tatsache? Auf kleine Elritzen, deren Fluchtmöglichkeiten noch sehr begrenzt sind, lauert allerorten Gefahr – nicht nur von Raubfischen, sondern sogar von der eigenen Familie. Auch sogenannte Friedfische, zu denen die Elritze zählt, verspeisen nicht selten ihren eigenen Nachwuchs. Das könnte natürlich bei entsprechendem Appetit der Alttiere den Bestand ernstlich dezimieren. Dem wird aber durch den frühen Besitz von Schreckstoff in der Haut der Jungen wirksam vorgebeugt. Vergreift sich ein Alttier an einem Jungfisch, wird Schreckstoff frei, der bei den räuberischen Alten sofort Wirkung zeigt, jedoch nicht bei den Kleinen. Ausnahmsweise ergreift also in diesem Fall einmal nicht die Beute, sondern der Verfolger die Flucht.

Wir wollen mit dieser letzten Untersuchung das Thema »Schutz im Schwarm« abschließen. Wir haben uns vorwiegend auf die Forschungen gestützt, die an der Elritze unternommen wurden. Sie lassen sich in den meisten Fällen auf andere Fischarten, mit gewissen Abweichungen auch auf Vogelschwärme, übertragen. Sehr viele Fischarten vereinigen sich besonders vor der Laichzeit zu Schwarmverbänden, um gemeinsam zu ihren Laichplätzen zu ziehen. Solche Schwärme haben sicher den Zweck, vor Raubfischen und anderen Feinden zu schützen. Viele Augen sehen einfach mehr als zwei. Ein Schwarm ist nicht so leicht zu überrumpeln wie ein einzelner, vielleicht abgelenkter Fisch. Daneben spielt ganz sicher eine Rolle, daß Raubfische die Beute im Schwarm schlechter fixieren und deshalb auch nicht so leicht schnappen können. Bei Versuchen mit Goldfischen zeigte sich, daß sie in der gleichen Zeit aus einem großen Angebot an Wasserflöhen weniger Tiere fraßen, als wenn man sie ihnen einzeln bot. Der Schwarm mit seinen Hunderten oder Tausenden von Fischleibern irritiert, verwirrt also bestimmt auch den Räuber, zumal wenn die Tiere auch noch in geordneter Formation schwimmen und sich dadurch kaum voneinander abheben. Genau wie einem Chamäleon, das vor einer vollen Büchse durcheinander krabbelnder Mehlwürmer kaum zum Fressen kommt, weil es sich nicht auf ein Tier zu konzentrieren vermag, weil die vielen sich windenden Larvenkörper es total verwirren, genau so mag es einem Raubfisch ergehen, wenn er den Schwarm vor sich sieht.

Daß dem Schwarm noch andere wichtige Funktionen zukommen, soll nur am Rande erwähnt werden. So haben wir schon auf die stimulierende Wirkung bei der Nahrungsaufnahme hingewiesen. In Gemeinschaft wird mehr gefressen, schreiten Wachstum und Geschlechtsreife schneller voran. Kleine Gruppen weichen bei Gefahr zurück, große Gruppen sind aggressiv, nach dem Motto »Gemeinsamkeit macht stark«.

Eine ganz andere Art der Gemeinschaft, ebenfalls zum Schutz vor Feinden geschlossen, wollen wir in den folgenden Abschnitten betrachten.

Die tödliche Umarmung der Blumentiere

Wie Blumen im Wind, so beugen und wiegen sie ihre fadenförmigen Fangarme in der schwachen Strömung des Seewasseraquariums. Lebhaft rot, gelb oder grün, auch blau, oft mehrfarbig getönt, stehen sie auf schmaler Felskante. Fast ausnahmslos tragen sie botanische Namen wie Seeanemone, Seerose, Seenelke und – sind doch beileibe keine Pflanzen.

Ihr Körper, stets zylindrisch, zeigt alle Übergänge zwischen schlank und gedrungen. Das eine Ende des Körpers ist geschlossen, meist scheibenförmig, und wird als Fuß bezeichnet. Damit heften sich die Tiere auf der Unterlage fest. Bei vielen der über 6000 Arten ist der Fuß beweglich und erlaubt eine langsame Fortbewegung durch zentimeterweise Verschiebung der Fußscheibe auf dem rauhen Fels. Am entgegengesetzten Ende umstehen die Tentakel die Mundöffnung in mehreren Kreisen. Es sind die schon erwähnten, muskulösen, schlanken, fadenförmigen, höchst beweglichen Fangarme. Vergeblich suchen wir bei diesen Blumentieren nach einem Kopf, ebenso vergeblich im Inneren der Tiere nach Atmungsorganen, nach einem Kreislaufsystem, nach Ausscheidungsorganen, – auch ein zentrales Nervensystem fehlt. Vom Mund führt lediglich ein sackförmiger Hohlraum ins Innere des Tieres, in den voluminösen Magen ▷.

Nach diesem für die Gruppe typischen Merkmal werden Tiere dieser Art als Hohltiere bezeichnet.

Für viele Tiere sind die farbenfrohen »Blumen des Meeres« jedoch höchst gefährlich. Kommt ein Fisch oder Krebs in den Bereich der Fangarme, so wird er umschlungen, getötet und bald darauf verzehrt. Und doch gibt es offenbar auch »Freunde«, Fische, die in unmittelbarer Nähe, inmitten der gefährlichen Tentakelkrone dieser »Meeresblumen« leben und sich dort anscheinend durchaus wohlfühlen.

Ehe wir uns dieser merkwürdigen Freundschaft zweier völlig verschiedenartiger Tiere zuwenden, wollen wir uns zuerst mit eben jenen Fangarmen der Hohltiere befassen, da sie uns ein weiteres Beispiel für die Waffentechnik eines Tieres liefern, wie man sie sich raffinierter und komplizierter kaum vorstellen kann.

Um die vor Waffen starrenden Fangarme eines Hohltieres betrachten zu können, brauchen wir keine teure Reise in die Karibische See oder zum Indischen Ozean ▷ zu buchen. Nicht einmal eine Fahrt zum nächsten Zoologischen Garten müssen wir unternehmen, denn in pflanzenreichen Seen und Teichen mit klarem Wasser lebt ein naher Verwandter dieser Blumentiere, der kleine Süßwasserpolyp Hydra, dessen Fangarme mit den gleichen Waffen bestückt sind wie die Tentakel der Seeanemonen.

Blumentiere finden sich in ungeheurer Vielfalt in den Küstengewässern der Malediven und Nikobaren im Indischen Ozean.

Von ungeübten Augen werden Süßwasserpolypen leicht übersehen. Mit ihrer Fußscheibe haften die höchstens zwei Zentimeter großen Hydren an den Blättern der Wasserpflanzen und wirken dort wie kleine Blüten. Löst man eine Hydra von der Unterlage und bringt sie in einem großen Tropfen Wasser auf ei-

□ Rechte Seite: Ein Süßwasserpolyp streckt seine Fangarme nach Beute aus.

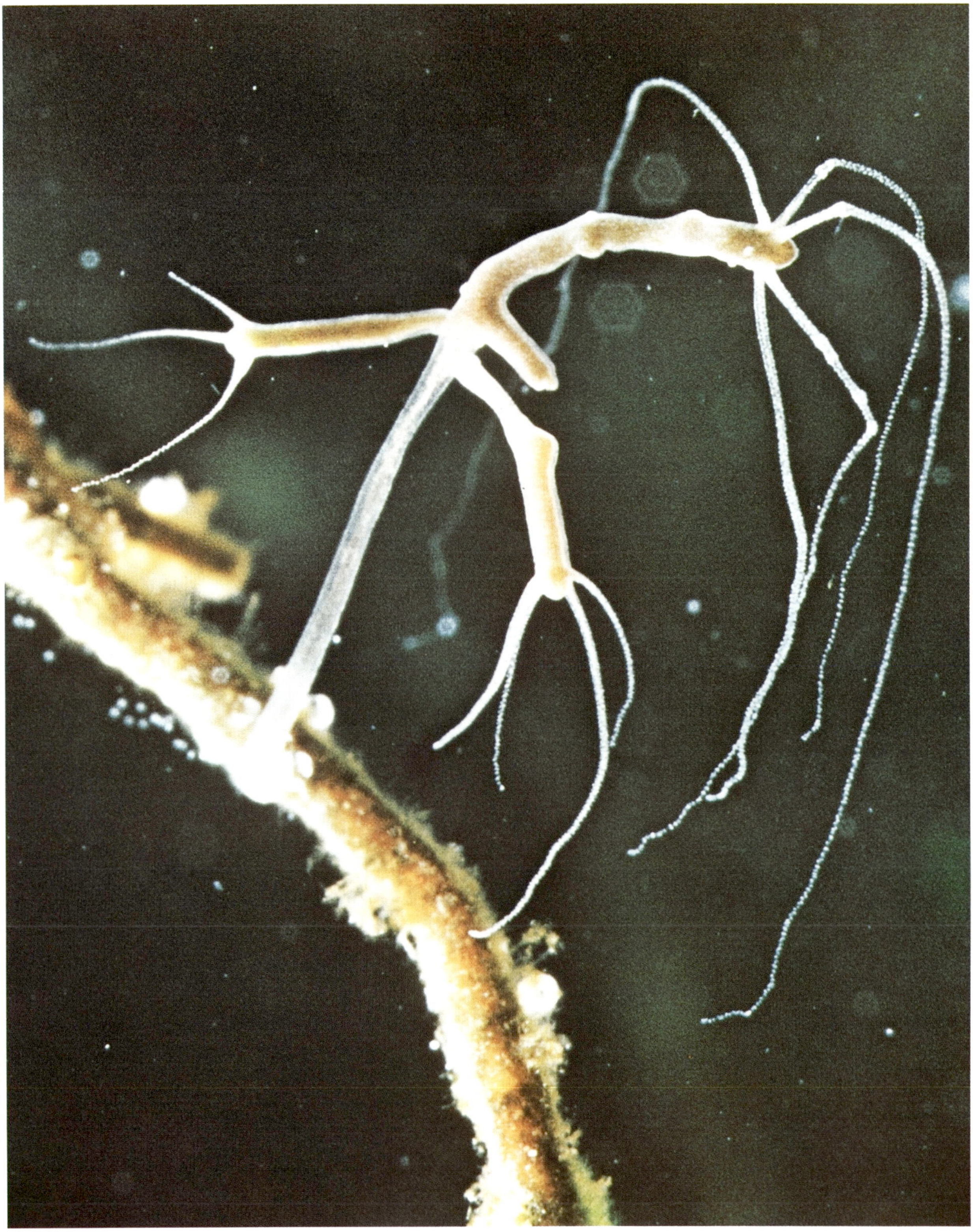

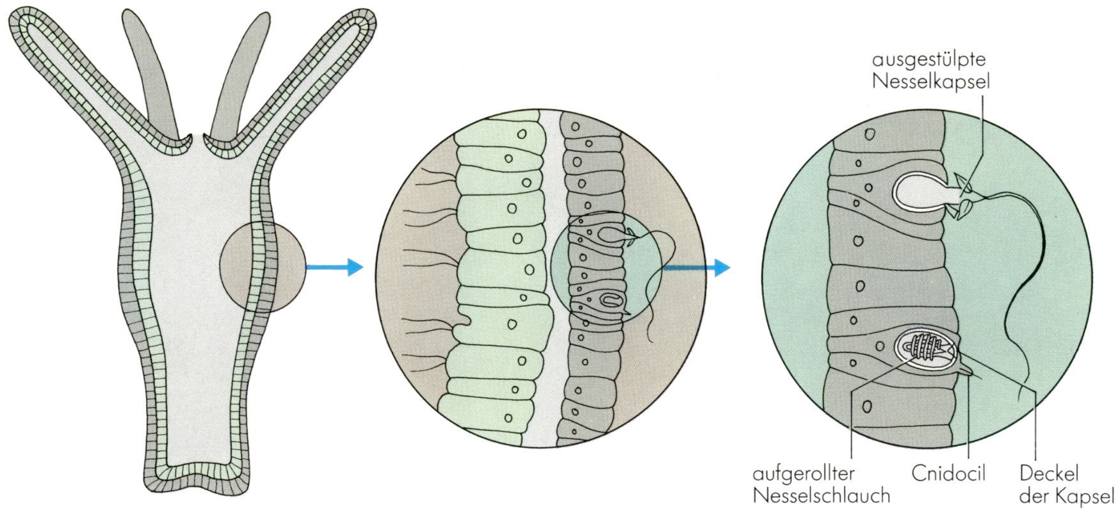

nen Objektträger unter das Mikroskop, so kann man sich eingehend mit dem einfachen Körperbau dieses Süßwasserpolypen befassen. Der Körper besteht lediglich aus zwei Schichten, einer Außenhaut und einer Innenhaut, die den Magenhohlraum auskleidet. Untersucht man die Außenhautzellen bei starker Vergrößerung, so entdeckt man bald, besonders im Bereich der Fangarme, jene für die ganze Gruppe der Nesseltiere ▷ typischen Nesselzellen, die zu den kompliziertest gebauten Zellen im ganzen Tierreich gehören.

Eine Nesselzelle enthält neben dem Zellkern und dem Plasma eine chitinige Kapsel, in die vom oberen Pol der Zelle ein Schlauch eingestülpt ist, der an der Innenseite des weiten Halsabschnittes Borsten und Stacheln trägt. Im Ruhezustand sind diese Borsten und Stacheln zu einem Stilett zusammengelegt. Der Hohlraum der Nesselkapsel ist prall gefüllt mit einem giftigen und ätzenden Kapselsekret, der eingestülpte Schlauch mit einem Schlauchsekret ▷.

Am oberen, nach außen gerichteten Ende der Zelle zeigt die Nesselkapsel einen antennenartigen Fortsatz. Direkt daneben befindet sich der Kapseldeckel, der bei Berührung des Fortsatzes aufspringt und den Abschuß, die Entladung der Nesselkapsel, bewirkt.

Kommt ein kleiner Flohkrebs mit einem Fangarm der Hydra in Berührung und streift dabei das Cnidocil, jene Antenne neben dem Kapseldeckel, so wird innerhalb von 0,003 bis 0,005 Sekunden folgender Vorgang ausgelöst:

Die elastische Wand der Nesselkapsel zieht sich zusammen, der vorgebildete Deckel springt ab, der Schlauch- oder Nesselfaden stülpt sich wie der Finger eines Handschuhs nach außen. Das bedeutet, daß das am Halsabschnitt sitzende Stilett als erstes in den Körper des Opfers eindringt, eine Wunde aufreißt und dabei unterstützt wird von der gif-

□ Nesselzellen in der Haut eines Polypen.

Siehe Abbildung oben.

Ein Stamm vornehmlich mariner Tiere, zu denen Seerosen, Korallen und Quallen gehören.

tig-ätzenden Wirkung des ausströmenden Kapselsekrets. Dem Stilett, das im Beutetier Borsten und Stacheln harpunenartig abspreizt, folgt der Faden, der nun ebenfalls in die Wunde eindringt und mit dem aus den Poren des Schlauchfadens austretenden Gift die Beute lähmt. Längst hat die Verletzung beim Beutetier eine heftige Fluchtbewegung ausgelöst, bei der es unvermeidlich mit weiteren Nesselzellen in Berührung kommt und weitere Explosionen auslöst. Denn überall auf den Fangarmen stehen diese Nesselkapseln, oft zu richtigen Batterien vereint ▷.

Jeder Berührung eines neuen Cnidocils folgt der Abschuß eines weiteren Stiletts. Schon nach wenigen Sekunden hängt die Beute, vom Gift gelähmt, an den Fangarmen und wird von diesen in das sich weit öffnende Mundloch befördert und im Magenhohlraum von den Verdauungssäften der Drüsenzellen zersetzt.

Ohne Zweifel besteht die Hauptaufgabe der Nesselzellen im Überwältigen der Beute. Sie stellen aber auch ganz sicher eine höchst wirksame Waffe bei der Abwehr von Feinden dar. Jeder von uns, der einmal beim Baden im Meer mit den nesselnden Fangarmen einer Qualle in Berührung gekommen ist und den brennenden Schmerz auf der Haut gespürt hat, meidet die ebenfalls zu den Hohltieren gehörenden Quallen ▷, so gut er kann, zumal die in die Haut abgeschossenen Stilette und das ätzende Gift der Fangfäden einen unangenehmen Ausschlag erzeugen können.

Nachdem wir die Waffen der Nesseltiere kennengelernt haben, kehren wir zu den Blumentieren des Meeres zurück und wenden uns einer merkwürdigen Lebensgemeinschaft zwischen Seeanemonen und einigen Fischen zu.

Eine gefährliche Freundschaft

Der Boden warmer Meere wie des Indischen Ozeans sieht an manchen Stellen wie ein riesiger Blumengarten aus. Felder von fleischfarbigen Seeanemonen bedecken den Meeresboden im flachen Wasser der Küste. Ihre Fangarme sehen in den Meeresströmungen wie die Schlangenhaare der griechischen Rachegöttinnen aus. Die Stämme dieser Blumentiere sind kurz und fleischig, ihre Tentakelkronen können aber bis zu einem Meter Durchmesser erreichen. Fast jede Anemone scheint von kleinen Fischen bewohnt zu sein, offenbar immer von einem Paar erwachsener Tiere mit einigen Jungfischen. Die »Anemonenbesitzer« sind prächtig gefärbt, gelbweiß geringelt, schwarzweiß gebändert, auffälliger könnte sie ein Künstler nicht bemalen.

Ruhig fischen sie Plankton, dabei entfernen sie sich ganz offensichtlich nicht weit von »ihrer« Anemone. Jedes Pärchen dieser farbenprächtigen Fische hat ein festes Revier, das es auch gegen Eindringlinge verteidigt. Gegen Räuber haben die kleinen, flinken Fische jedoch eine besondere Taktik entwickelt. Greift etwa ein räuberischer Barsch einen kleinen gelb-weißen Clownfisch an und jagt hinter ihm her, so flüchtet dieser auf schnellstem Weg ins Gewirr der Tentakel seiner Anemone und verschwindet wie in einem Büschel Seegras. Kaum berührt sein Verfolger die Tentakel, zuckt er wie von elektrischen Schlägen getroffen zusammen. Schon neigen sich weitere Tentakel auf ihn zu. Wie hypnotisiert bleibt der Barsch stehen, die Tentakel kleben an ihm, es gibt kein Entrinnen mehr. Die Fangarme bringen die Beute zur Mundöffnung, wo sie langsam, aber sicher verschwindet. Der Clownfisch dagegen hat seinen Schlupfwinkel in den tödlichen Fangarmen längst wieder verlassen, ohne daß ihm das geringste passiert wäre. Er zupft bereits wieder an den Tentakelspitzen seiner Anemone herum, legt sich dann ruhig zwischen die Falten der Mundscheibe, und es kann sogar vorkommen, daß er in der Mundöffnung verschwindet, in der vor kurzem auch der Barsch verschwunden ist.

Es gibt verschiedene Arten von Nesselkapseln, z. B. Stilett-, Wickel- und Klebkapseln. Im weiteren Verlauf wird nur auf die Stilettkapseln Bezug genommen.

Quallen haben einen pulsierenden, glockenförmigen Körper von gelatineartiger Beschaffenheit. Der Wanderer findet die »Gallerthaufen« verendeter Quallen häufig im austrocknenden Watt oder am Strand.

Schon ist man geneigt, dem Clownfisch keine Chance mehr zu geben, da kommt er munter wieder hervor. Diesen, wie es scheint, besonders mutigen Burschen müssen wir uns unbedingt einmal genauer vornehmen.

Der Clownfisch Amphiprion percula gehört zu den Korallenbarschen und wird etwa acht Zentimeter groß. Er lebt auf den Korallenriffen des tropischen Pazifischen Ozeans, dort, wo die Riesenanemone Radianthus ritteri in dichten Feldern siedelt. Der friedliche Clownfisch hat seinen Namen von seiner lebhaften Färbung erhalten: Seine kräftigen, orangefarbigen Flecken sind weiß umrandet, so wie bei einem Clown die Farbtupfer im Gesicht durch weiße Ränder hervorgehoben sind.

Der Zoologe Irenäus Eibl-Eibesfeldt hat auf seinen Reisen ins »Reich der tausend Atolle« ▷ diese Fische genauer beobachtet und gesehen, daß sie nur bei dieser einen Anemonenart Zuflucht nehmen. Der Platz zwischen den nesselnden Tentakeln ist offenbar ein sicherer Schutz vor einem Verfolger. Aber warum wird der Clownfisch nicht genesselt, warum wird er von der Anemone verschont?

Eibl-Eibesfeldt fiel zunächst auf, daß Clownfische sich nur in der Seeanemone Radianthus ritteri verbergen, nicht aber in der ganz nahe verwandten Radianthus kuekenthali. War das Zufall? Das ließ sich bald beantworten. Im Aquarium wurden Clownfische zusammen mit Kükenthals Anemonen gehalten und gescheucht. Das war ihnen offenbar sehr unangenehm, aber sie suchten niemals Schutz bei diesen Anemonen. Und das aus gutem Grund: Wurden sie nämlich gewaltsam in die Anemonen getrieben, dann wurden sie von diesen genesselt. Die Fische »wußten« das offenbar.

Aber woran unterscheiden sie Ritters Anemonen, die ihnen nichts tun, von Kükenthals Anemonen, von denen sie genesselt werden?

Beide Anemonenarten sind einander sehr ähnlich, und man muß schon genau hinsehen, um Unterschiede zu erkennen. Kükenthals Anemone hat weiß-geringelte Tentakel, die am Ende spitz zulaufen; bei Ritters Anemone laufen sie nicht spitz zu – das ist alles. Sind die Clownfische so exakte Beobachter? Klar ist bis jetzt nur folgendes:

- Der Clownfisch sucht nur bei einer ganz bestimmten Anemonenart Schutz.
- Diese Anemone verschont nur den Clownfisch, alle anderen Fischarten nesselt sie.

Der Schutz, den der Clownfisch bei seiner Seeanemone sichtlich »genießt« – er aalt sich geradezu in dem Tentakeldikkicht –, muß von ihm selbst ausgehen – aber wovon? Vielleicht benehmen sich Clownfische besonders typisch, und die Anemone erkennt sie daran? Eibl-Eibesfeldt nahm einen Fisch und strich ihn kräftig über die Tentakel der Anemonen. Das konnte keine typische und erst recht keine natürliche Bewegung sein, und doch geschah dem Fisch dabei nichts. Am Benehmen kann es also nicht liegen.

Auch zerstückelte Clownfische wurden getestet. Bei den Experimenten mit Clownfischstücken zeigte sich etwas Neues:

Nur die Oberfläche von Stücken mit unversehrter Haut blieb verschont, Wundflächen dagegen lösten die Explosion der Nesselkapseln aus. Daraus läßt sich nur eine Folgerung ziehen: Der Schutz wird durch eine Eigenschaft der Haut der Clownfische bewirkt. Die Annahme drängt sich geradezu auf, daß in der Haut der Fische ein Schutzstoff enthalten ist, der die Entladung von Nesselkapseln verhindert. Die Annahme, daß ein chemischer Stoff für den Schutz wichtig ist, war zunächst nur eine Hypothese. Die Zoologen Davenport und Norris haben jedoch beweisen können, daß sie richtig ist. Sie zeigten das auf eine ganz einfache Weise. Sie konnten die Explosion von Nesselkapseln mit einem beliebigen

□ Linke Seite:
Ein Clownfisch verbirgt sich in »seiner« Seeanemone, ohne daß ihm etwas geschieht.

Eibl-Eibesfeldt hat seine Reiseerlebnisse in einem Buch mit gleichem Titel anschaulich beschrieben (siehe »Weiterführende Literatur«, Seite 141).

Glasstab auslösen, sobald sie die feinen Stiftchen der Nesselkapseln berührt hatten.
Wenn sie den Glasstab aber mit dem Hautschleim eines Clownfisches überzogen, reagierte die Anemone nicht mehr, obwohl die Stiftchen genauso berührt wurden. Der Clownfisch hemmt also die Nesselaktivität der Anemone durch einen chemischen Schutzstoff im Schleim. Was ist das für ein Schutzstoff? Haben ihn die Clownfische von Geburt an oder müssen sie sich ihn erst »besorgen«?
Bringt man einen Clownfisch der Art Amphiprion percula zum ersten Mal zu einer stark nesselnden Anemone, so umkreist der Fisch den späteren Unterschlupf zuerst im Abstand von etwa einem Zentimeter. Er beginnt dabei zu wippen und berührt manchmal leicht die Fangarme der Anemone. Diese nesselt ihn sofort, der Fisch reißt sich aber los und berührt die Fangarme immer wieder, bis er schließlich nicht mehr festgehalten wird. Dabei pickt der Fisch auch mit dem Maul an den Tentakeln herum. Sobald die Anemone nicht mehr reagiert, legt sich der Clownfisch mit dem ganzen Körper in die Tentakel und badet förmlich darin. Spätestens jetzt hat er den Anpassungskampf gewonnen. Was hat sich zwischen Clownfisch und Anemone abgespielt?

Ohne Anemone geht es nicht

Der Zoologe M. Blösch hat herausgefunden, was es mit dieser Gewöhnung auf sich hat. Die Anemonen nesseln Angehörige ihrer eigenen Art nicht, wohl aber Anemonen anderer Art. Das beruht darauf, daß Anemonen sich an einem arteigenen, chemischen Stoff erkennen. Genau mit diesem arteigenen »Anemonenduft« parfümiert sich der Clownfisch, wenn er in der Anemone »badet«, und erreicht damit, daß er in Zukunft Anemonen der gleichen Art besuchen kann, ohne von ihnen genesselt zu werden. Jetzt »riecht« er wie die Anemone und genießt deren Schutz.
Was bedeutet diese Partnerschaft für Clownfisch und Anemone, welche Vorteile genießt der eine durch den anderen? Wie stark sind die beiden Tiere voneinander abhängig? Um zu sehen, wer der eigentliche Nutznießer ist, oder ob es sich um eine für beide Tiere gleichermaßen nützliche Partnerschaft handelt, hat man Clownfisch und Anemone getrennt und isoliert beobachtet.
Setzt man einen Clownfisch im freien Meer einige Meter von einer Anemone entfernt aus, so strebt er schleunigst zu ihr zurück, ist aber in seinen Bewegungen im freien Wasser so unbeholfen, daß er meist schon auf dieser kurzen Reise von einem Raubfisch gefressen wird. Man findet deshalb im freien Wasser nie Clownfische ohne Anemonen. Für den Clownfisch bedeutet die Anemone also einen recht vollkommenen Schutz vor Freßfeinden.
Die Motivation für den Clownfisch ist damit klar. Was aber hat die Anemone davon? Soweit wir wissen, nicht viel, und es ist fraglich, ob das Wenige von Bedeutung ist. Die Fische beißen ihrer Anemone kranke Tentakelspitzen ab und reinigen sie von Sand. Im Aquarium tragen sie größere Futterbrocken zu ihr hin, um diese dort zu verstecken. Aber das tun sie im Freien nicht, wenn sie sich von Plankton ernähren. Gäbe es einen eindeutigen Vorteil auch für die Anemone, so könnten wir das Zusammenleben von Fisch und Anemone als Symbiose ▷ bezeichnen. Aber die Anemonen fühlen sich anscheinend auch ohne Clownfisch wohl und sind nicht auf seine Gesellschaft angewiesen. – Kehren wir noch einmal zum Clownfisch zurück.
Wir haben gesehen, daß er nur bei der Anemone Radianthus ritteri Schutz sucht, nicht bei Radianthus kuekenthali. Bei dieser verkriecht sich ein anderer Anemonenfisch, Amphiprion xanthurus. Beide Fischarten sehen einander sehr ähnlich, und auch die Seeanemonen

Siehe Erläuterung auf der Randspalte von Seite 76.

ähneln sich, wie wir gesehen haben. Wie die Verteilung der beiden Fischarten auf die beiden Anemonen zustandekommt, ist vorläufig unbekannt. Aber welchen Sinn hat sie? Eibl-Eibesfeldt hatte gesehen, daß jeweils nur ein Fisch oder ein Fischpaar mit einigen wenigen Jungen eine Anemone besiedelt. Also hier die Clownfischfamilien auf Ritters Anemonen, dort die Familien des schwarzweiß gebänderten Anemonenfisches auf Kükenthals Anemonen. Was mag diese strenge Ordnung bedeuten? Wahrscheinlich lautet die richtige Antwort: Die Fische müssen im Ernstfall wissen, in welche Anemone sie gehören. Wenn ein Feind herankommt, ist keine Zeit mehr für zänkisches Gerangel, dann muß jeder möglichst rasch in eine Anemone flitzen, und diese Anemone muß »seine« Anemone sein. Jetzt verstehen wir auch, warum die Fische ihre Anemone so erbittert gegen rivalisierende Artgenossen verteidigen: Die schützende Anemone ist für sie lebensnotwendig. Die winzigen Anemonenfische entwickeln dabei einen beachtlichen Mut. Auch mehrfach größere Gegner werden furchtlos vertrieben.

□ **Ein Clownfisch »badet« in den nesselbewehrten Fangarmen der Seeanemone.**

Eiablage im Schutz der Tentakel

Clownfischweibchen legen einige hundert Eier ab, ohne dabei die schützende Anemone zu verlassen. Nun sind jedoch die Eier im Gegensatz zu den erwachsenen Tieren keineswegs geschützt und werden von Anemonen sofort genesselt und verschluckt. Deshalb hat der Clownfisch eine spezielle Technik entwickelt, seinem Partner die Eier gewissermaßen unbemerkt unterzuschieben. Bevor das Weibchen ablaicht, beißt das Männchen ein paarmal in die Spitzen der Anemonenfangarme. Sie werden daraufhin eingezogen. Jetzt müssen die Eier schnell neben dem Fuß der Anemone abgelegt und besamt werden. Die wieder ausgebreiteten Fangarme schützen die Eier jetzt vor jedem Zugriff. Das Clownfischmännchen braucht nur noch darauf zu achten, daß der Laich jeweils ein Stück weiter gefächelt wird, wenn sich die Anemone bewegt. Beim gemütlichen Wandertempo der Anemone ist das gewiß kein Problem. Das Weibchen befaßt sich nicht weiter mit der Pflege der Eier. Es bereitet sich auf den nächsten Laichtermin vor, der zur gleichen Mondphase genau 27 Tage später liegt. Nach etwa zehn Tagen schlüpfen die Jungen. Das Verlassen der schützenden Anemone wird allerdings bereits einer großen Zahl von ihnen zum Verhängnis. Sie sind gegen die Nesselkapseln nicht geschützt, und eine Berührung mit ihnen bedeutet den Tod. Wer durchkommt, für den beginnt erst das große Problem: So schnell wie möglich eine kleine Zwerganemone zu finden. Sie ist als Erstwohnung den kleinen, nur etwa fünf Millimeter langen Clownfischkindern reserviert. Die Reservierung übernimmt die Anemone, indem sie alle Tiere, die größer als sechs bis sieben Zentimeter werden, so nesselt, daß ein Auszug unvermeidlich ist. Wie sie die Körperlänge ihrer Mieter so genau mißt und warum sie den Auszug erzwingt, um den Jungen Platz zu machen, wissen wir noch nicht.

Hat der junge Clownfisch eine gewisse Größe erreicht, beginnt der nächste gefährliche Lebensabschnitt. Der Fisch muß sich eine neue Wohnung bei einer großen Anemone suchen. Wie aufregend diese neuerliche Wohnungssuche sein kann, können wir aus den Versuchen ermessen, bei denen Clownfische nur einige Meter von ihrer Anemone entfernt wurden und schon auf dem kurzen Rückweg einem Raubfeind zum Opfer fielen. Viele der Jungtiere werden deshalb in dieser kritischen Phase der Suche nach einer neuen Wohnung das Opfer von Feinden.

Was aber tun, wenn alle großen Anemonen bereits besetzt sind? Den Jungfischen bleibt nichts anderes übrig, als sich als Untermieter erst einmal bei Anemonenbesitzern einzumieten. Wie richtige Untermieter müssen sie den Hausherrn dafür auch ständig durch Demutsgebärden besänftigen. Sie stellen sich dazu auf den Kopf und zittern am ganzen Körper ▷. Zusammen mit ihrem typisch gefärbten Jugendkleid, das den Artgenossen verbirgt und so weitere Angriffe verhindert, gelingt es den kleinen Clownfischen, sich einzumieten. Dies ist der Grund dafür, daß die Clownfamilien nie aus Eltern und leiblichen Kindern bestehen, sondern immer aus Alttieren und jungen Untermietern.

Dieses »Kopfstandzittern« ist anscheinend ein Signal aus dem Bereich des Sexualverhaltens. Es taucht dort bei der Paarungseinleitung auf.

So recht zur Entfaltung kommen die halbwüchsigen Clownfische in Gegenwart der Hausherrn jedoch nie. Erst wenn ein Anemonenbesitzer stirbt oder trotz des Schutzes durch die Anemone von einem Raubfisch erwischt wird, rückt ein junges Tier nach und wird Hauptmieter. Man nimmt an, daß die Jungtiere durch die Anwesenheit der Alttiere im Wachstum richtiggehend gehemmt werden. Auf diese Weise ist stets ein Reservoir an Jungtieren vorhanden, so daß beim Absterben eines Alttieres sofort ein Jungtier seinen Platz einnehmen kann. Wie lange diese Hemmung durch die Alttiere aufrechterhalten werden kann, ist bis jetzt nicht bekannt.

Lebensziel jedes Clownfisches: Weibchen werden

Bei seinen Freilanduntersuchungen hat der Biologe Hans Fricke eine merkwürdige Beobachtung gemacht. Immer war bei größeren Gruppen der »Hausherr« ein Weibchen. Es war auch deutlich größer und kräftiger als das rangnächste Tier, das immer ein Männchen war. Alle anderen Mitbewohner waren ebenfalls männlich und wurden vom ranghöchsten Männchen, also dem zweithöchsten Tier der Gruppe, aggressiv bekämpft. Wo waren aber die jungen Weibchen? Offenbar gab es sie gar nicht. Fricke wollte es genau wissen und präparierte einmal allen Männchen einer solchen Anemonenwohngemeinschaft die Geschlechtsorgane heraus. Dabei stellte er fest: Das Gewicht der Geschlechtsorgane ist, selbst bei gleicher Körpergröße, von der Ranghöhe abhängig. Rangniedere, also unterdrückte Clownfischmännchen haben nur etwa halb so schwere Geschlechtsorgane wie das ranghöchste Männchen.

Was bedeutet das in der Clownfischgemeinschaft? Das ranghöchste Männchen unterdrückt offenbar alle nachfolgenden Männchen, so daß diese sich sexuell nicht entwickeln. Es ist deshalb auch besonders aggressiv gegenüber dem im Rang unmittelbar darunterstehenden; es könnte ihm am gefährlichsten werden.

Wo bleiben aber die Weibchen? Fängt man im Experiment aus einer solchen »Clownfischfamilie« das Weibchen heraus, erlebt man die nächste Überraschung: Das bisher ranghöchste Männchen tritt an dessen Stelle und wird zum Weibchen. Wie ist das möglich?

Mikroskopische Untersuchungen, die daraufhin durchgeführt wurden, zeigten eindeutig, daß im Keimgewebe der ranghöchsten Männchen schon einige Eizellen vorliegen. Die Tiere sind also zwittrig ▷ und auf die mögliche Rolle als Weibchen bereits vorbereitet. Wirklich zum Weibchen werden dürfen sie allerdings erst, wenn sie die Spitze der Rangordnung erreicht haben. Was sind nun die Vorteile eines solchen, sozial kontrollierten Geschlechtswechsels?

Anemonen für erwachsene Clownfische sind im Riff absolute Mangelware. Jeder erwachsene Fisch würde zum neuen Konkurrenten für die Anemonenbesitzer. Werden sie aber klein gehalten, können sie noch in einer bereits bewohnten Anemone untergebracht werden. Durch die Möglichkeit zum Geschlechtswechsel herrscht auch nie Mangel an Geschlechtspartnern. Immer rückt das ranghöchste Männchen in die Weibchenrolle nach. Gefährliche Wanderungen durch das Riff, auf der Suche nach einem Geschlechtspartner, werden vermieden. Die Anemonenbewohner bleiben unter sich. Aggressivität reguliert hier also das Geschlecht. Das Ziel jedes kleinen Clownfisches ist es, durch Aufstieg in der Hierarchie schließlich Weibchen werden zu dürfen.

Am Beispiel der Schutzgemeinschaft von Clownfisch und Seeanemone zeigt sich noch einmal besonders deutlich, wie vielfältig Waffensysteme und Abwehrstrategien ausgebildet sind und sogar miteinander verflochten sein können. Auch wenn wir dieses Beispiel in den Bereich »Schutz in der Gemeinschaft« eingereiht haben, sollten wir nicht übersehen, daß hier fast alle Abwehrmechanismen eine Rolle spielen, die wir in diesem Band angesprochen haben. Zwar besitzen die Anemonentiere keine Panzerung, dafür können ihre Fangarme zahllosen Nesselzellen bewehrt sein, die mit ihren ätzenden, giftigen Ausscheidungen eine wirksame chemische Waffe darstellen. Der Clownfisch ist nun seinerseits in der Lage, sich mit chemischen Hilfsmitteln gewissermaßen gegen das Nesselgift zu schützen. Dadurch funktioniert er einen potentiellen Feind zum Fluchtversteck um, denn die Flucht allein, das haben wir erfahren, böte ihm keinen ausreichenden Schutz. Schließlich ist es das Zusammenwirken beider Tiere, das dieses Abwehrsystem erst voll

Zwitter: Lebewesen, das sowohl männliche wie weibliche Geschlechtsorgane aufweist.

zur Wirkung bringt. Es bedarf also eines sehr aufmerksamen und geschickten Freßfeindes, der die Lücken in diesem System entdeckt und sich zunutze macht. Auch hier gilt die Feststellung, daß ein Schutzmechanismus nur so lange funktioniert, bis der Jäger eine neue Angriffsstrategie entwickelt hat.

Hauptfeind ist der Mensch

Bei unseren Betrachtungen der Verteidigungstechniken im Tier- und Pflanzenreich sind wir immer wieder auf ein Problem gestoßen, dem wir im Rahmen dieses Buches nicht nachgehen konnten und wollten: auf den Menschen.

Von Natur aus zwar völlig unzureichend gegen Angriffe geschützt, durchschaut er wie kein anderes Lebewesen aufgrund seines hochentwickelten Gehirns die Verteidigungsstrategien und Abwehrmechanismen von Pflanzen und Tieren. Mit seinem Wissen, mit der Möglichkeit, schnell den Raum zu überwinden, mit der technischen Fähigkeit, weitreichende Waffen zu entwickeln und chemische Kampfmittel einzusetzen, ist der Mensch bewußt oder unbewußt zum Hauptfeind für alle Lebewesen geworden.

Was nützen der baumrindenfarbenen Nachtschwalbe die besten Tarnkünste, wenn sie bei ihrem Jagdausflug in der Dämmerung, angelockt von den flirrenden Mückenschwärmen über der noch warmen Asphaltstraße, gegen das mit 100 Kilometer pro Stunde heranrasende Auto prallt? Was nützen den Giganten der Meere, den Blauwalen, Wendigkeit und Tauchkünste, wenn eine aus großer Entfernung abgeschossene Harpune ihrem Leben ein Ende setzen kann? Was nützen den Raupen vieler Schmetterlinge Farb- und Formanpassung an ihren Strauch oder Baum, wenn der Mensch, ohne sie erkennen zu müssen, mit chemischen Sprühmitteln gegen sie vorgeht und sie zu Tausenden vernichtet?

Überall greift der Mensch in die Lebensräume von Pflanzen und Tieren ein, häufig ohne zu ahnen, was er damit anrichtet. Ungehemmtes Zivilisationswachstum, barbarische Jagdmethoden, nicht selten bloße Renommier- und Gewinnsucht haben dazu geführt, daß alljährlich die verschiedensten Pflanzen- und Tierarten unwiederbringlich von der Erde verschwinden. Seit Anfang des 18. Jahrhunderts hat der Mensch knapp 500 Tierarten ausgerottet.

Da sich die Lebensweise des Menschen um ein Vielfaches schneller verändert als die aller anderen Lebewesen, da sich der Mensch vom Fortschritt seiner Technologie vorantreiben läßt, bewirken seine raschen, nicht selten unüberlegten, zum Teil rigorosen Eingriffe in natürliche, ausgewogene Lebensräume häufig den totalen Zusammenbruch der dort angesiedelten Lebensgemeinschaften.

Gesunde, mit reicher Tier- und Pflanzenwelt besetzte Lebensräume wie etwa der Mischwald werden durch sterile, schnellwüchsige Fichtenplantagen ersetzt. Einstmals blühende Talauen voller Leben mit Sumpfwiesen und einem vielfach mäandrierenden Fluß ▷, werden durch Flußbegradigung und Trockenlegung der Wiesen, durch den mehrfachen Grasschnitt zu öden, wohlaufgeräumten, aber artenarmen »Kulturlandschaften«. Monokulturen ▷, mit Maschinen bearbeitet, künstlich gedüngt und reichlich mit Pestiziden ▷ besprüht, vertreiben die meisten Tiere und Pflanzen, züchten aber zugleich erfolgreich Schadinsekten heran, die kaum natürliche Feinde vorfinden und sich deshalb explosiv vermehren. Auch das Meer, vor kurzem noch als unendlicher Nahrungsspeicher gepriesen, ist von Industrieabfällen vergiftet. Früher bedeutende Fischfanggründe sind bereits leergefischt.

Die Natur reagiert langsam auf den »Angriff« des Menschen, dafür aber mit unerwarteten und unabsehbaren Dauerfolgen. Schon heute sind über 200 Insektenarten gegen Vertilgungsmittel resi-

Mäander: Schlingenreicher Flußlauf, benannt nach einem Fluß im antiken Kleinasien (heute: Menderes, in der Türkei).

Monokultur: Landwirtschaftsform, bei der nur eine Nutzpflanze angebaut wird.

Schädlingsbekämpfungsmittel.

□ Rechte Seite: Ausgestorbene und aussterbende Tierarten.

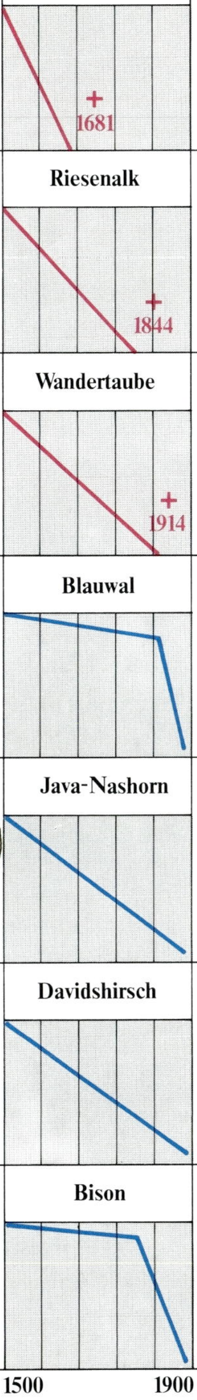

Dronte	Die Dronten, über 20 kg schwere Vögel, denen die Flugfähigkeit verloren gegangen war, wurden 1681 ausgerottet. Auf ihren Heimatinseln wurden ihnen vor allem die von den Seefahrern ausgesetzten Hunde zum Verhängnis.
Riesenalk	Der Riesenalk, ein vermutlich bis 5 kg schwerer, flugunfähiger Vogel, wurde 1844 ausgerottet. Die letzten Exemplare lebten auf der Insel Eldey bei Island.
Wandertaube	Von den Wandertauben lebten noch im letzten Jahrhundert über zwei Milliarden Tiere. Bereits 1914 starb das letzte Exemplar, nachdem man die Jungtiere tonnenweise sammelte und die Alttiere abschoß.
Blauwal	Vom Blauwal gibt es heute noch einige hundert Exemplare. Die bis 130 Tonnen schweren, größten Säugetiere der Erde werden bis 30 m lang. Vor 50 Jahren soll es noch 100 000 Blauwale gegeben haben.
Java-Nashorn	Das Java-Nashorn war früher in Südostasien weit verbreitet. Heute leben noch etwa 30-50 Exemplare in einem Schutzgebiet.
Davidshirsch	Der Davidshirsch kommt nur noch in zoologischen Gärten vor. Alle lebenden Tiere sind Abkömmlinge eines Rudels aus den kaiserlichen Gärten von Peking. Vermutlich wurde er schon vor einigen hundert Jahren in der freien Wildbahn ausgerottet.
Bison	Der Bison Nordamerikas und der Wisent Europas sind nahe verwandt. Vor allem der Bison wurde zwischen 1870 und 1875, als jährlich über 2,5 Millionen Tiere geschossen wurden, fast ausgerottet. Heute leben noch wenige Tiere in Naturschutzreservaten.

stent ▷ geworden. Einige Arten waren sogar imstande, das Insektizid DDT in ihre Verteidigungssekrete einzulagern. Eine wenige Säugetierarten, wie zum Beispiel Ratten, zeigen sich der neuen Umwelt erstaunlich gut angepaßt. Schon heute gibt es in Indien vermutlich mehr Ratten, als Menschen auf der Welt leben. Der Mensch ist also in der Lage und bereits auf dem Wege, auch sich selbst zum Hauptfeind zu werden. Wird unsere Zukunft so aussehen, wie sie Kurt Blüchel in seinem Buch »Der Untergang der Tiere« ▷ prophezeit? Eine Welt des Schreckens: Scharen von resistenten Schadinsekten fressen alles kahl und greifen sogar den Menschen an; Ratten und Mäuse nehmen überhand und vernichten die immer spärlicher werdenden Ernten des Menschen; die Flüsse sind stinkende Kloaken, Trinkwasser ist knapp.

Es ist höchste Zeit, daß der Mensch ernsthaft zu überlegen beginnt, wie er sich vor sich selbst und seinen unüberlegten, kaum wiedergutzumachenden Taten schützt.

Vergleiche Seite 46 ff., »Resistenz als Feindschutz«.

K. Blüchel: »Der Untergang der Tiere. Ein alarmierender Report«. Stuttgart 1976, DVA.

Weiterführende Literatur

Über Schutzmechanismen im Tier- und Pflanzenreich gibt es eine beinahe unübersehbare Fülle von Einzeldarstellungen. Zu den Beispielen wurde im wesentlichen fremdsprachige Literatur aus Zeitschriften ausgewählt. Nicht zu allen Kapiteln gibt es weiterführende Literatur in deutscher Sprache.

Allgemeine Literatur:
D. Burckhard/W. Schleidt/H. Altner (Hg.): Signale in der Tierwelt. Vom Ursprung der Natur. München 1966, Moos
I. Eibl-Eibesfeldt: Grundriß der vergleichenden Verhaltensforschung - Ethologie. München [4]1974 Piper.
J. Lamprecht: Verhalten. Grundlagen – Erkenntnisse – Entwicklungen der Ethologie. Freiburg 1972, Herder (Studio visuell).
Ph. Street: Die Waffen der Tiere. Frankfurt 1976, S. Fischer (Fischer Taschenbücher 1685)
N. Tinbergen: Instinktlehre. Vergleichende Erforschung angeborenen Verhaltens. Berlin [5]1972, Parey

Literatur zum 1. Kapitel:
K. Lorenz: Die acht Todsünden der zivilisierten Menschheit. München [8]1974, Piper

Literatur zum 3. Kapitel:
H. W. Fricke: Fische als Feinde tropischer Seeigel. Marine Biology 9/1971
W. Nachtigall: Phantasie der Schöpfung. Faszinierende Entdeckungen der Biologie und Biotechnik. Hamburg 1974, Hoffmann und Campe
B. Ohnesorge: Tiere als Pflanzenschädlinge. Allgemeine Phytopathologie. Stuttgart 1976, Thieme

Literatur zum 4. Kapitel:
K. Sláma/M. Romaňuk/F̌. Sorm: Insect Hormones and Bioanalogues. Wien 1974, J. Springer

Literatur zum 5. Kapitel:
I. Eibl-Eibesfeldt: Im Reich der tausend Atolle. Als Tierpsychologe in den Korallenriffen der Malediven und Nikobaren. München 1964, Piper
M. und B. Fogden: Farbe und Verhalten im Tierreich. Signal und Werbung, Warnung und Tarnung. Freiburg 1975, Herder

W. Wickler: Mimikry. Nachahmung und Täuschung in der Natur. Frankfurt 1973, S. Fischer (Fischer Taschenbücher 6192)

Literatur zum 6. Kapitel:

D. R. Griffin: Vom Echo zum Radar. Mit Schallwellen sehen. München 1960, Desch (Natur und Wissen, Bd. 2)

K. D. Roeder: Neurale Grundlagen des Verhaltens. Beispiele aus der Insektenwelt. Bern 1968, Huber (Psycholog. Colloquium 4)

G. Sales/D. Pye: Ultrasonic Communication by Animals. London 1974, Chapman and Hall

Literatur zum 7. Kapitel:

K. v. Frisch: Tiere als Baumeister. Berlin 1974, Ullstein

W. H. D. Joshkin/W. G. Safonow: Die Biber der Alten und Neuen Welt. Wittenberg 1972, Ziemsen (Neue Brehm-Bücherei, Bd. 437)

H. Weinzierl: Projekt Biber. Wiedereinbürgerung von Tieren. Stuttgart 1973, Franckh (Kosmos-Bibliothek, Bd. 279)

Literatur zum 8. Kapitel:

I. Eibl-Eibesfeldt: Freiwasserbeobachtungen zur Deutung des Schwarmverhaltens verschiedener Fische. Zeitschrift für Tierpsychologie 19/1962

K. v. Frisch: Über einen Schreckstoff in der Fischhaut und seine biologische Bedeutung. Zeitschrift für vergleichende Physiologie 29/1941

W. Pfeiffer: Über die Schreckreaktion bei Fischen und die Herkunft des Schreckstoffes. Zeitschrift für vergleichende Physiologie 43/1960

F. Schutz: Vergleichende Untersuchungen über die Schreckreaktion bei Fischen und deren Verbreitung. Zeitschrift für vergleichende Physiologie 38/1956

Literatur zum 9. Kapitel:

M. Blösch: Untersuchungen über das Zusammenleben von Korallenfischen mit Seeanemonen. Diss. Tübingen 1965

H. W. Fricke: Bericht aus dem Riff. Ein Verhaltensforscher experimentiert im Meer. München 1976, Piper

Abbildungsnachweis:

Abbildung des Einbandes: H. Fricke

Abbildung Seite 6: F. Sauer; 9: K. Wüstenberg; 10: dpa; 16: T. Angermayer-Ziesler; 17: T. Angermayer-Tierpark Hellabrunn; 18: Nach Tierlexikon/Lingen-Vlg.; 19: Nach L. H. Matthews; 20: T. Angermayer-Ziesler; 21: R. König; 23 (links): ZEFA-Lindner; 23 (rechts): B. Coleman-Burton; 27 (oben): Naturfoto-Wiland; 27 (unten): Bavaria-Sauer; 28: Nach A. K. Kaestner; 29: H. Fricke (2 Bilder); 31: Nach E. Straßburger; 32 und 33 (unten): W. Barthlott und W. Barthlott-N. Ehler (4 Bilder); 33 (oben): G. Jurzitza (2 Bilder); 34: K. Harz; 36: Nach G. Osche; 38, 39 und 40: K. Sláma (3 Bilder); 45: K. H. Scharf-K. Meixner; 48: Nach D. G. Pollard; 50: ZEFA-Kratz; 52: F. Hebauer; 53: Nach H. Schildknecht; 54 und 55: T. Eisner (2 Bilder); 56: Nach T. Eisner; 57: Nach H. Schildknecht; 58: Nach E. Florey; 59: H. Schrempp (2 Bilder); 61: dpa; 62: F. Sauer; 63: ZEFA-Thau; 64: E. M. Langenmayr (2 Bilder); 65: Nach E. Florey; 68 (oben): F. Sauer (2 Bilder); 68 (unten): H. Schrempp; 69 (oben links): ZEFA-Harstrick; 69 (Mitte und unten links): K. Harz (2 Bilder); 69 (rechts): V-Dia; 70: K. H. Scharf-G. Kufeldt (3 Bilder); 71 (links): K. Harz; 71 (rechts): ZEFA-Harstrick; 74 (oben): Okapia-Siebert; 74 (Mitte): K. Harz; 74 (unten): ZEFA-Epping; 77 (oben): R. König; 77 (unten): Nach W. Wickler; 78: dpa-Patzelt; 80: Nach M. und B. Fogden (2 Grafiken); 82: E. Curio (3 Bilder); 86: H. B. D. Kettlewell; 89: Nach H. B. D. Kettlewell; 92: Bavaria-Myers; 95: E. Weismann; 98: T. Angermayer-Mönch; 100: Nach D. R. Griffin; 101 (oben): Nach F. Eggers; 101 (unten links): K. Harz; 101 (unten rechts): T. Eisner; 102: Nach K. D. Roeder; 109: dpa-Reisfeld; 111: Okapia; 112: Naturfoto-Schroeder; 118: Naturfoto-Tovgaard; 119: K. Paysan; 122 und 123: Nach P. Agert (2 Grafiken); 124: F. Sauer; 125: I. Eibl-Eibesfeldt; 127: F. Sauer; 128: Nach A. K. Kaestner; 129: Nach Tierlexikon/Lingen-Vlg.; 130: dpa; 133: F. Sauer; 137: Nach Tierlexikon/Lingen-Vlg.

Alle übrigen Grafiken nach Vorlagen des Autors (Seite 22, 66, 87, 99, 105, 115).

Register

Aufgeführt sind Fachausdrücke, Pflanzen- und Tiernamen sowie Namen von Wissenschaftlern, auf die im Text Bezug genommen wird.
Zeichenerklärung:
+ = Abbildung.
10f = Auf Seite 10 und der folgenden Seite (den folgenden Seiten).